U0962037

本书获国家自然科学基金面上项目（72374196;72074210）
国家自然科学基金青年科学基金项目（72404269）
教育部人文社会科学研究青年基金项目（24YJC630221）
江苏省社会科学基金青年项目（24GLC002）资助

Study on the Evolution Mechanism and Pathways Optimization of the Spatiotemporal Patterns of China's Wind Power Development

Perspective From the Whole Industry Chain

中国风电发展的时空格局演变机制及路径优化研究

基于全产业链视角

王亚东　王德鲁◎著

中国经济出版社
CHINA ECONOMIC PUBLISHING HOUSE
北 京

图书在版编目（CIP）数据

中国风电发展的时空格局演变机制及路径优化研究：基于全产业链视角 / 王亚东，王德鲁著. -- 北京：中国经济出版社，2025. 4. -- ISBN 978-7-5136-8125-4

Ⅰ. F426. 61

中国国家版本馆 CIP 数据核字第 2025NM8412 号

责任编辑　赵静宜
责任印制　李　伟
封面设计　久品轩

出版发行　中国经济出版社
印 刷 者　河北宝昌佳彩印刷有限公司
经 销 者　各地新华书店
开　　本　710mm×1000mm　1/16
印　　张　13. 5
字　　数　221 千字
版　　次　2025 年 4 月第 1 版
印　　次　2025 年 4 月第 1 次
定　　价　98. 00 元
广告经营许可证　京西工商广字第 8179 号

中国经济出版社　**网址** http://epc. sinopec. com/epc/　**社址** 北京市东城区安定门外大街 58 号　**邮编** 100011
本版图书如存在印装质量问题，请与本社销售中心联系调换（联系电话：010-57512564）

版权所有　盗版必究（举报电话：010-57512600）
国家版权局反盗版举报中心（举报电话：12390）　　服务热线：010-57512564

序

在气候变化加剧与资源持续枯竭的双重压力下，由煤炭、石油、天然气等传统能源向风能、太阳能、氢能等可再生能源转型，已成为国际社会的普遍共识。作为技术成熟且成本优势明显的可再生能源，风电正在全球范围内大规模扩张，越来越多的国家和地区将其列为重点发展的能源产业。经过三十余年的发展，风电已成为中国走向世界的一张“亮丽名片”，不仅为能源低碳转型注入了强大动力，更为全球气候治理贡献了关键力量。尽管形势向好，但中国风电产业仍面临技术创新、市场机制完善、产业链协同等迫切发展需求。如何基于历史发展规律，探索与新型能源体系建设相适应的风电高质量发展路径，已成为学术界与业界共同关注的焦点，本书正是对这一问题的系统性研究。

本书由王亚东博士与王德鲁教授合著，两位作者长期专注于能源经济与政策研究，研究成果兼具理论深度与实践价值。本书立足全产业链视角，综合运用多学科理论与方法，通过对多源数据的处理和复杂系统模型的构建，揭示了中国风电发展时空格局的演化机理，提出了兼顾时序演进与空间布局的风电发展优化路径。其创新及特色在于：基于产业特征事实刻画得到的历史经验与规律，凸显了问题导向的决策支撑价值；同时，通过对社会—技术系统复杂性的考量和对能源三元目标的权衡而提出的研究框架，可为其他新能源如光伏和氢能的发展路径优化提供方法论的参考。

作为长期关注国际能源转型研究领域的学者，我特别赞赏本书对能源转型治理议题的关注。在全球碳中和进程中，如何平衡经济增长与低碳转型的关系，是一个具有普遍意义的问题，新能源技术和产业的发展有助于实现这对关系的平衡。中国风电发展的经验与挑战具有典型性和先导性，本书研究成果对于其他新能源产业或者其他国家风电发展都有重要的参考价值。

本书基于中国情境的研究，不仅为加快实现碳中和目标提供了重要的决策参考，也为其他国家和地区探索适合本国国情的能源路径规划提供了借鉴。本人郑重向学术界及产业界同人推荐此书，期待其促进更多跨学科、跨领域的合作研究，共同助力能源转型与可持续发展目标的实现。

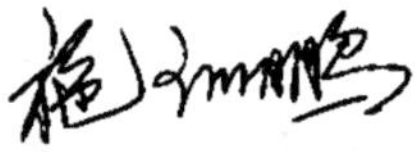

悉尼科技大学教授，国际能源转型学会理事长

2025 年 3 月

前言
PREFACE

加快利用可再生能源既是实施碳达峰行动的必然选择，也是推动经济社会发展全面绿色转型的迫切需要。风电作为可再生能源的主力军，在构建清洁低碳、安全高效的现代能源体系中扮演着关键角色。然而，在当前中国可再生能源高质量发展的新形势下，风电发展路径尚不明朗，存在经济效益不明确、目标规划不合理、空间布局不科学等一系列问题，严重制约着中国风电产业的可持续发展。因此，认清和把握风电发展的历史规律，对时空演变下风电发展的特征趋势及驱动力进行全面认知，并考虑产业链上下游间的互动和制约，因势制宜优化风电发展的时序目标、因地制宜优化风电发展的空间配置，推动中国风电产业实现有序发展与科学布局，是一项亟须解决的重要科学问题。

本书遵循“发现→解释→预测→推演→优化”的研究思路，综合运用文献计量、空间数据分析、系统仿真模拟、运筹优化等多种模型方法，立足全产业链视角，对风电发展的概念内涵进行科学界定；通过风电发展的时空演变机制研究，系统揭示高质量发展这一新形势下风电发展存在的问题与优化目标，在此基础上，对风电发展的时空路径优化展开深入探讨。首先，基于2005—2021年31个省份的面板数据，定量刻画中国风电发展的时空格局及演变规律，深入解析风电创新、投资、生产和消费活动的时空动态演变特征。其次，识别中国风电发展的多维影响因素，剖析关键影响因素对风电发展时空分异现象的驱动机制，进而揭示中国风电发展时空格局演变的形成机制。再次，构建中国风电发展的时序规模优化模型，对2022—2050年风电产业的经济效益和技术潜力时序规模进行预测模拟及情景推演，比较分析中国风电发展的时序路径及其优化策略。最后，构建中国风电发展的空间配置优化模型，借助自适应粒子群智能优化算法模拟推演不同偏好情景下各省份风电装机容量配置优化方案，比较分析中国风电发展空间配置路径及其优化策略。

本书相关成果可拓展和丰富可再生能源发展研究领域的研究视角及决策建模方法，同时可为中国风电产业的发展规划和政策制定以及相关部门的投资决策提供科学依据和实践指导，最终助力中国可再生能源高质量发展并积极稳妥实现碳中和。本书的主要创新之处体现在以下三个方面。

第一，揭示出中国风电发展的时空格局及形成机制。鉴于现有研究维度的单一性和研究尺度的局限性，立足全产业链视角创新提出了“四维一体”的风电发展内涵，定量揭示出中国风电发展的时空格局、演变规律及驱动机制。这不仅拓展了风电产业研究的视角，而且为风电发展时空路径优化提供了更具深度的理论支撑。第二，构建了社会-技术系统转型下中国风电发展的时序规模优化模型。鉴于现有模型对于产业反馈机制考虑不足，创新构建了涵盖多环节多主体的时序规模优化模型，基于产业上下游互动研判了多重不确定性下风电发展的规模潜力及优化路径。这不仅完善了风电全链路时序规划的建模方法，而且提升了风电发展时序目标规划决策的科学性与稳健性。第三，构建了能源三元目标权衡下中国风电发展的空间配置优化模型。鉴于现有模型对于高质量发展新特征考虑不足，创新构建了多目标权衡的空间配置优化模型，提出了中国情境下兼顾经济、安全和低碳目标的风电装机省际配置方案。这不仅丰富了风电空间规划的建模方法，而且提升了风电发展空间布局决策的权变适用性。

本书的撰写和出版得到了国家自然科学基金、教育部人文社会科学研究青年基金、江苏省社会科学基金的资助，在此致以感谢。本书在研究过程中参阅了大量国内外相关文献，在此向这些文献的作者表示衷心感谢。同时，在引用过程中若挂一漏万，敬请谅解！囿于作者水平，书中难免有不足之处，衷心期望得到学术界同人及读者的批评指正。

目录
CONTENTS

第 1 章
绪　论

1.1　研究背景及问题提出

1.1.1　研究背景

（1）“先立后破”是积极稳妥推进碳达峰碳中和的基本遵循。

气候变化已成为当前人类社会共同面临的一项重大且长期的严峻挑战，其直接原因在于二氧化碳和甲烷等温室气体排放所引发的全球温室效应。2015 年 12 月，《巴黎协定》提出的 2 摄氏度和 1.5 摄氏度低碳发展目标为全球应对气候变化挑战指明了方向，发展绿色低碳能源逐渐成为世界各国一致认同的目标。作为二氧化碳排放最多的国家，也是气候变化较为脆弱的国家之一，中国在第七十五届联合国大会上向国际社会做出承诺，将提高国家自主贡献力度并采取更加有力的政策和措施，努力争取 2030 年前达到“碳达峰”、2060 年前实现“碳中和”（以下简称“双碳目标”）。这一庄严承诺将促使中国成为在最短时间内完成全球碳排放强度降幅最高的国家。近几年，我国密集出台了一系列推进双碳目标相关的政策文件，构建起“1+N”的政策体系作为指导双碳目标的时间表和路线图，彰显了我国应对气候变化的政治决心和责任担当。

党的二十大报告明确提出了要“积极稳妥推进碳达峰碳中和”，进一步坚定了我国朝着能源结构深度转型和绿色低碳发展迈进的决心。我国目前以煤为主、贫油少气的能源结构决定了能源转型不可能像西方国家那样，依次完成由煤炭到油气再到可再生能源的两次更迭，而是直接由煤炭向可再生能源转变，并最终建立起清洁、低碳、安全、高效的现代能源体系。能源转型一直面临着保障能源安全和兼顾低碳发展的两难选择，我国能源低碳转型的过程也必然会带来能源不安全的阵痛，处理好能源转型与能源安全的关系十分必要。“立足我国能源资源禀赋，坚持先立后破”，“重点控制化石能源消费，逐步转向碳排放总量和强度“双控”制度是党的二十大对转型背景下能源高质量发展的宏观战略要求。所谓“先立”，就是要全面综合地发展风光水能等可再生能源和核能、地热能、生物质能等非化石能源；所谓“后破”，就是要逐步淘汰煤炭，保障煤电的有序退出。相比传统化石能源和其他非化石能源，风能和太阳能资源在应用潜力与技术经济成熟程度等方面均具有较强的比较优势。

综上所述，积极推动可再生能源发展并确保其安全、稳定、规模化供应，不仅是积极稳妥推进双碳目标的关键技术性选择，也是中国在实现经济增长、提升能源安全以及应对气候变化方面的重要战略性选择。

（2）重塑新格局是推动可再生能源高质量发展的必然选择。

可再生能源发展正进入前所未有的战略机遇期。根据国际可再生能源机构（IRENA）发布的《2021 年可再生能源发电成本报告》，得益于技术进步、规模经济、竞争性供应链和开发经验的不断提升，可再生能源发电成本持续下降。以风光为代表的可再生能源发电性能快速进步、经济性持续提升、应用规模加速扩张。就中国而言，丰富的可再生能源资源禀赋使其发展潜力巨大。据统计，我国技术可开发的风能资源约为 35 亿千瓦，技术可开发的太阳能光伏资源约为 22 亿千瓦，目前已开发的可再生能源资源量尚未达到技术可开发资源量的 1/10。近年来，在政策引导和技术进步的双重支持下，我国可再生能源产业规模和技术发展水平进步显著。2023 年 7 月，国家能源局发布的数据显示，截至 2023 年 6 月底，我国可再生能源装机容量达 13.22 亿千瓦，约占我国电力总装机容量的 48.8%。可再生能源装机总量对煤电装机总量形成了历史性的超越。

纵观过去，我国可再生能源发展已具备大规模生产的能力并取得了全方位的进步，其发展历程值得关注。可再生能源在发展的阶段演变以及区域分布上表现出多样性和异质性，具体来说：阶段演变的异质性与技术演变幅度、政策支持力度以及宏观战略调整等变化紧密相关。以风电为例，“十一五”规划中对风电的战略定位为“大力发展”，“十二五”规划定位为“有效发展”，再到“十三五”规划为“继续发展”，最后到“十四五”规划为“有序发展”。同时，区域分布的异质性在一定程度上与资源禀赋的分布紧密相关。以风电为例，其产能主要集中在“三北”地区，是因为这些地区具备丰富的风能资源禀赋。但这种差异也不能完全归结于地区间风能资源分布不均，即使在风能资源丰富的省份，实际装机容量相对于风能资源潜力也具有较大差异。例如，广西和陕西的风能资源潜力相似，但后者装机容量是前者的 2 倍之多（以 2021 年装机容量数据为例）；浙江和宁夏的风能资源潜力相似，但后者装机容量是前者的 4 倍之多（以 2021 年装机容量数据为例）。此外，可再生能源区域分布的差异性还与其他因素有关，其中的深层次原因和机制需要进一步挖掘，为可再生能源未来的目标规划和空间布局提供规律支撑与经验参考。

展望未来，“十四五”及今后一段时期，可再生能源将成为支撑中国经济社会发展的主力能源，由跨越式发展步入高质量发展，并呈现出新的发展格局特征。2021 年，国家发展改革委和国家能源局等 9 个部门联合颁布的《“十四五”可再生能源发展规划》中指明，“十四五”时期我国可再生能源将进入高质量跃升发展的新阶段，呈现出大规模、高比例、市场化和高质量发展的新特征。更具体地，可再生能源既要大规模开发，也要高水平消纳，更要保障电力的稳定可靠供应，同时还要平价低价，最终实现“从开发到消纳、从技术到市场”的全链条、多维度、整体协同的高质量发展。2022 年，国家发展改革委和国家能源局颁布的《关于促进新时代新能源高质量发展实施方案的通知》中提到，要通过创新开发利用模式、构建新型电力系统、深化“放管服”改革、支持引导产业健康有序发展、保障合理空间需求等政策措施解决新能源“立”的问题，为实现新能源高质量发展奠定坚实基础。然而，就我国可再生能源的基础现状来看，距离达到高质量发展这一目标仍有较大差距。导致这些差距的原因既有来自发电效率和传输能力等方面的技术因素，也有来自体制机制等方面的管理因素。举例来说，2020—2021 年出现的风电“抢装潮”，2021 年辽宁、吉林、江苏、浙江、广东等 10 余个省份出现的“拉闸限电”现象，以及 2023 年山东省出现的“负电价”事件，都与可再生能源技术不成熟和管理体制机制不完善有关。这些事件和现象，不仅严重影响了我国能源系统供应的稳定性和安全性，也暴露出我国可再生能源发展过程中固有的短板。

综上所述，可再生能源高质量发展，既要遵循历史规律，也要构建新的发展格局。毋庸置疑，这是一项复杂的系统性任务，需要在历史经验的指引下，借助关键技术的升级、政策机制的完善、产业市场的培育以及能源体系的整合，并紧密结合我国的国情和发展阶段，不断创新发展模式，优化发展路径，最终实现可再生能源的高质量与可持续发展。

（3）立足系统视角统筹谋划并科学布局是风电高质量发展的核心命题。

风电作为可再生能源的主力军，在中国未来的能源体系建设、新型电力系统构建以及绿色经济增长中扮演着极为重要的角色。中国现已成为世界上风电装机规模最大、发展速度最快的国家，同时也是全球最大的风电装备制造基地。2021 年，我国颁布的《“十四五”现代能源体系规划》和《“十四五”可再生能源发展规划》中均明确提出，“十四五”期间，我国要加快发展风电和太阳能发电；到 2030 年，非化石能源消费占比达到 25%左右，风电和太阳能发电总装机容量达到 12 亿千瓦以上。随着技术的进步成熟、生产成本的持续下降，以及风电产业链条的逐渐完善，未来我国风电装机规模和风电装备制造产能将会持续扩大，风电领域投资也有增长速率保持和规模扩大的潜力。据权威机构预测，“十四五”期间，中国风电累计投资将超过 8000 亿元，年均新增装机容量为“十三五”期间的 2 倍，年均投资额为“十三五”期间的 1.4 倍①。因此，风电还将成为中国实现绿色经济增长的关键引擎，为宏观经济增长提供可观的推动力。

产业发展是一个动态调整和前进的过程，中国风电发展正面临着诸多问题和挑战。一是关键技术“卡脖子”问题。风电的大规模部署要求以电力灵活性技术作为支撑，但目前以新型储能技术为代表的电力灵活性技术尚未取得突破。二是财政补贴退坡引发的“阵痛”。风电项目收入对补贴政策依赖较强，自 2021 年起，新建风电项目逐步实现补贴退出，进一步加剧了风电项目盈利和投资的不确定性，2020 年风电补贴退坡引发的“抢装潮”便是一个典型例子。三是产业链仍需“降本增效”。风电产业属于产业链密集型行业且产业链上下游之间相互制约，极易受到宏观环境波动的影响。以 2021 年为例，由于新冠疫情和俄乌战争等原因导致能源价格攀升，风电零部件原材料价格暴涨，风机生产成本和运输成本大幅上升，诸多新建风电项目面临亏损运营。同时当前风电设备行业势头较弱，未跟上风力发电规模发展，风电产业链协同有待加强。四是各地风电“多干快上”容易导致产业无序无效扩张。当前我国风电发展缺少因地制宜、因时制宜的顶层规划，导致一些地区盲目追求

---

① https：//pdf. dfcfw. com/pdf/H301_AP202306131590891646_1. pdf.

风电装机容量而忽视了产能利用效率。例如，“三北地区”的风电大基地建设极易因输电配套设施的缺乏导致供需失衡，最终引发严重的“弃风”现象。我国不同地区在地理资源条件、电网设施、产业基础等方面存在差异，发展风电对有些地区可能是机遇，对有些地区则可能是制约。因此，需要完善风电发展的顶层设计，合理规划各地区风电开发利用规模和空间布局，引导风电产业健康有序发展。总的来说，尽管中国风电发展形势向好，但技术变革、政策机制、产业布局和宏观环境等方面存在诸多不确定性，这些不确定性挑战可能会导致风电发展面临从上游生产者到下游消费者全产业链的变化，进而诱发风电产业的无序扩张和资源的低效利用。

鉴于此，有必要在对风电产业链系统溯源的基础上，对中国风电发展进行整体认知、统筹谋划与科学布局。一方面，风电发展的规模和节奏需要提前进行合理的安排，既要把握好科技创新这一关键变量，适度超前规划，以确保能够满足未来的能源需求，又要充分发挥制度优势，协调好政策规制与市场机制，避免长期的产能过剩和资源的低效浪费；另一方面，全国各省份风电发展不能简单地均一化和同质化，既要因地制宜，综合考虑各省份战略定位、资源禀赋、减排潜力、生产力布局和产业链关系等因素，以自下而上为依据、自上而下为约束，统筹确定各省份发展方案，又要充分考虑不同区域间、不同产业链环节间以及不同利益主体间的相互影响和制约，最终实现各省份在风电规划布局上的优势互补和战略协同。

1.1.2 问题提出

在积极稳妥推进双碳目标的战略引领和推动可再生能源实现高质量发展的目标背景下，中国风电发展应坚持和运用系统观念，加强对风电时空路径的前瞻性思考、整体性推进、全局性谋划和战略性布局，这涉及一系列亟待解决的现实问题。具体来说，在双碳目标与可再生能源高质量发展背景下，风电发展具有什么新的内涵？风电发展的历史进程呈现出何种规律特征？是什么因素以及如何塑造了当前呈现的特征？未来风电的经济效益及总量规模如何？区域开发的布局方案应如何设定，进而如何实现风电发展路径的统筹谋划和科学布局？厘清和回答这一系列现实问题是保障中国风电实现高质量可持续发展的基础和前提。鉴于此，把握中国风电发展的历史规律，对时空动态下风电发展的特征和驱动力进行系统认知，考虑产业链上下游之间的互动和制约，因势制宜优化风电发展的时序目标规模、因地制宜优化风电发展的空间容量配置，推动实现风电的有序发展和科学布局，是一个重要且必要的科学命题。基于此，本研究聚焦于以下三个方面的关键科学问题。

（1）全产业链视角下中国风电发展的时空演变及形成机制解析。

风电不是孤立的生产单元，而是一个相互关联、相互依赖的复杂系统，涵盖多个产业环节和利益主体。受限于资源条件、技术变革、政策调整等多方面因素，风电在不同阶段、不同区域、多环节、多主体间的时空发展规律可能会存在一定异质性。时间异质性与空间异质性的交互作用呈现出风电发展的时空格局。随着内外部环境的不确定性增加，风电发展时空格局演变的驱动因素及作用机制也呈现出多元性和复杂性。因此，立足全产业链视角，科学界定高质量发展新形势下风电发展的内涵及逻辑，进而充分刻画和解析中国风电发展的时空格局特征、动态演变规律及复杂驱动机制，既是风电发展优化研究的基础，也是本研究首要解决的关键科学问题。解决这一问题可以为中国风电发展时空路径优化提供系统的经验证据和坚实的理论基础。

（2）社会-技术系统转型下中国风电发展的时序规模优化模型构建。

风电发展的经济效益直接决定了其产业的投资吸引力，而技术潜力决定了其产业规模的扩张空间。风电的大规模发展伴随着能源转型，而能源转型本身是一种多维、复杂、非线性的长期结构性演变，伴随着技术、经济、环境、社会和政治等多个系统的不确定性。在如此复杂、不确定的形势下，风电发展的经济效益和技术潜力尚不明朗，这直接影响到中国风电发展时序路径的可持续规划和有序部署。因此，在社会-技术系统转型背景下，如何借助于技术进步、政策支持以及宏观形势的驱动力，科学合理地优化风电发展的目标规模及时序路径，以适应不断变化的能源需求和市场环境，是本研究亟须解决的另一重要科学问题。解决这一问题可以为风电产业相关政策制定者和投资者更好地应对不确定性形势，做出更加稳健、更具前瞻性的战略规划和投资决策提供科学依据。

（3）能源三元目标权衡下中国风电发展的空间配置优化模型构建。

投资装机是风电发展的核心环节，于上游可以带动风电装备制造产量，于下游可以提升风电生产及消费潜力。风电装机配置是一个涉及多主体、多目标、多约束的时间次序与空间布局优化问题。中国各省份在风能资源禀赋、技术成熟度、政策支持力度以及电力需求等多个方面存在差异，风电发展不能采取均一化和同质化的开发布局方案。同时，风电发展过程涉及不同利益主体的异质性诉求，风电开发也不能囿于满足电力需求的开发策略，还应统筹考虑风电投资运营者的投资回报以及风电作为绿色电力“减排担当”的角色。因此，在充分考虑多维异质性因素并权衡多重目标诉求的基础上，如何对各省份风电装机容量进行优化配置，进而实现风电项目的有序部署与科学布局，是促进中国风电健康可持续发展的又一关键科学问题。解决这一问题有助于中央政府统筹有序实施多目标权衡下的风电布局、协调风电发展的顶层规划及省际合作，同时为相关投资者提供更为灵活清晰的决策参考。

1.2　国内外研究述评

1.2.1　风电发展的内涵研究

科学界定风电发展的逻辑内涵是推行风电优化决策机制的前提和基础。随着国际形势演变及宏观战略的引导，风电发展的内涵也在不断变化更迭。因此，为全面解析中国风电发展的时空格局并对其发展路径进行优化，有必要系统厘清风电发展的逻辑内涵及其演变，以确保风电在高质量和可持续框架下统筹有序发展。

首先，从政策规划文件及产业发展历程来看，风电发展的逻辑内涵随着宏观战略演变以及风电技术的变革而发生变化。我国风电发展战略定位及阶段历程如表 1.1 所示。可以看出，从“九五计划”到“十四五规划”，风电发展目标经历了“大力发展—积极发展—大力开发—有效发展—继续发展—有序发展”的更迭，发展历程经历了“产业化探索及技术引进示范阶段—产业化发展及自主研发阶段—规模化发展及自主创新阶段—高质量发展及自主升级阶段”的演变。另外，综合社会经济发展目标和能源战略可以看出，风电发展历程整体上契合了我国能源领域的战略调整和绿色发展的迫切需求。具体来说，在初期阶段（“九五”期间），风电被定位为新兴产业，强调“大力发展”，这一阶段的重点在于推动风电产业快速增长，扩大风电装机容量，开启了行业的探索发展。随着社会经济的快速发展和能源需求的上升，风电发展目标逐渐转向“积极发展”，在此阶段（“十五”期间），除规模扩张任务以外，风电产业开始注重技术创新和效益提升，以追求持续发展。随着经济发展方式转变和生态环保意识的提升，“十一五”期间提倡“大力开发”，以构筑稳定、经济、清洁、安全的能源供应体系。在上一阶段引领下，风电发展目标又逐渐转变为“十二五”期间的“有效发展”，在此阶段，风电产业注重技术创新和清洁能源的使用，以最大化减少碳排放并实现能源的可持续供应。“十三五”和“十四五”期间，社会经济以高质量发展为导向，在双碳目标引导下风电发展目标持续调整，由“继续发展”逐渐过渡到“有序发展”，在此阶段，风电发展更加注重资源的合理配置和技术的创新升级，同时避免产能过度扩张，保持产业健康有序及可持续发展。

表 1.1　我国风电发展战略定位及阶段历程

规划（时期）	经济规划目标	能源规划目标	风电发展目标	发展历程
“九五”计划（1996—2000 年）	建设社会主义市场经济体制	坚持节约与开发并举，把节约放在首位	大力发展	产业化探索及技术引进示范阶段
“十五”计划（2001—2005 年）	经济保持较快增长	发挥资源优势，优化能源结构，提高利用效率，加强环境保护	积极发展	
“十一五”规划（2006—2010 年）	宏观经济平稳运行，加快转变经济增长方式	构筑稳定、经济、清洁、安全的能源供应体系	大力开发	产业化发展及自主研发阶段
“十二五”规划（2011—2015 年）	经济平稳，结构调整	节约优先、立足国内、多元发展、保护环境，实施能源消费强度和消费总量双控制	有效发展	规模化发展及自主创新阶段
“十三五”规划（2016—2020 年）	经济保持中高速增长，创新协调发展	发展清洁低碳能源作为调整能源结构的主攻方向，积极化解过剩产能	继续发展	
“十四五”规划（2021—2025 年）	经济、生态、社会、民生全面发展	加快构建现代能源体系、推动能源高质量发展，能耗双控将向碳排放双控转变	有序发展	高质量发展及自主升级阶段

其次，学者从不同视角对风电发展历程进行了一系列的探讨。此类研究多以风电装机规模、风电消纳能力、弃风率情况、产业绩效等为对象来解析

风电发展的动态。然而，少有研究对风电发展的概念内涵进行明确界定，仅有几篇文献定性分析了能源领域高质量发展的相关概念。例如，程婉静等对新能源行业高质量发展的内涵进行了解析，将其总结为从“实现创新驱动、具有较强的竞争力、追求结构优化、稳步提升效率、实现开放共享，以及可持续和永续发展”几个方面，并从“创新驱动、竞争升级和结构优化”三个维度构建了新能源行业高质量发展的综合评价指标体系；Zhang 等从环境绩效、绿色融资和绿色技术创新三个方面定义了中国可再生能源的可持续发展，该研究还提出能源领域的长期可持续发展必须坚持与生态系统和谐兼容的观点；Zhou 等从产业结构和企业运营效率两个方面来定义风电的可持续发展，认为有效的市场竞争行为是风电产业健康发展的基础。

总的来说，近期的研究倾向于以更加系统全面、多维立体的视角来审视风电发展的动态，这也意味着风电发展的逻辑内涵逐渐趋于多元化。因此，相关概念的梳理和界定对于全面理解风电发展的动态特征、揭示风电发展的时空演变趋势至关重要。

1.2.2　风电发展的特征及趋势研究

深入解析风电发展的特征趋势，揭示风电发展的演变轨迹，有助于更好地理解其在不同时序背景下的发展动态和历史规律，从而为风电产业的长期可持续发展提供有价值的指导和参考。

首先，学者借助德尔菲法、钻石模型、多层次框架等研究工具对风电发展的历程、现状和趋势进行了定性分析。例如，张文佳和张永战比较分析了中英两国的风电在 1990—2005 年的时空分布特征和发展趋势，将中国风电发展划分为三个阶段，即试验性发展阶段、规范化发展阶段和过渡发展阶段；Zhao 等借助风电利基模型分析了风电发展参与主体间复杂的相互作用，从社会技术转型角度系统识别出了阻碍中国风电发展在技术、治理、基础设施和文化等方面遇到的阻碍；同时，学者还指出当前中国风电发展面临着弃风、并网、消纳、市场竞争机制、规模化有序发展等多个方面的挑战，并提出可以通过加强电网建设、就地消纳以及配备储能等措施加以解决。另外，海上风电具有不受土地利用限制、风向稳定、风电设备使用寿命长等优势，成为风电发展的一个新兴机遇。目前，中国海上风电在建设规模和解决方案方面均取得了巨大进步，但仍需大力发展新技术、完善配套设备制造业，从而为加速能源转型实现碳中和贡献力量。鉴于可再生能源应对极端天气的脆弱性，未来气候变化势必会对海上风能资源产生影响，未来中国海上风电的容量因子将有所下降，但海上风能资源的丰富度可以弥补这一缺陷。

其次，也有部分学者从产业层面对风电发展进行了探讨，主要集中在产业结构梳理、发展绩效评估、产业链协同性与柔性评估、供应链风险评估几个方面。例如，Zhao 等采用改进的动态钻石模型分析了中国风电产业的竞争力，主张建立完整的风电产业链，提高风电产业的自主创新能力；Zhao 等运用一般产业链理论构建了风电产业的概念模型，并考察了风电产业的运行机制，为制定风电的可持续发展战略理念提供工具支持；Li 等从运营灵活性、技术灵活性、开发建设灵活性以及政策灵活性四个方面开发构建了风电产业链的柔性评价指标体系，并运用物元可拓模型对区域风电产业链灵活性进行了分级评估，结果表明风电产业链上游的灵活性普遍较弱，下游的灵活性最强；Dong 和 Li 综合采用熵权法与 TOPSIS 方法评估了 2010—2019 年风电产业链的绩效以及产业子系统之间的耦合协调度，结果表明风电产业链整体绩效呈曲折上升趋势，但各子系统间的耦合度较弱，上中游的耦合协调性要优于中下游；Mogre 等构建了供应链风险管理的决策框架并将其应用于海上风电的供应链风险评估中，结果表明“设计、采购、施工、项目联盟”的管理方式是降低供应链风险最有效的方式。

综上所述，学者对风电发展的现状及趋势进行了探讨，相关研究结果有助于更好地理解风电发展在不同阶段和背景下的动态变化，同时为风电产业的长期可持续发展提供了有价值的决策参考和经验指导。

1.2.3 风电发展的影响因素研究

为了更好地实现可再生能源的持续发展，当前已有大量研究从不同角度探讨了可再生能源发展的影响因素。其中不乏观点趋同的研究，然而值得注意的是，现有的一些研究似乎并没有就相关因素的影响方向和作用机制形成共识。作为可再生能源的代表，风电的影响因素和驱动机制也十分复杂，厘清风电发展的影响因素对于风电发展路径优化以及相关政策机制的制定完善至关重要。

风电发展不是一个孤立的生产环节，而是受到可再生能源产业整体形势的影响和制约。一些学者专门对可再生能源的投资、生产、消费与技术创新等方面的影响因素展开了一系列的讨论和研究。具体来说，经济、技术、政治和社会等多种类型因素均会给可再生能源的发展带来不同方向和程度的影响。例如，Ding 等通过建立动态规划模型分析了政策对于可再生能源技术的作用，结果表明政策支持是推动可再生能源初期开发的主要力量；Xu 等从经济、技术、政治和社会因素几个方面分析了全球可再生能源的发展情况，并建立了一种综合预测模型用来预测可再生能源的发展前景，结果表明，经济、技术及政策因素对可再生能源的发展均具有明显的促进作用；Yang 等以中国 92 家可再生能源上市企业为样本，采用 2007—2016 年的数据探讨了绿色制度对可再生能源投资的影响，发现绿色制度与可再生能源投资之间存在非线性的“U 形”关系；Xu 等借助杜宾模型并利用省级面板数据，揭示出影响可再生能源生产的主要因素，结果表明，输电基础设施、环境监管和城市化水平可以显著改进可再生能源生产，碳排放、城市人口则对其具有显著的抑制作用。也有部分学者对可再生能源发展的影响因素进行了综述研究，其中 GDP、CO_2排放、金融发展、对外贸易、研发投入、能源价格、政府管制、人口、城市化水平、电力价格等因素受到了广泛关注。例如，Zwarteveen 等对发展中国家风电装机扩散失衡的驱动因素进行了集中分析，确定了影响风电装机的 259 个因素，并将其分为经济、环境、技术潜力、社会、监管、政治等多个类型，指出经济因素对于新兴国家和发展中国家至关重要，而环境因素在任何类型地区均未推动风电的增长扩散。总的来说，近些年尤其是在中国双碳目标提出后，可再生能源发展引起了研究人员的广泛关注，也涌现了大量探讨可再生能源发展及其影响因素间关系的实证研究，这为影响因素元分析提供了数据和知识基础。

就风电发展的影响因素而言，学者的研究主要集中在技术因素、经济因素、政策因素以及资源禀赋等方面。第一，在技术因素中，灵活性技术如储能技术和电力传输技术被广泛讨论，Liu 等运用模糊 G1-ISM 方法识别出了三个直接影响风电消纳的因素，即电力消费、储能技术和智能信息技术，其原因在于未来风电产业将朝着以用户为中心的信息化、智能化方向发展，通过储能可以实现提高能源效率和能源质量的目标；Han 等识别了风电装机的驱动因素，其中，技术因素和环境因素是主要的正向驱动因素，经济因素和资源禀赋的影响机制均表现为正向的空间溢出效应。第二，在经济因素中，GDP 和绿色金融因素被广泛讨论，Sun 等验证了绿色金融是增强风力发电的重要因素，其不仅推动了能源价格的可持续性，而且有效促进了风力发电的技术变革。Sun 等提出，绿色金融可以借助涓滴效应与风电的区域异质性形成时间上的协同效应，而这一效应在制定区域协同发展规划时通常被忽略。第三，在政策因素中，直接补贴、上网电价政策、碳市场政策以及可再生能源权重责任制政策被广为讨论。Tu 等比较分析了碳市场和碳金融政策对风电经济性的影响，验证了碳定价和碳金融政策可以有效提升风电的营利性，推动风电尽早实现平价上网；Xu 等通过构建多层次的系统动力学模型探讨了市场风险、技术风险和政策风险之间与风电投资之间的内在关系，指出政策风险是风电早期投资的主要风险因素，但随着技术的进步和政策的演变，市场风险逐渐成为主要的投资风险；Xia 和 Song 通过构建局部调整模型探究了中国风电发展区域差异的驱动因素，结果显示，需求因素对风电场选址的影响并不显著，政策支持的影响显著但存在区域异质性。更具体地，政策支持在风电资源丰富的地区最有效，但在其他地区效果并不明显。第四，在自然资源禀赋方面，土地类型，气候因素如风速、压力、温度等受到较多关注。Franke 等总结出天气情况、土地可利用性以及风力涡轮机配置是导致不同区域风能发电潜力存在差异的核心因素。

总的来说，现有研究从不同角度探讨了可再生能源发展的影响因素，具体到风电这一能源，学者也从不同维度（风电的投资、生产和消纳）、不同时间（长期、中期、短期）、不同空间尺度（区域、行业、企业）开展了研究，为系统梳理和综合构建风电发展的影响因素体系框架奠定了基础。

1.2.4 风电发展的潜力及路径研究

随着风电技术的进步成熟以及政策环境的变化，风电发展潜力和路径也在不断演变。因此，深入研究风电的未来发展趋势，揭示其潜力以及可能的发展路径，对于制定科学合理的风电政策和发展规划具有重要意义。

作为最有前途的可再生能源电力选择之一，风电潜力受到了诸多学者的关注。早在 2009 年，McElroy 等发表在 *Science* 上的研究指出，中国风能资源可以满足 2030 年中国所有的电力需求，当风电价格低于 0.4 元/千瓦时，其提供的电力足以替代 23%的煤炭发电。随后，学者将重点关注在风电潜力评估方面，根据其研究视角和测算方法的不同，衍生出资源潜力、地理潜力、技术潜力和经济潜力等多元化概念。具体来说，资源潜力和地理潜力是分别

1.3.1 理论意义

(1) 立足全产业链视角对风电发展的内涵进行科学界定，系统提出风电发展路径优化的理论分析框架，不仅有助于厘清新形势下中国风电发展的逻辑和内涵，还能拓宽风电产业研究的视角，丰富和拓展可再生能源发展研究领域的理论基础。

(2) 全面解析风电发展的时空格局、演变规律及驱动机制，系统揭示风电创新、投资、生产和消费活动的时空演变规律及形成机制，不仅有助于深化风电发展研究的时空经验证据，还可以为风电发展时空路径优化提供更具深度的理论支撑。

(3) 创新构建风电发展的时序规模优化模型并进行情景推演，为社会技术转型背景下风电发展的时序路径优化提供新的研究视角，完善多重不确定性下风电发展规划的决策建模方法，为中国未来可再生能源发展路径规划提供新的思考路径。

(4) 创新构建风电发展的空间配置优化模型并进行情景推演，为风电装机投资的空间布局方案设计提供新的研究视角，丰富多目标、多约束下风电发展空间规划的决策建模方法，为中国构建经济高效、供应稳定、绿色清洁的可再生能源格局提供新的方法支撑。

1.3.2 现实意义

(1) 提出中国可再生能源高质量发展新特征下风电发展的理论分析框架，为政府、企业和研究人员提供更具系统性的决策认知框架，增强风电发展相关战略规划及政策制定的系统性和科学性，从而最大化提升风电产业发展潜力和效益价值。

(2) 阐明中国风电发展的时空格局及形成机制，为相关政府部门及投资者的投资规划决策提供深刻洞察和现实依据，为推动风电实现高质量发展提供经验基础，从而提升风电发展时空路径优化的效率和质量。

(3) 模拟推演多重不确定性下风电发展的经济效益和技术潜力，为中国风电发展时序路径优化提供决策支持，增强风电发展规划在不确定性环境下的稳健性和可持续性，降低风电产业及其相关领域的投资风险。

(4) 模拟推演政府异质性决策偏好下风电发展的空间容量配置方案，

为政府统筹兼顾经济、安全、绿色提供实践指导，增强多目标权衡下风电空间布局方案的科学性与合理性，优化风电产业资源的配置效率与利用效能。

1.4 研究目标与研究内容

1.4.1 研究目标

研究的总体目标为：探讨中国风电发展的时空格局及形成机制，在此基础上，构建科学的量化模型对中国风电发展的时空路径进行优化模拟和情景推演，为风电产业的有序发展和科学布局提供新的建模方法与决策视野，进而助力中国可再生能源高质量发展和双碳目标的达成。

具体研究目标如下。

（1）定量揭示全产业链视角下中国风电发展的时空格局及演变规律，厘清不同时期、不同区域以及不同发展维度的异质性特征及其驱动机制，为中国风电发展时空路径优化提供更完备的经验证据。

（2）构建社会-技术系统转型下中国风电发展的时序规模优化模型，对多重不确定性下风电发展的时序目标进行预测推演，研判不同情景下风电产业的经济效益及技术潜力规模趋势，为中国风电发展的时序目标优化提供实践指导与决策支持。

（3）构建能源三元目标权衡下中国风电发展的空间配置优化模型，对政府异质性决策偏好下风电发展的空间容量配置方案进行推演优化，提出统筹兼顾多重目标诉求的风电装机省际配置方案，为中国风电发展的空间布局优化提供实践指导与决策支持。

1.4.2 研究内容

本书的研究内容可以概括为五个主要部分，每个部分都旨在弥补现有研究的局限性，从而提供更具前瞻性和实践价值的研究成果。本书遵循“发现→解释→预测→推演→优化”的研究思路，设计各部分研究内容并梳理各部分研究内容之间的逻辑关系，如图 1.1 所示。

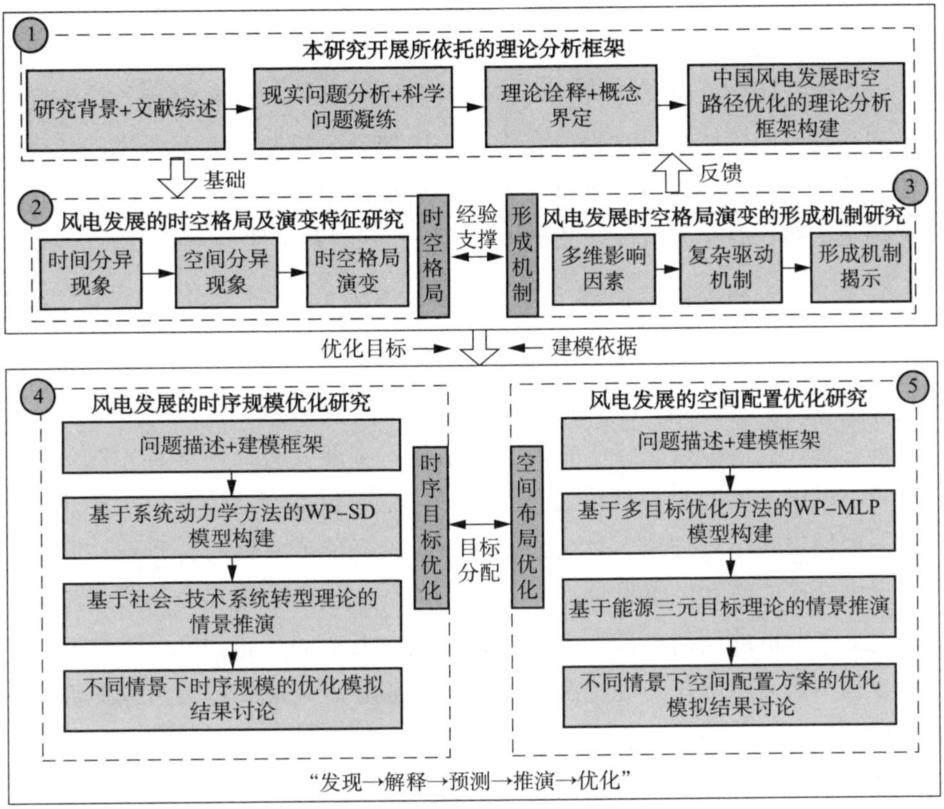

图 1.1 研究内容及其逻辑关系

1.4.2.1 研究内容间的逻辑关系

研究内容①理论分析框架为其余研究内容的设计及开展提供理论基础和方向指引；研究内容②时空格局研究是对风电发展特征趋势的刻画呈现及挖掘，着重探讨“现象是什么”，属于整体研究思路的“发现”环节；研究内容③形成机制研究是对塑造风电发展时空格局要素间关系的揭示，着重探讨“为什么会发生”以及“怎样发生的”，是对研究内容②的“解释”；研究内容④时序目标优化研究侧重回答“如何优化风电发展的时序规模”，研究内容⑤空间配置优化研究侧重回答“如何优化风电发展的空间配置”，二者是优化研究的两个子层次，互为衔接和补充，前者侧重目标优化，后者侧重路径优化。其优化策略均建立在“预测”和“推演”的基础上，分别回答“在给定的初始条件以及场景参数下，风电发展的时序目标如何优化”以及“在给定的初始条件以及可变场景参数下，风电发展的空间布局如何优化”。另外，这些假设条件和场景参数的设定又是建立在时空格局解析及形成机制揭示的基础上。因此，研究内容②和研究内容③为研究内容④和研究内容⑤提供优化的方向与建模的依据，同时为研究内容①中理论分析框架的不断改进和完善提供经验反馈。总的来说，各部分研究内容层次分明、逐步推进，既各有侧重又相互衔接，研究方案设计在整体上具有较好的系统性与完备性。

1.4.2.2 研究内容概述

①中国风电发展路径优化的理论分析框架构建。对新形势下风电发展相关概念进行科学界定、对涉及理论进行梳理凝练，是保证研究开展过程中方法选取合理性和模型构建科学性的基本前提。本部分研究内容首先对全产业链视角下风电发展的相关理论进行了梳理，主要包括产业链理论、产业集聚理论、区域空间结构理论、社会技术转型理论和能源三元目标理论；其次明晰了风电全产业链和风电发展两个概念，从产业链内涵的多个构成维度界定了风电全产业链的结构框架，进而论述了风电发展的逻辑内涵，在此基础上提出建构本研究所依托的理论分析框架。该部分研究成果可为后续研究内容的设计及开展奠定坚实可靠的理论基础。

②中国风电发展的时空格局与演变特征研究。阐明和刻画风电发展的时空格局及演变特征是实现风电发展时空路径优化决策的必要前提。本部分研究内容运用探索性空间分析方法，如变异系数、空间基尼系数、标准差椭圆以及莫兰指数等统计模型，基于2005—2021年中国31个省份的面板数据，对风电发展的空间差异和集聚程度演变、空间区位特征以及空间集聚格局进行系统探讨，全面刻画全产业链视角下中国风电发展的时空格局及其动态演变规律，深入解析中国风电在创新、投资、生产和消费多个维度的时序演变特征及空间演变特征。该部分研究成果可以为中国风电发展的时空路径优化研究提供理论支撑。

③中国风电发展时空格局演变的形成机制研究。厘清和揭示风电发展时空格局的形成机制是促进风电发展效率、质量提升及资源配置优化的必备经验。本部分研究内容首先采用元分析方法开发构建风电发展的影响因素体系框架，厘清影响风电创新、投资、生产和消费活动的政治因素、经济因素、社会因素、自然因素及技术因素；其次采用地理探测器模型剖析风电发展时

空分异现象的关键影响因素及其驱动机制；最后基于多维影响因素框架及影响机制的探究结果，揭示中国风电发展时空格局的形成机制。该部分研究成果可深化对风电发展复杂驱动力的认知，同时为中国风电发展时空路径优化的模型构建和情景推演提供理论基础。

④中国风电发展的时序规模优化研究。认清和把握多重不确定性下风电发展的潜力规模，是对未来复杂形势下风电发展时序目标进行优化的基础。本部分研究内容首先在梳理风电发展的系统因果循环和存流量关系的基础上，运用系统动力学方法构建中国风电发展的时序规模优化模型，并考虑技术社会转型背景下的多重不确定性而构建了技术、政策及宏观形势驱动等多种优化情景；其次对2022—2050年风电经济效益以及技术潜力的时序规模进行基准预测；最后基于多情景模拟结果，对风电发展时序规模的优化路径进行推演分析和比较讨论。该部分研究成果可以为优化风电全链路发展时序规划提供决策建模方法，同时为构建中国风电可持续发展路径提供科学依据。

⑤中国风电发展的空间配置优化研究。当前，我国风电在各省份的开发布局及容量配置亟须相关的顶层规划方案作为指导。本部分研究首先在构建风电发展的经济性、安全性和清洁性目标测算模型的基础上，运用多目标优化方法创新构建中国风电发展的空间配置优化模型；其次运用改进的粒子群智能求解算法对2022—2050年风电在31个省份的装机容量配置进行模拟求解；最后比较分析了不同目标偏好情景下风电装机配置优化方案及其目标收益，讨论了省级层面的风电建设时序与装机布局的优化路径。该部分研究结果可以为优化风电空间布局规划提供决策建模方法，同时为政府统筹协调多目标制定风电发展的顶层规划方案提供参考。

1.5 研究方法与技术路线

1.5.1 研究方法

1.5.1.1 文献研究法

借助文献研究法（Literature Research Method）收集、评估和综合现有文献来总结关于可再生能源或者风电发展相关的主题图景，以便更好地理解所选研究问题的现状和研究进展。本研究采用定性分析和计量分析两种手段对风电发展相关文献的理论方法、研究发现以及观点见解等开展系统分析、归纳、总结和述评，厘清风电发展的动态趋势、影响机制以及建模的理论依据和决策机制方面的研究基础，描绘出一个具有明晰主题的整体研究图景，借助元分析这一文献计量方法构建风电发展影响因素的体系框架，从而为风电发展时空格局解析以及路径优化等研究内容提供一定的理论支持和论证依据。

1.5.1.2 空间数据分析法

借助空间数据分析法（Spatial Data Analysis Method）来刻画和解析中国风电发展的时空格局，借助空间数据分析相关的统计方法或模型工具来揭示观测数据在时间维度和空间维度上的分布、模式与关联。具体来说，运用变异系数刻画风电发展空间分布差异的时间异质性，运用空间基尼系数刻画风电发展空间集聚程度的时间异质性，借助标准差椭圆刻画风电发展的空间区位特征及重心迁移轨迹，借助莫兰指数测度风电发展的空间集聚格局，借助地理探测器工具厘清风电发展时空格局的形成机制。基于相关统计测度结果，系统总结出全产业链视角下中国风电发展的时空特征、动态演变规律及其驱动机制，为中国风电发展的路径优化提供翔实的理论支撑。

1.5.1.3 系统动力学方法

借助系统动力学方法（System Dynamics）来构建中国风电发展的时序规模优化模型，对全产业链视角下风电发展的时序规模及其演进路径开展动力学模拟及情景推演。系统动力学模型擅长分析社会经济系统中的长期、动态和复杂问题，通过探索与揭示问题产生的潜在机制并寻求解决问题的关键策略，在厘清风电发展时空格局、影响因素及其驱动机制的基础上，综合分析风电发展系统的因果回路及流量与存量的关系，构建包含风电装备制造、风电生产、消费，以及风电运营等多个子系统的风电经济效益及技术潜力的时序规模优化模型，并借助 Vensim 软件对不同情景下风电发展变化情况进行模拟仿真，在此基础上科学提出中国风电发展的时序规模路径优化策略，以实现风电可持续发展路径的科学构建及优化。

1.5.1.4 多目标优化方法

借助多目标优化方法（Multiobjective Optimization Method）来构建中国风电发展的空间配置优化模型，对全产业链视角下不同省份风电装机布局的配置方案及优化路径开展多目标优化及情景推演。多目标优化擅长对多个相互矛盾的目标进行科学合理的优选，在多个目标之间进行权衡选择并提供决策方案，常用于研究多于一个的目标函数在给定区域上的最优化问题。风电发展在省级层面上的空间布局和容量配置是一个典型的多阶段、多目标、多约束的动态决策问题，既要充分考虑区域间的多因素差异约束，也要统筹兼顾多主体的利益目标诉求。因此，借助多目标优化方法创新构建中国风电发展的空间配置优化模型，并运用智能求解算法得到不同偏好情景下装机配置优化方案，可以实现各省份风电的统筹规划与科学布局。

1.5.1.5 情景推演法

情景推演法（Scenario Planning Method）是一种战略规划工具，用于应对未来的不确定性和复杂性。该方法旨在帮助组织和决策者在制定策略与规划时更好地理解可能的未来情景，以便更好地做出决策、应对风险和抓住机会。在能源转型背景下，中国风电发展受到多种不确定性和随机因素的影响，情景推演作为有效的不确定性分析工具，可以从技术、经济、政策、市场需求和外部产业环境等多个角度，对风电发展的时空演进及路径进行抽象和设计，并比较不同情景下对目标结果的影响，实现对风电发展趋势信息的有效捕捉，提升优化方案预见的准确性，从而为推动风电发展“因地制宜、因势制宜”的灵活施策提供科学的决策建模方法。

1.5.2 技术路线

本研究的技术路线如图 1.2 所示。本书共包括 8 个章节，第 1 章为绪论，第 2 章为理论基础及概念界定，第 3 章为中国风电发展的时空格局及演变特征，第 4 章为中国风电发展时空格局演变的形成机制，第 5 章为中国风电发展的时序规模优化模型构建及情景推演，第 6 章为中国风电发展的空间配置优化模型构建及情景推演，第 7 章为中国风电发展路径优化的政策建议，第 8 章为研究结论及展望。

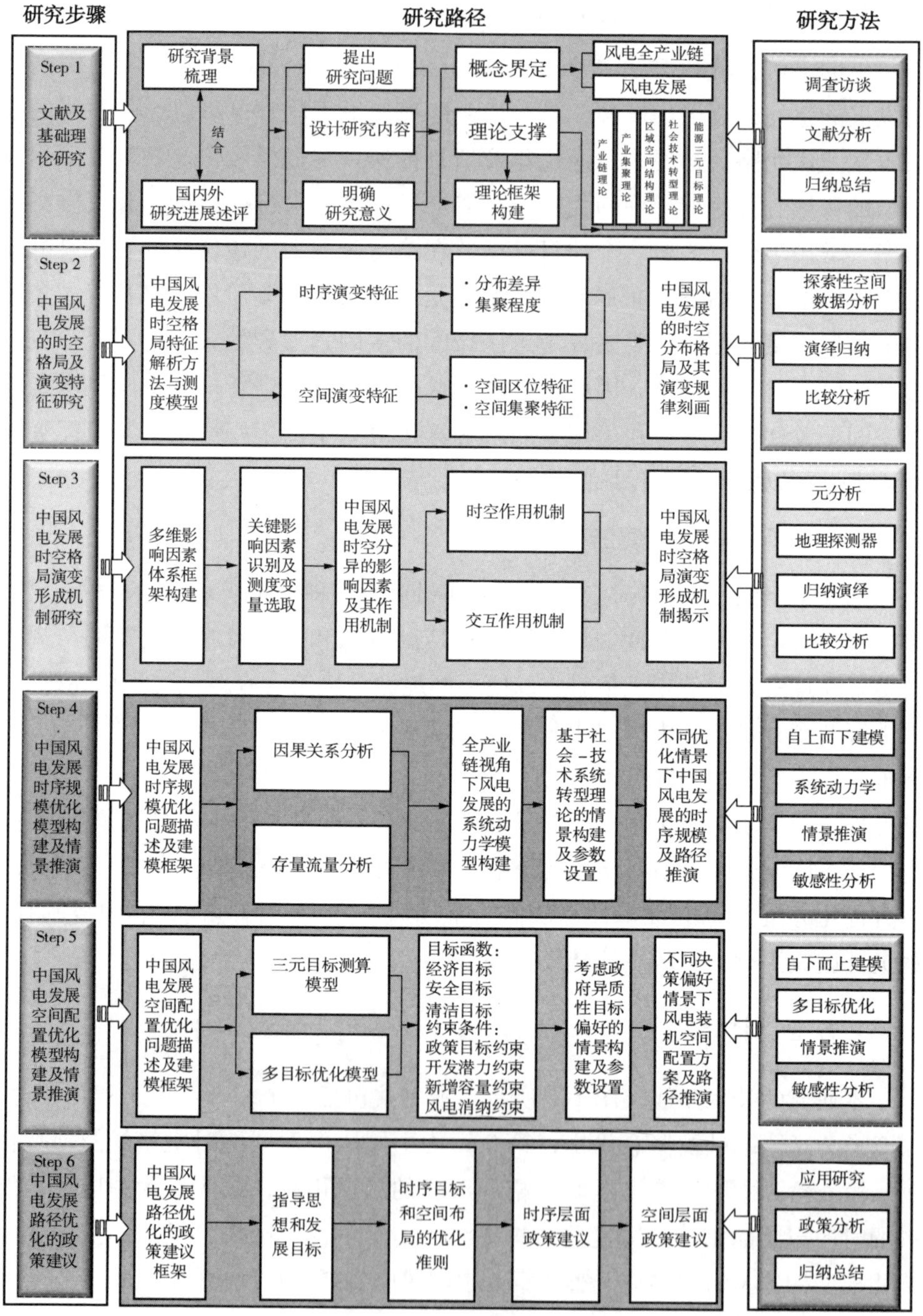
研究步骤
研究路径
研究方法
Step 1
文献及基础理论研究
研究背景梳理
结合
国内外研究进展述评
提出研究问题
设计研究内容
明确研究意义
概念界定
风电全产业链
风电发展
理论支撑
产业链理论
产业集聚理论
区域空间结构理论
社会技术转型理论
能源三元目标理论
理论框架构建
调查访谈
文献分析
归纳总结
Step 2
中国风电发展的时空格局及演变特征研究
中国风电发展时空格局特征解析方法与测度模型
时序演变特征
· 分布差异
· 集聚程度
空间演变特征
· 空间区位特征
· 空间集聚特征
中国风电发展的时空分布格局及其演变规律刻画
探索性空间数据分析
演绎归纳
比较分析
Step 3
中国风电发展时空格局演变形成机制研究
多维影响因素体系框架构建
关键影响因素识别及测度变量选取
中国风电发展时空分异的影响因素及其作用机制
时空作用机制
交互作用机制
中国风电发展时空格局演变形成机制揭示
元分析
地理探测器
归纳演绎
比较分析
Step 4
中国风电发展时序规模优化模型构建及情景推演
中国风电发展时序规模优化问题描述及建模框架
因果关系分析
存量流量分析
全产业链视角下风电发展的系统动力学模型构建
基于社会－技术系统转型理论的情景构建及参数设置
不同优化情景下中国风电发展的时序规模及路径推演
自上而下建模
系统动力学
情景推演
敏感性分析
Step 5
中国风电发展空间配置优化模型构建及情景推演
中国风电发展空间配置优化问题描述及建模框架
三元目标测算模型
多目标优化模型
目标函数：
经济目标
安全目标
清洁目标
约束条件：
政策目标约束
开发潜力约束
新增容量约束
风电消纳约束
考虑政府异质性目标偏好的情景构建及参数设置
不同决策偏好情景下风电装机空间配置方案及路径推演
自下而上建模
多目标优化
情景推演
敏感性分析
Step 6
中国风电发展路径优化的政策建议
中国风电发展路径优化的政策建议框架
指导思想和发展目标
时序目标和空间布局的优化准则
时序层面政策建议
空间层面政策建议
应用研究
政策分析
归纳总结

图 1.2 技术路线

1.6　主要创新点

本书立足全产业链视角，对中国风电发展的时空格局及路径优化进行深入研究。研究成果可以拓展和丰富可再生能源发展研究领域的研究视角及决策建模方法，同时为政府、产业及其他相关利益主体共同推动中国风电可持续发展提供全方位、多维度的决策参考，最终助力中国可再生能源高质量发展并积极稳妥实现碳中和。本书的主要创新点归纳如下。

（1）阐明了中国风电发展的时空格局及形成机制。鉴于当前风电发展规律研究维度的单一性和研究尺度的局限性，本研究综合考虑风电全产业链下发展维度和区域特征的异质性，科学界定了新形势下创新—投资—生产—消费“四维一体”的风电发展内涵，定量揭示出中国风电发展的时空格局及动态演变规律；同时，厘清了政治、经济、社会、自然环境和技术方面的关键因素对时空格局的作用机制，深化了对风电发展复杂驱动力的认知。总的来说，这不仅有助于拓展风电产业研究的视角，而且可以为中国风电发展时空路径优化提供更具深度的理论支撑。

（2）构建了社会-技术系统转型下中国风电发展的时序规模优化模型。鉴于当前风电时序预测模型对于产业反馈机制及其依赖关系的考虑不足，本研究创新构建了涵盖多个产业环节和利益主体的中国风电发展时序规模优化模型，该模型具有较强的趋势预测性能，拓展了可再生能源情景预测研究领域的建模方法；同时，基于产业上下游互动关系研判了多重不确定性下风电发展的规模潜力，提出了风电发展时序目标优化策略。总的来说，这不仅有助于完善风电全链路时序规划的决策建模方法，而且可以提升风电发展时序目标规划决策的科学性与稳健性。

（3）构建了能源三元目标权衡下中国风电发展的空间配置优化模型。鉴于当前风电空间规划模型对于可再生能源高质量发展目标新特征的考虑不足，本研究创新构建了多目标权衡的风电发展空间配置优化模型，实现了风电发展规划模型中目标和约束条件的扩展丰富；同时，提出了中国情境下兼顾经济效益、电力安全和清洁低碳的风电装机省际配置优化方案，这些方案具有较强的现实性和可扩展性，能够在经济、安全和清洁目标间权衡取舍。总的来说，这不仅有助于丰富风电空间规划的决策建模方法，而且可以提升风电发展空间布局决策的权变适用性。

第 2 章

理论基础及概念界定

为保证研究开展过程中研究方法选取的科学性和模型构建的合理性，本章对研究内容涉及的重要理论进行梳理，主要包括产业链理论、产业集聚理论、区域空间结构理论、社会-技术转型理论和能源三元目标理论，并进一步凝练出关键理论启示。在此基础上，结合研究问题和研究对象对两个重要概念及其逻辑内涵做了科学界定，即风电全产业链和全产业链视角下的风电发展。最后，基于理论基础和概念界定，建构提出本研究所依托的理论分析框架，为后续研究内容的设计开展提供理论要素和知识借鉴。

2.1 相关理论基础

2.1.1 产业链理论

2.1.1.1 产业链的概念内涵

产业链（Industrial Chain）是产业经济学中的一个重要概念，用于描述产业部门之间的相互依赖关系和技术经济关联，以及产业链上各主体间的投入产出与竞争合作关系。作为理解产业组织结构的一个视角，产业链反映了基于特定的逻辑关系和时空布局客观形成的链条式形态，是产业层次及其关联程度的宏观呈现。图 2.1 从供应链、技术链、价值链和空间链 4 个维度展示了产业链概念内涵的构成。具体来说，点与点的连接构成了供应链维度（面 ABD），点与线的连接构成了技术链维度（面 ACD），链与链的连接构成了价值链维度（面 BCD），线与线的连接构成了空间链维度（面 ABC）。供应链、技术链、价值链和空间链 4 个维度彼此依赖、相互联结、一一对应，由此形成了产业链“一对四”的映射关系。

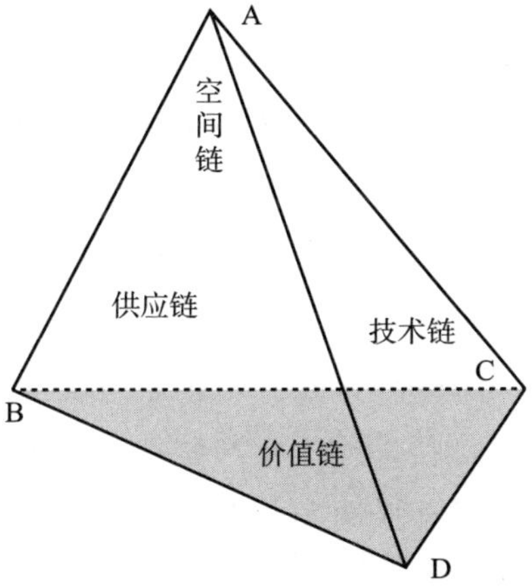

图 2.1　产业链概念内涵

表 2.1 梳理了产业链不同维度的解释及作用。供应链作为产业组织存在的前提，是产业链的物理表现形式；技术链衔接了产业链各环节间的一般技术与核心技术，在推动产业链紧密联结和创新升级方面起着关键作用；价值链是通过产业链各主体间的分工实现价值创造和价值增值，在产业链的形成过程中扮演着核心角色，并成为产业链发展的最终目标；空间链代表了同种产业链在不同地区间的分布，若产业链在地理上具有集中的特点，则会出现产业集聚现象。下面对产业链在不同维度的表现形式即供应链、技术链、价值链和空间链的一般概念进行介绍。

表 2.1　产业链的内涵解释

维度	主要作用	解释对象	内容	目的
供应链	产品供需	资源要素的供需关系	企业间的协调与合作	确保产业链高效运转
技术链	技术传递	一般技术与核心技术	产业技术集约化程度	了解各环节的技术特点和壁垒
价值链	价值创造	产业增值活动	各产业环节的增值活动	识别最有价值的环节，提高竞争力
空间链	空间分布	地理集中与区域结构	同种产业链在不同地区间的分布	按照地域大小划分产业链

（1）供应链（Supply Chain）是指一个产品或服务从原材料采购到最终交

付给消费者的全过程。它包括各环节的企业、机构和流程，涉及原材料供应商、生产商、分销商、零售商和消费者等。供应链中各环节之间相互依赖、共同协作，以确保产品或服务的流通和供应。

（2）技术链（Technology Chain）描述了一个产业或产品中所涉及的技术和技术创新的关联。它涵盖了核心技术和一般技术的衔接，使得产业能够不断创新和升级。技术链强调不同技术之间的相互影响和整合，以促进技术的传递和应用。

（3）价值链（Value Chain）是指一个企业内部活动环节的相互关联和价值创造过程。它涉及从原材料采购、生产制造、营销推广，再到产品分销和售后服务等各个环节。价值链强调企业在每个环节上的增值和优化，以提高产品或服务的附加值和竞争力。

（4）空间链（Spatial Chain）描述了同一产业在不同地理区域间的分布和关联。它代表了产业链在地理空间上的表现形式。当产业在某个地区具有集中特点时，就形成了产业链中的集聚现象。空间链根据地域大小可以分为全球链、国家链和地区链。

2.1.1.2 产业链的形成动因

社会分工和市场化交易是产业链形成的双重基础，前者促进了产业链的形成，后者深化了产业链的组织结构（如图 2.2 所示）。“社会分工”理论认为，劳动分工可以实现经济增长和生产效率提升，该理论是由 17 世纪中后期古典经济学家亚当·斯密提出的。为了更好地实现劳动分工和专业化生产，基于分工的产业组织形式便衍生而出，这种形式即为产业链，其涵盖了从上游到中游再到下游的节点主体及其之间的互动依赖关系。这种相互作用、彼此联结的关系滋生了主体之间的交易，产业链主体间的网络关系纵横交错。在市场交易机制的引导下，产业组织结构不断拓展扩大，产业链链长也得到了延伸。

产业价值创造和价值增值是产业链发展的动因。在产业链中，各个环节的参与者通过专业化、科技创新和技术进步，不断提高产品或服务的附加值。这些环节之间的紧密协作和优化，使整个产业链的效率得到提升，并且产品在各个环节之间得到增值。产业链同时反映了产业价值的分割，随着产业链的发展，产业价值从在不同部门之间的分割转变为在不同产业链节点上的分割。产业链的设计旨在实现产业价值最大化，其本质是创造“1+1>2”的价值增值效应。这种增值通常源自产业链的成熟效应，即当产业链中某个节点的效益发生变化时，会导致其他节点效益倍增的效果。

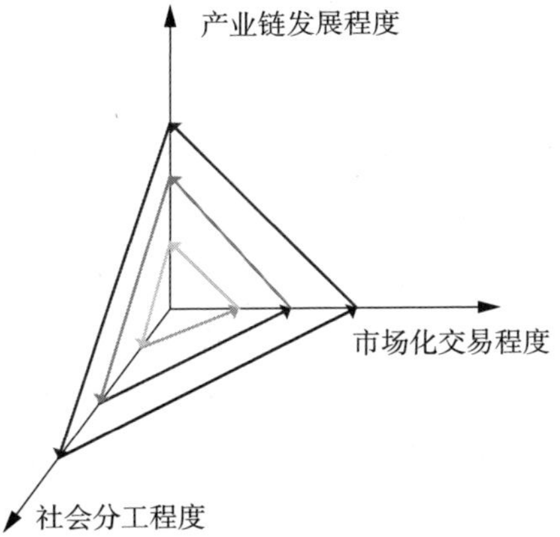

图2.2　产业链形成动因

2.1.1.3　全产业链理论

从理论渊源来看，全产业链（Whole Industry Chain）是在产业链的基础上衍生而来的。全产业链以实现产业链价值最大化为目标，利用多种产业整合和拓展方式（如产业联盟）对产业上下游的资源进行整合与拓展延伸，从原材料采购到最终产品交付，形成完整的产业价值链，促进产业链各环节间的合作与协作。全产业链协作的运作模式使得各个环节之间的相互关联更加紧密，促进资源的高效利用和增值效应的发挥，最终实现产业效益最大化。全产业链的运作模式更加注重技术创新，提高生产效率和产品质量，从而降低产业运营成本，并满足不断变化的市场需求。同时，全产业链也着重考虑可持续发展和生态环境保护，寻求在经济效益和社会效益之间的平衡。

在实践中，全产业链模式具有多重优势。首先，全产业链模式有利于产业与市场的有效对接，提高了产业链的流动性和适应性。其次，全产业链模式能够增加产业链的价值，降低运营成本，提升整个产业链的效益，增强产业链的抗风险能力。最后，通过整合各个环节，全产业链模式能够实现资源的高效配置和优化，促进产业链的协同创新和协作发展。当前，全球宏观经济形势不容乐观，我国经济发展也面临着内部增速放缓和外部形势动荡的严峻挑战。在这种背景下，供应链、技术链、价值链和空间链环环相扣，为促进全产业协同发展，亟须从全局系统视角推行全产业链的发展模式，推动产业链上各个环节的优化和协调，以实现产业链的价值最大化，为我国经济社会的高质量发展提供更加稳健和可持续的基础。

2.1.1.4 理论启示

综上所述，产业链理论为立足全产业链视角的风电发展研究提供了深刻的启示。作为可再生能源的重要代表，风电全产业链研究不仅涉及风力发电机组的设计与制造，还包括风电场建设、风力发电，以及电网接入、运营与维护等一系列环节。换言之，风电不是孤立的生产单元，而是一个相互关联、相互依赖的复杂系统。同时，产业链理论中价值链和供应链维度的内涵还强调了价值的创造与分配路径。将产业链理论融合到风电发展的研究中，能够从全局性和系统性的视角揭示出风电发展过程中的复杂规律及优化机制，以采取更具系统性、协同性和价值导向的思维方式来开展相应研究，最终为推动风电产业的高质量发展提供更为完善的理论分析框架。

2.1.2 产业集聚理论

2.1.2.1 理论概述

产业集聚理论（Industrial Agglomeration Theory）是产业发展研究领域的重要理论之一。产业集聚理论认为，在产业发展过程中，具有共性或者互补性等特征的企业或组织会在某个特定地理区域内集聚起来，从而形成产业在地理上集中、相互联系和相互支撑的集群现象。1990 年，迈克尔·波特在《国家竞争优势》一书中首次提出“产业集群”这一概念，波特采用产业集群概念来描述企业和机构在某一特定区域的地理集中现象。从产业链视角来看，位于同一产业链条或网络的具有内在关联的个体，试图通过寻找自身经济活动，在经济发展的特定区域内寻找最优发展区位，在这一过程中企业为了获得集聚经济效益，实现自身利益最大化，汇集在最优发展区位周围进行发展，最终形成产业集聚现象。

产业集聚形成的原因多元且复杂，研究者从不同角度对其进行了解释探讨，表 2.2 梳理总结了常见的产业集聚理论解释。总的来说，产业集聚形成的原因通常是多种类型因素综合作用的结果，包括经济因素、政治因素、自然资源因素、社会因素和技术因素等，不同地区的产业集聚现象可能受到以上类型中的一个或多个因素的复杂关联作用。因此，在讨论产业集聚形成机制时需要综合考虑多个类型及不同因素间的共同作用。

表 2.2　产业集聚的理论解释

理论	解释
规模经济	产业集聚有助于企业共享资源和基础设施，例如物流、供应链和劳动力，从而降低成本并提高效率，实现规模经济效应
外部经济	在产业集聚区域，企业之间形成了紧密的合作和互动关系，包括技术创新、知识共享和供应链优化，以此形成外部经济效应，促进整个产业链的发展
区位优势	某些地理区域具有特定的区位优势，如接近重要的交通节点、港口、资源矿产或人口密集区等。这种区位优势吸引了企业聚集，形成产业集聚现象
资源优势	某些地区可能拥有丰富的自然资源、人力资源或技术资源，这些资源的聚集可以吸引相关产业企业，并推动产业集群的形成
竞争优势	产业集聚地区易具备竞争优势，如专业技术集群、市场规模优势或品牌溢价，这些优势吸引了更多企业加入，进一步强化了产业集聚效应
技术溢出	在产业集聚地区，企业之间的技术创新和知识共享往往更加频繁，易形成技术溢出效应，反过来又会促进技术创新进步
交易成本	在同一地区内进行业务活动，企业可以更便捷地合作、采购和销售，故产业集聚区的企业更容易降低交易成本
报酬递增	在一个产业链的多个环节中，企业之间的协同作用可以增加各自的附加值，最终实现整体的报酬递增效应
制度安排	特定地区的法律、政策和制度安排可能对产业集聚形成产生影响。例如，政府的产业政策、税收激励和基础设施建设投资等均会对产业集聚产生影响

2.1.2.2　理论启示

产业集聚理论在区域经济发展、创新技术转移、供应链与价值链分析等研究领域得到了广泛应用。在本研究中，该理论为解释全产业链视角下的风电发展提供了有益的基础框架，有助于更好地理解风电发展在地理区域层面的聚集现象和演进规律，同时有助于从多个维度揭示其时空分布格局的形成机制，从而为解释风电发展的特征规律和优化机制建模提供理论指导与经验启示。

2.1.3 区域空间结构理论

2.1.3.1 区域空间结构演化

区域空间结构，是指区域内经济活动在空间上的分布状态和组合方式，其形成是政策制度、经济活动、社会发展、资源禀赋等多种因素综合作用的结果。区域发展演进是一个系统结构综合变化的过程，包含资源结构、产业结构和空间结构三个子系统结构的动态变化。在这些子系统结构中，资源结构起着基础性作用，直接影响着产业结构的特点，进而决定了区域空间结构的演化特征。区域空间结构在形成过程中通常表现为“稳态”与“动态”的并存，稳态下的演进表现出“结构惯性”，当影响因素发生变化时结构调整重组，形成新的空间结构并逐渐达到稳定，表现出“自组织功能”。借助区域空间结构理论可以更好地理解经济活动分布、城市体系结构、产业链布局等，同时该理论有助于指导产业或区域政策的制定，以促进地区之间的协同发展和产业资源要素的优化配置。

2.1.3.2 区域空间结构模式

在不同的地域和发展阶段，区域空间结构的演进可能呈现出不同的特征。然而，这些演进中也存在一些共同的特征和规律。用于解释区域空间结构演化规律的典型理论主要有增长极理论、点轴理论和核心-边缘理论三种，其分别对应不同的区域空间结构模式，即极核式空间结构、点轴空间结构和核心-边缘空间结构。增长极理论强调核心地区的引领作用，这些核心地区能够带动周边地区的发展，并逐渐形成极核式空间结构。在探讨可再生能源发展的时空演进时，增长极理论可以解释为什么一些地区成为主要的可再生能源发展中心，如风电和太阳能发电基地集群，是因为这些地区通常具有丰富的可再生能源资源、技术优势和政策支持，对相关产业的投资具有更强的吸引力。点轴理论强调关键点和轴线的作用，这些关键点和轴线成为不同经济活动的集聚区域，并逐渐形成点轴式空间结构。点轴空间结构模式常见于沿着交通走廊、发展轴线或重要资源区域，区域内经济活动通过连接线性布局相互影响。点轴理论可以解释在可再生能源的空间布局中为何能源产业集聚容易发生在风能或太阳能资源丰富地区，原因在于这些地区沿着交通走廊或资源分布轴线上的能源开发和产业活动相对活跃，长此以往便形成了纵横交错的经济活动链，进而为产业发展提供网络优势。核心-边缘理论认为，区域内存在核心地区和边缘地区，核心地区在经济、技术和资源方面具有优势，边缘地区则处于相对落后的状态，此差异的存在导致了核心-边缘式空间结构的出现。这种区域空间结构模式在资源分布不均、经济发展水平差异较大的地区尤为常见。

2.1.3.3　理论启示

区域空间结构理论是刻画区域问题的重要理论之一，为洞察和解释不同类型的区域空间结构演化提供了理论框架。同样地，区域空间结构也为解释风电的空间分布格局及演化规律提供了多方面的应用启示，通过综合分析地理资源、基础设施、政策环境、技术优势以及社会基础等多类型因素，可以更为全面地解释风电发展的时空分异现象，从而为构建风电发展路径优化模型提供完备的要素基础，为风电产业政策和管理策略的制定及优化提供理论依据。

2.1.4　社会-技术转型理论

2.1.4.1　多层次视角框架

社会-技术转型理论是一个用于分析和解释社会中技术与制度相互作用并引发系统性变革和转型的理论框架。多层次视角（Multi-level Perspective，MLP）是社会-技术转型理论中的一个重要分析框架。MLP 结合了演化经济学、创新社会学和新制度理论的思想，为理解复杂多维转型的过程和机制提供了全景性的视野，其理论框架如图 2.3 所示。MLP 关注社会与技术系统之间的相互依赖关系，强调宏观环境、技术发展和制度规范之间的相互作用，这些关键要素共同塑造了社会的发展方向和技术的演进路径。理解转型过程需要理解这三个层次的相互联系和相互作用，该过程中的随机性、复杂性及非线性使得转型的初始阶段、扩散阶段和突破阶段充满了变化与不确定性。

对 MLP 三个层次的具体描述如下。（1）宏观层——景观形势。景观是一个广义的发展背景，包括政治、社会和经济等宏观形势，景观层的现象或过程的发展演化非常缓慢，例如，经济发展趋势、人口变化、工业化和气候变化等长期社会过程。若发展过程中发生冲突，则可能会引起景观发生突变，例如，战争、流行病、油价波动或金融危机等突然冲击。（2）中观层——政策制度。社会技术制度指目前主要的制度、产业格局和技术环境特征，包括市场、科学、文化、政策、产业等要素，以及产品和服务的用户、生产者和促进者、政策制定者、企业和公民等不同的参与者。制度层面的变化往往是一种渐进式的变化，有利于实现渐进式技术创新。(3) 微观层——技术利基。与制度层相比，技术利基层的功能和网络更不稳定，该层面的网络通常很小而聚集，其变化通常是激进创新的孵化室。随着时间的推移，技术利基的发展可能表现出保留、繁荣和失败崩溃等多种形式。

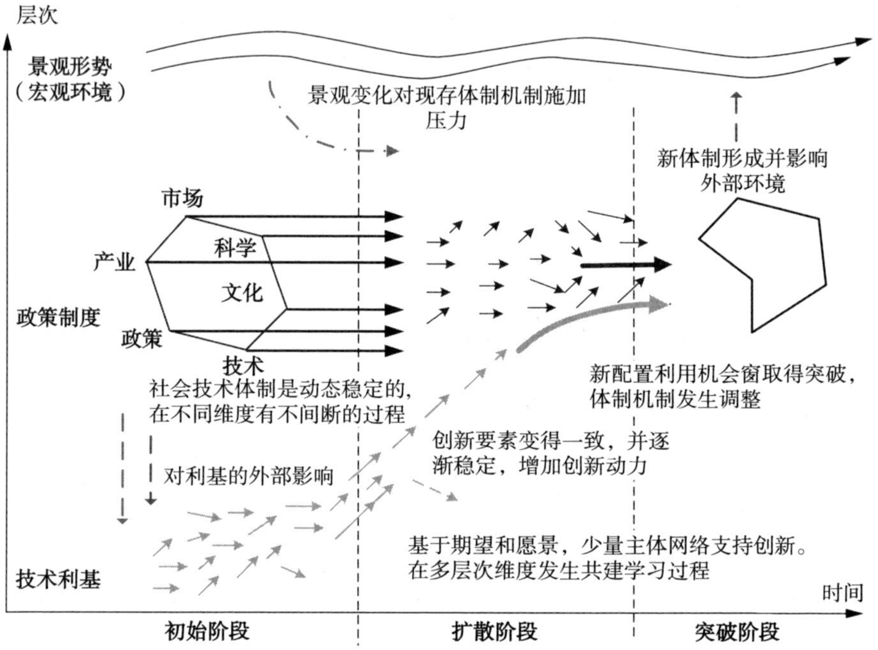

图 2.3　MLP 的动态分析框架

2.1.4.2　MLP 框架下风电面临的不确定性

风电的大规模发展源于能源转型，而能源转型本身是一种多维、非线性、复杂的长期结构性演变，其进程伴随着技术、经济、环境、社会和政治等多个系统的不确定性。不可避免地，风电发展也须涉及对未来技术、政策和经济社会变革的不确定性考虑。MLP 的一个核心观点是，社会技术要素及其相关作用是社会行为主体活动的结果，且各主体的行为会影响未来不确定性的发展趋势和走向。在能源转型背景下，风电发展不只是某个环节、某个主体、某项技术的进步，而是通过产业链的上下游相互影响、协同演化实现的，缺少任何一个环节都会影响风电发展应用的全过程。同时，电能与其他商品最大的不同在于不便于大量存储，必须“发输配供用”电一次性同时完成，故风电产业上下游之间的相互制约和反馈依赖程度更高。

基于 MLP 框架可以认为，全产业链视角下的风电发展是一个复杂的社会技术系统转型过程。它受到宏观环境因素（如社会经济发展）的影响，同时受到政策制度演变和技术创新的影响。在实际应用中，该理论可以帮助决策者和研究人员更为全面地理解能源转型背景下风电发展的演进路径及发展趋势。

2. 1. 4. 3　理论启示

MLP 传统上被用来描述过去的转变，也可以根据过去的表现预测未来的情景。自 2001 年推出以来，该理论框架在社会转型的历史案例研究和多领域的可持续性系统动态转型研究中被广泛讨论与应用，如交通、农业、金融、分布式能源、新能源汽车、低碳电力等系统的动态转型，这些系统的社会功能转变不仅涉及技术变革，还涉及消费者行为、文化、公共政策、商业模式、市场和基础设施等多类要素。因此，理解这些系统的动态转型对于理解社会经济发展的演变过程起着重要作用。在本研究中，基于 MLP 框架可以更好地理解中国风电发展进程中的系统结构演变以及不同层次结构之间的相互作用，从而为风电发展的情景构建及推演提供了可靠的技术选择和理论依托。

2. 1. 5　能源三元目标理论

2. 1. 5. 1　能源转型的三元目标

1999 年，美国麻省理工学院教授保罗·克鲁格曼在对亚洲金融危机进行实证分析时，提出了“不可能三角”理论（也叫“三元目标理论”），即一国的金融政策无法同时达到“资本自由流通”“汇率固定”“货币政策独立”这三个方面的目标。同样地，在能源转型背景下的能源生产与供应领域，现阶段同样存在这样的“不可能”。如图 2. 4 所示，能源安全、能源公平和能源的清洁可持续是能源“不可能三角”体系的三个核心指标，其核心思想是“能源供给安全”“能源经济可得”“能源清洁低碳”这三大目标之间不再存在帕累托改进空间（资源改进到不能再改进的理想状态），任何一个目标方向的优化都意味着对其他方向产生恶化影响。

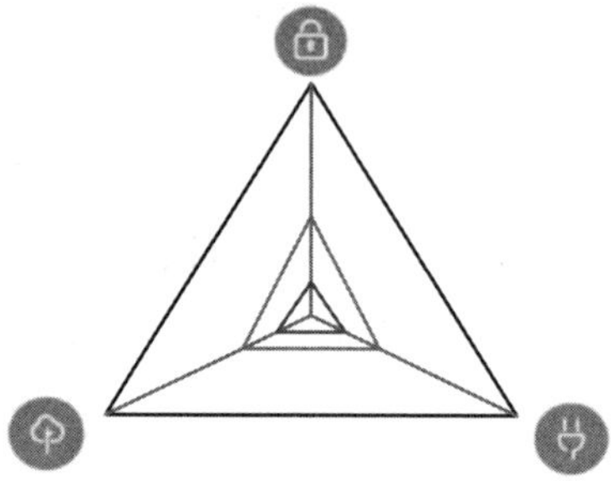

图 2. 4 能源转型的三元目标

转型背景下能源的三难困境主要面临来自经济、安全和清洁三个方面的权衡。首先，能源转型需要巨大的投资和成本。较之传统能源，清洁能源技术的发展和部署通常需要大量资金，一些清洁能源技术在发展初期的成本可能不具备竞争优势，短期内转型措施可能会给能源成本的可负担性或投资回报的可行性带来挑战。另外，经济困境还涉及转型过程中可能造成传统能源产业岗位的减少和转型的就业问题。因此，如何在经济上实现可持续发展，同时推动能源转型，是一个重要挑战。其次，国家能源供应的稳定性和可靠性对于能源安全至关重要。在转型过程中，传统能源供应链可能受到地缘政治和市场波动的影响，导致能源供应不稳定，同时，增加对清洁能源的依赖可能带来新的安全问题，如清洁能源的供应链安全和对新能源技术的依赖。因此，在推进能源转型时，需要在避免过度依赖传统能源的基础上，考虑如何保障能源供应的稳定性和安全性，进而降低转型可能带来的安全风险。最后，低碳清洁性是能源转型的主要目标之一，旨在减少对环境的污染和温室气体排放，以减缓气候变化。相对风光等可再生能源而言，传统能源具有经济和安全可靠的特征，但其往往不符合清洁低碳的环境目标要求。因此，在能源转型过程中，需要以可再生能源替代传统能源以加快实现碳达峰碳中和的目标，但这需要权衡能源的经济可负担性和安全稳定性。总体而言，在推进能源转型的同时，需要综合考虑能源的经济可行、安全供应和清洁低碳目标，并寻求在三者之间的平衡。

2.1.5.2　风电扩展规划的三元目标

在能源三元目标的战略引导下，作为一种重要的清洁能源形式和清洁能源技术，风电在能源转型背景下的空间扩展规划也面临着来自经济、安全和清洁多方面的目标诉求，如图 2.5 所示。首先，风电扩展规划的经济目标是确保风电产业的经济可行和竞争力，这包括降低风电技术的成本、提高发电效率和增加风电的投资回报率，具体可通过加强技术创新、发挥规模经济效应以及加强政策支持等措施实现，从而使风电成为更具吸引力的投资选择。其次，风电扩展规划的安全目标是在保证电力可靠供应的前提下，尽可能提供更多的风电，以减少对传统高排放能源的剩余需求。换言之，这一目标旨在促进清洁能源的大规模应用，并逐步减少对化石燃料等不可再生能源的依赖。最后，风电扩展规划的清洁目标是减少温室气体排放和环境污染，为应对气候变化和改善环境质量做出贡献。相对于传统的煤电等化石燃料发电方式，风电是一种零排放的清洁能源，其使用过程不会产生二氧化碳等温室气体和空气污染物。因此，通过风电等清洁能源发电代替传统能源发电，可以减少对化石燃料的依赖，降低碳排放。

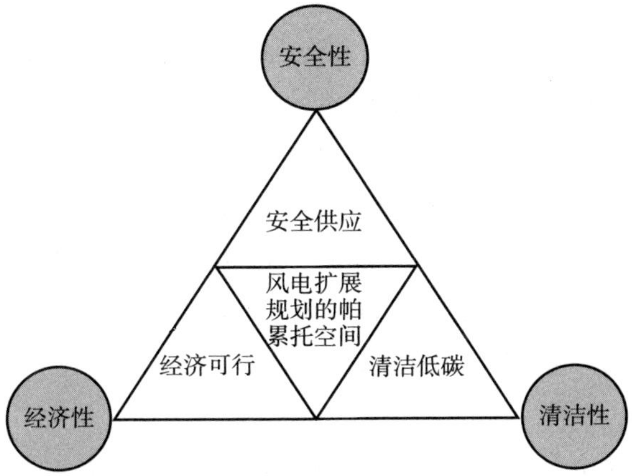

图 2.5　风电扩展规划的三元目标

2.1.5.3　理论启示

由于我国资源禀赋、电力传输设施、发电成本等存在地域差异，风电在空间上的扩展规划决策往往需要对多个目标进行权衡考虑，以满足投资者、政府以及企业等多个主体间的不同利益诉求。换言之，政府、企业和社会各界必须在经济投资回报、电力供应安全和清洁减排贡献之间取得平衡，然而这种权衡和综合考虑是一个充满挑战的过程，有必要对风电的空间扩展进行科学规划和决策优化，引导风电装机实现有序发展和科学布局。因此，将能源三元目标理论应用在风电扩展规划领域中，在风电项目的选址、设计、运营等各个环节综合考虑和平衡多重目标诉求，引导决策者在做规划决策时平衡经济效益、环境效益和社会效益。

2.2 重要概念界定

2.2.1 风电全产业链

风电全产业链是对传统风电产业链的链长延伸和功能升级，其核心特征在于充分适应风电高质量发展阶段新的目标需求和新的技术要求。传统的风电产业链是指风电产业的核心部分，包括设备研发，制造，风电场建设，风电项目建设、开发、运营等环节，相关主体间的供应关系和技术经济联系构成了产业链，并呈现出一定的网络关联特征。然而，在技术进步和政策支持下，风电产业进入高质量发展阶段，产业组织形态愈加复杂，相关主体间的联系愈加紧密，这对风电产业链的功能特征和技术升级也提出了新的要求。不同于煤电等传统电源，风电具有一定的波动性、间歇性和不稳定性，需要储能和需求响应等灵活性技术作为支撑。与此同时，在“建设全国统一的电力市场体系”这一战略引导下，风电作为电力产品或服务，其流通交易和消费环节也应当纳入风电产业链，以期为上游风电生产企业的柔性调整提供信息反馈，实现风电产业链的高效运转。鉴于此，有必要对风电产业链进行重新定义和升级。

本研究将“风电全产业链”这一概念定义为风力发电涉及的各个环节及其相应产业组成部分构成的完整体系，其结构如图 2.6 所示。更具体地，就供应链维度而言，风电全产业链涵盖上游风电装备制造企业（包括原材料供应、零部件制造和风电整机制造）、中游风电项目运营企业（包括项目投资及建设安装、发电及运营维护）、下游电网企业和电力用户（包括三产用电和居民用电）；就技术链维度而言，风电全产业链包括对风电装备智能制造、高效稳定发电及并网、跨区域输电、储能和需求响应等关键技术的需求；就价值链维度而言，除传统的价值创造活动（装备制造利润和项目投资回报）外，增加了在未来政策趋势下风电参与碳交易、绿证交易和电力辅助服务市场的额外价值创造。

总的来说，本研究从更加系统和全局的视角对高质量发展新形势下的风电产业链进行重新定义，有助于全面理解和揭示风电产业链的内部运行机制及外部发展环境，总结风电发展的历史规律，优化风电发展的目标和路径，最终推动中国风电产业向更高质量和更可持续的发展阶段迈进。

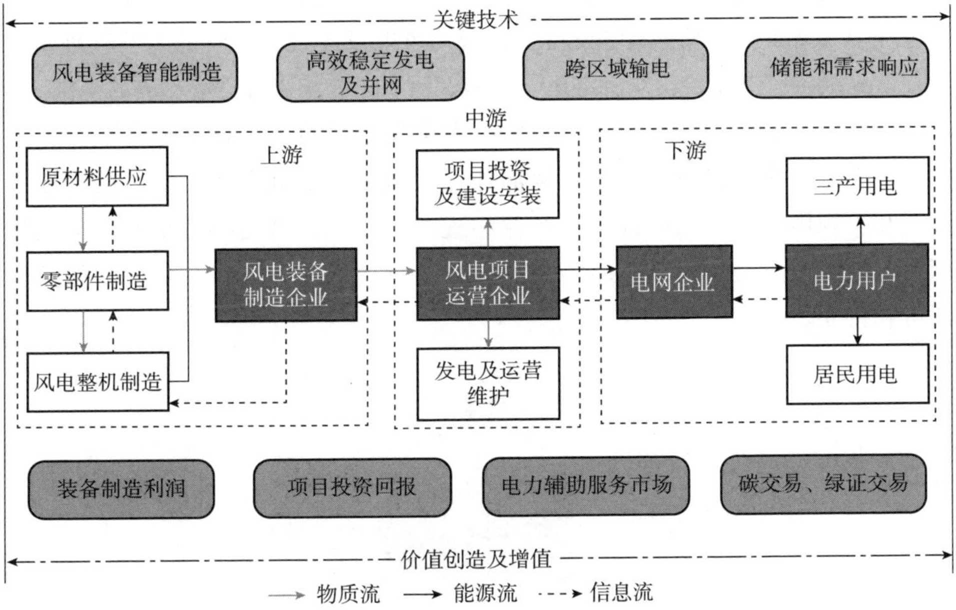

图 2.6　风电全产业链结构示意

2.2.2　风电发展

立足全产业链视角，在本研究中，对“风电发展”这一概念定义为创新—投资—生产—消费“四维一体”的协调发展，如图 2.7 所示。具体如下。

（1）技术创新是风电发展的基石。技术创新可以提高风电相关技术的效率和可靠性，降低发电成本，并解决风电发展中可能面临的技术挑战和问题。其涵盖风力发电设备的设计和制造工艺的改进、风电场运营管理系统的智能化升级、电力储能技术的发展等方面。只有通过不断创新，风电产业才能保持竞争力，实现更高效、更可靠、更经济的风能发电。

（2）投资装机是风电发展的动力。风电建设涉及项目筹备、设备采购、基础建设等多个方面，需要政府、企业和私人投资者对风电项目的资金投入。投资装机既可以带动上游装备制造的规模发展，又可以促进下游电网升级和输电能力提升等。政府、企业和私人投资者的有效投资能够确保项目获得足够的资金支持，使得风电产业实现可持续发展。

（3）生产运营是风电发展的核心。生产运营是将风电场建设落实为实际产出电力的过程。风电场在风能资源的驱动下，产生电能并注入电力系统。在这一过程中，高质量的风力发电设备、完善的风电场建设和科学的运营管理至关重要，是维持风电项目长期稳定运营、确保风电产能稳定且持续输出的基础。

（4）可靠消纳是风电发展的目的。风电发展的目的是推动更多电力消费者使用安全可靠、经济可负担、清洁环保的电力产品和服务。风电的高比例渗透和大规模消纳可以促进风电产业的进一步壮大，这需要健全的电力输送网络、电力市场交易体系、储能及需求响应技术的成熟、社会对清洁能源的认可和接受。

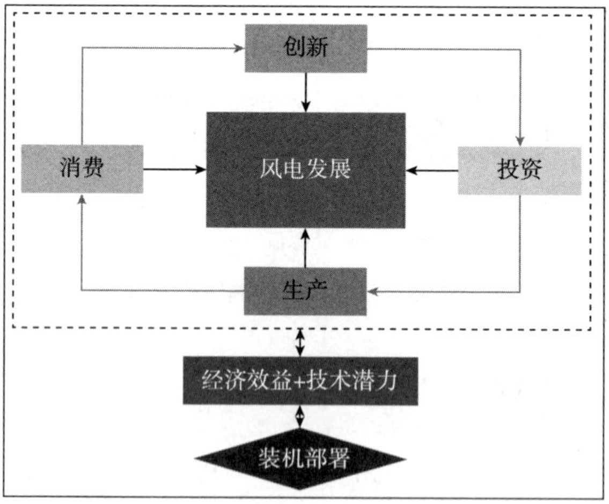

图 2.7　全产业链视角下风电发展的内涵

总的来说，创新、投资、生产和消费是风电发展中彼此依赖、相互联结的四个关键维度。各维度间的高效互动、有机融合与协调发展可以推动风电产业可持续发展。另外，风电发展的经济效益直接决定了其产业的投资吸引力，技术潜力决定了其产业规模的扩张空间，故经济效益和技术潜力既是风电发展的动力前提，也是风电发展的目标结果。进一步地，经济效益和技术潜力决定了风电的装机决策，装机部署是风电产业扩张发展的关键决策行为，于上游可以带动风电装备制造产量，于下游可以提升风电生产及消费潜力。同时，风电的装机扩展可以反过来提升风电产业的经济效益及技术潜力。综上所述，全产业链视角下风电发展的概念定义为四个维度（创新、投资、生产和消费）、两个目标（经济效益和技术潜力）和一个关键决策（装机部署）。

2.3　理论分析框架

基于上述理论启示和概念界定，结合研究目标和研究内容，根据“提出问题→理论诠释→要素提炼→实证分析→建模模拟→决策优化”的逻辑范式，建构提出开展本研究所依托的理论分析框架，如图 2.8 所示。

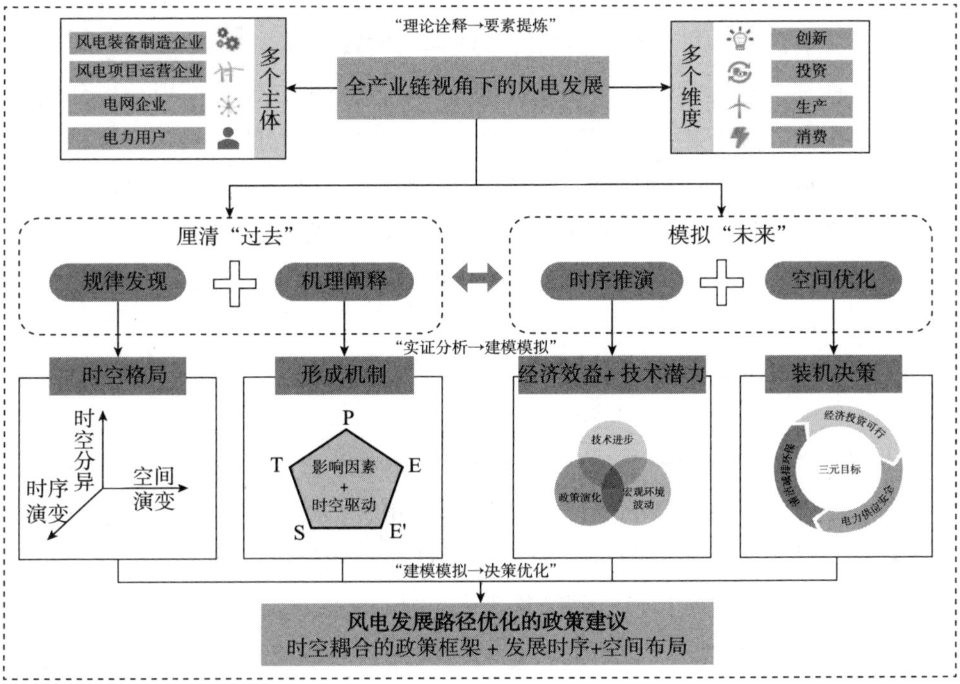

图 2.8　研究的理论分析框架

首先，在理论诠释阶段，产业集聚理论和区域空间结构理论为解释风电时空格局特征及其形成机制的揭示分析提供了系统全面、富有层次的解释框架，为识别风电发展历史进程中时空演进的关键因素、动态规律及其目标和路径优化提供了针对性的研究框架。其次，在要素提炼阶段，依托产业链理论对风电产业链的不同构成维度、各个环节、多个主体、重要组成要素及其内在关系进行了深入解析，并从四个维度（创新、投资、生产和消费）、两个目标（经济效益和技术潜力）和一个关键决策（装机部署）综合界定了风电发展的概念。立足全产业链下风电发展的多主体、多维度的深入分析，有助于从全局视角来理解风电产业链及其发展的运作机制。再次，时空格局形成机制的实证分析结果驱动了风电发展的时空优化模型构建。具体而言，基于前期的理论诠释和概念提炼，可以确立模型的核心要素和关键变量，实证分析结果可以派生出模型构建的基本假设和优化情景的设置依据，将其与这些关键要素相结合，构建风电发展的时空路径优化模型。最后，在模型驱动决策阶段，依据所建立的优化模型及相应的情景推演结果，为促进和保障风电发展的产业规划、政策体系及管理策略的制定提供优化策略，为政府、企业和利益相关者的决策行为提供新的决策依据与实践指导。

综上所述，从理论诠释、要素提炼，到实证分析和建模模拟，再到决策优化，每个阶段均有相应的理论作为依托，为相关研究的深入开展提供了翔实的理论基础。本着厘清“过去”和模拟“未来”的双重愿景，借助这一理论分析框架，可以为待解决的研究问题提供清晰的路线指导，并为风电产业相关战略规划和管理机制设计提供新的理论依托与决策视野。

2.4　本章小结

本章主要对研究中涉及的相关理论、重要概念以及研究的理论分析框架进行了系统梳理和总结，为后续章节的研究开展奠定了坚实的理论基础。首先，梳理总结了研究相关的重要理论及其对本研究的理论启示，包括产业链理论、产业集聚理论、区域空间结构理论、社会-技术系统转型理论以及能源三元目标理论。其次，结合研究目标和研究内容并基于理论诠释，对风电全产业链和风电发展两个重要概念进行了界定。最后，结合理论基础和概念界定的主要内容，建构提出本研究的理论分析框架。

第 3 章

中国风电发展的时空格局及演变特征

阐明和刻画风电发展的时空格局及演变特征是实现风电发展时空路径优化决策的必要前提。基于产业链理论和区域空间结构理论，本章以时间和空间为双重切入点，运用探索性空间数据分析等测度方法，基于 2005—2021 年 31 个省份的面板数据，全面刻画全产业链视角下中国风电发展在不同时空尺度上的时空分布特征及其动态演变规律，深入解析风电创新、投资、生产和消费活动的时空分异现象，以期获得对中国风电发展的历史规律与优化方向的基本认知，进而为中国风电发展的时空路径优化提供基础现状和经验支撑。

3.1 研究框架与测度模型

3.1.1 研究框架

根据第 2 章关键概念界定，全产业链视角下的风电发展包括创新、投资、生产和消费四个相互关联、彼此制约的维度，故本章从这四个维度对全产业链视角下风电发展的时空格局及演变特征进行定量刻画，研究框架如图 3.1 所示。

首先，判断时空分异现象是否存在是刻画时空格局的基本前提。基于时间序列数据和空间截面数据，分别对风电发展的时间演变趋势和空间分布特征进行描述性统计，初步判断风电发展是否存在时间异质性和空间异质性。若存在，则采用相应的测度模型，对风电发展在不同维度的时序演变特征和空间演变特征进行定量刻画与解析。就时序演变特征而言，使用变异系数刻画风电发展空间分布差异的时间异质性，使用空间基尼系数刻画风电发展空间集聚程度的时间异质性；就空间演变特征而言，使用标准差椭圆（Standard

Deviational Ellipse，SDE）刻画风电发展的空间区位特征及重心迁移轨迹，使用莫兰指数（Moran's I）测度风电发展的空间集聚格局。其次，根据对不同维度风电发展的时序演变特征和空间演变特征的研究结果进行综合比较分析，全面系统地总结出全产业链视角下风电发展的时空分布特征及其动态演变规律。

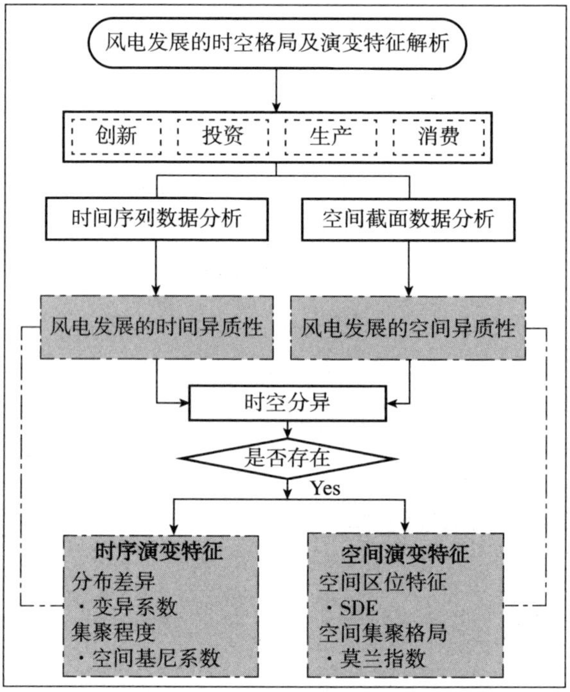

图 3.1 时空格局的研究框架

3.1.2 测度模型

"时空格局"这一名词源于景观生态学，最初被用来形容群落在水平和垂直空间中的位置以及随时间变化的动态。在社会科学和产业经济学等领域，其常被用来形容区域经济或产业发展在不同时间尺度与空间层次上的分布状态、变化规律和时空关系，以深入理解区域或产业发展时空分异现象的规律和机制。时空格局的常用研究范式包括观测、测度、分析和模拟等方法，其重点观测特征通常包括空间差异和集聚程度、空间区位特征和空间集聚格局等。

3.1.2.1　分布差异测度模型

变异系数（Coefficient of Variation）是一种用于衡量数据集中变异程度的统计量，可以用来度量产业分布的空间差异程度。其计算方法为观测指标的标准差与均值之比，通过将标准差标准化为相对值，使得不同数据集之间的变异程度可以进行比较，其优势在于变异系数是一个无量纲量，它消除了不同观测数据间因量纲和平均数的不同对测度结果的影响，计算公式如式（3.1）所示：

$$C_v = \frac{S_i}{\bar{y}} = \frac{1}{\bar{y}}\sqrt{\sum_{i=1}^{31}(y_i - \bar{y})^2/n} \tag{3.1}$$

其中，C_v 是变异系数值，S_i 是 i 省份观测指标标准差的无偏估计，$\bar{y}$ 是 i 省份观测指标的平均值，y_i 是 i 省份观测指标值。变异系数越大，表示观测指标空间分布的差异越大。

3.1.2.2　集聚程度测度模型

空间基尼系数（Spatial Gini Coefficient）是衡量产业在空间分布上集聚程度常用的指标，由美国经济学家克鲁格曼在 1991 年测算美国制造业行业的集聚程度时提出。空间基尼系数将洛伦兹曲线与传统基尼系数相结合，用来表征某一地区或区域内产业在空间上的分布不平等程度，适用于地理空间上的产业集聚程度和离散程度的探讨。空间基尼系数越大，意味着观测指标的空间集聚程度越高；反之，空间集聚程度越低。鉴于此，本章研究采用空间基尼系数来衡量风电发展的空间集聚程度，计算公式如式（3.2）所示：

$$G = \sum_{i=1}^{n}\left(\frac{S_i}{\sum_{i=1}^{n} S_i} - \frac{T_i}{\sum_{i=1}^{n} T_i}\right)^2 \tag{3.2}$$

其中，G 代表空间基尼系数，其范围在 0 到 1 之间，空间基尼系数值越接近于 0，表明产业空间集聚程度越低，风电发展越均衡；空间基尼系数值越接近于 1，表明产业空间集聚程度越高，风电发展越不均衡。i 表示省份，n 等于 31。S_i 表示 i 省份的观测指标值，T_i 表示 S_i 在该指标更高层级上的指标值。例如，当 G 用来衡量创新维度的空间聚集程度时，S_i 表示 i 省份的风电专利数量，T_i 表示 i 省份的绿色专利数量；当 G 用来衡量风电供给维度的空间集聚程度时，S_i 表示 i 省份的风电累计装机容量，T_i 表示 i 省份全部类型的电源累计装机容量。

3.1.2.3 空间区位特征测度模型

采用 SDE 来衡量风电发展的空间区位特征。SDE 方法最早由美国社会学教授 Lefever 在 1926 年提出，用于揭示地理要素的空间分布范围，目前被广泛应用于经济学、社会学、地理学、生态学等领域。SDE 作为典型的地理空间统计分析工具，可以计算一系列点在长轴和短轴方向上的标准距离，并在地图上以椭圆的形式呈现计算结果，从而可以准确解释研究对象的空间区位特征，如分布方向和演化趋势，包括时空格局演变的中心性、延展性及方向性等。借助椭圆轴的长度和方向可以更为直观地描述经济活动的动态趋势。SDE 的主要参数包括平均中心、方位角、长轴标准差和短轴标准差。其计算公式分别如式（3.3）至式（3.7）所示：

$$\bar{X}_\omega = \frac{\sum_{i=1}^{n}\omega_i x_i}{\sum_{i=1}^{n}\omega_i} \tag{3.3}$$

$$\bar{Y}_\omega = \frac{\sum_{i=1}^{n}\omega_i y_i}{\sum_{i=1}^{n}\omega_i} \tag{3.4}$$

$$\tan\theta = \frac{\left(\sum_{i=1}^{n}\omega_i^2\bar{x}_i^2 - \sum_{i=1}^{n}\omega_i^2\bar{y}_i^2\right) + \sqrt{\left(\sum_{i=1}^{n}\omega_i^2\bar{x}_i^2 - \sum_{i=1}^{n}\omega_i^2\bar{y}_i^2\right)^2 + 4\sum_{i=1}^{n}\omega_i^2\bar{x}_i^2\bar{y}_i^2}}{2\sum_{i=1}^{n}\omega_i^2\bar{x}_i\bar{y}_i} \tag{3.5}$$

$$\sigma_x = \sqrt{\frac{\sum_{i=1}^{n}(\omega_i\bar{x}_i\cos\theta - \omega_i\bar{y}_i\sin\theta)^2}{\sum_{i=1}^{n}\omega_i^2}} \tag{3.6}$$

$$\sigma_y = \sqrt{\frac{\sum_{i=1}^{n}(\omega_i\bar{x}_i\sin\theta - \omega_i\bar{y}_i\cos\theta)^2}{\sum_{i=1}^{n}\omega_i^2}} \tag{3.7}$$

其中，(x_i, y_i) 表示省份 i 的经纬度坐标；ω_i 表示区域权重；$(\bar{X}_\omega, \bar{Y}_\omega)$ 表示中心点的横纵坐标；$(\bar{x}_i, \bar{y}_i)$ 表示每个研究对象到中心的坐标；θ 为 SDE 的方向角，顺时针方向表示椭圆长轴与正北方向的夹角；σ_x 与 σ_y 分别表示椭圆长轴和短轴的标准差，其参数示意如图 3.2 所示。椭圆的长半轴表示数据的分布方向，短半轴表示数据分布的范围。椭圆的长半轴越长，表示观测值分布的方向性越强；椭圆的短半轴越长，表示观测值的离散程度越大。长短半轴之差可以用扁率来衡量，扁率越大，观测值的分布方向越明显。另外，椭圆面积的变化代表了产业集聚格局的变化趋势，当椭圆面积变大时，说明观测值的空间分布趋于扩散，反之，空间分布趋于集中。

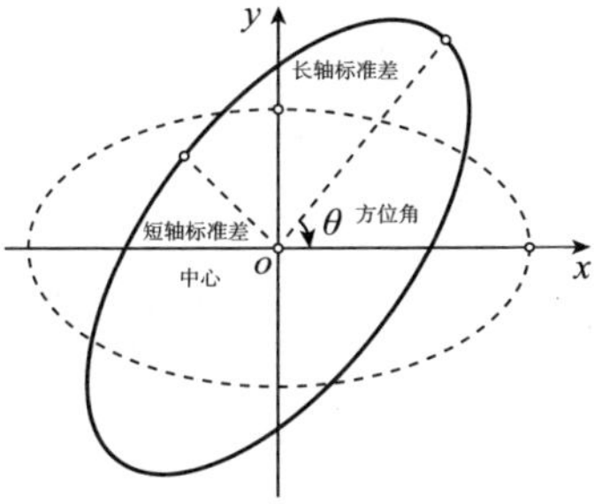

图 3.2　SDE 的基本参数示意

3.1.2.4　空间集聚格局测度模型

莫兰指数是测度产业集聚格局的方法之一，用于测量地理数据空间自相关性，评估地理空间上的聚集或离散程度，由美国地理学家、统计学家 Moran 于 1950 年提出，在地理信息系统、地理学、社会科学和经济学等领域被广泛应用。该方法基于地理空间中不同地点之间的相关性，通过比较实际观测值与预期随机模式之间的差异测量聚集程度。空间自相关分析是一种空间数据分析工具，用于分析观测点的位置与其相邻点之间的关系，通过描述研究对象的空间分布格局，揭示研究对象在特定空间内可能存在的相互依赖关系。空间自相关包括全局空间自相关和局部空间自相关，分别采用全局莫兰指数（Global Moran's I）和局部莫兰指数（Local Moran's I）予以解释。全局莫兰指数用于解释观测指标在整个区域的空间分布态势，回答了空间集聚是否存在。它估计了空间相邻区域单元观测值的相似程度，可以揭示观测值整体是否存在空间集聚趋势，但只能反映整体的空间相关性，难以提供关于空间相关性模式的细节。当研究区域较大时，全局莫兰指数忽略了空间异质性的存在，因而无法反映地理单元内的局部空间相关性。因此，有必要利用局部莫兰指数进一步回答空间集聚存在于何处。使用全局莫兰指数与局部莫兰指数可互相补充，其计算公式分别如式（3.8）和式（3.9）所示：

$$\text{Global Moran's I} = \frac{n\sum_{i=1}^{n}\sum_{j=1}^{n}\omega_{ij}(x_i-\bar{x})(x_j-\bar{x})}{\sum_{i=1}^{n}(x_i-\bar{x})^2\sum_{i=1}^{n}\sum_{j=1}^{n}\omega_{ij}} \tag{3.8}$$

$$\text{Local Moran's I} = \frac{n(x_i - \bar{x}) \sum_{j=1}^{n} \omega_{ij}(x_j - \bar{x})}{\sum_{i=1}^{n}(x_i - \bar{x})} \tag{3.9}$$

其中，n 表示被评价的空间单元个数，本章研究中为 31 个省、自治区和直辖市。x_i 与 x_j 表示第 i 个和第 j 个省份的指标观测值，$\bar{x}$ 表示各省份指标观测值的平均值，ω_{ij}表示第 i 个和第 j 个省份的空间权重矩阵，即当第 i 个和第 j 个省份相邻时，ω_{ij}等于 1，否则为 0。

表 3.1　莫兰指数结果解读

结果	解释
$p<0.05$ & Global Moran's $I>0$	观测对象值在地理空间上呈现出显著的正相关的空间分布模式，空间格局表现为集聚趋势
$p<0.05$ & Global Moran's $I<0$	观测对象值在地理空间上呈现出显著的负相关的空间分布模式，空间格局表现为离散趋势
$p>0.05$	观测对象值的空间分布大概率是随机分布的结果，观测对象值的空间模式是完全空间随机性的结果

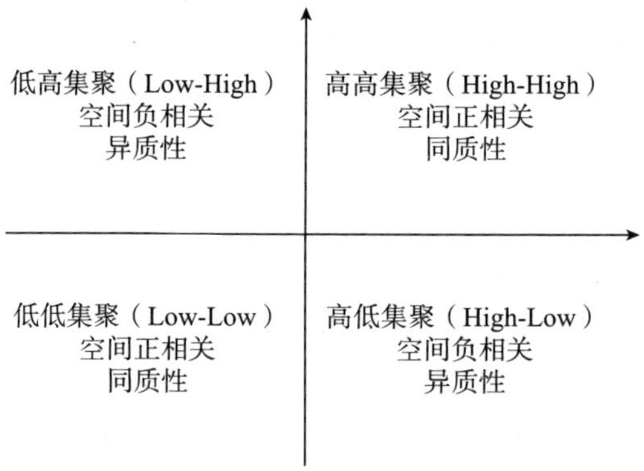

图 3.3　莫兰散点图的结果

表 3.1 总结了莫兰指数值的结果解读。具体来说，莫兰指数值在−1 到 1 之间，值越大表示该指标的空间自相关性越强。当 Moran's $I>0$ 时，表明观测对象值存在空间正相关，呈现集聚趋势，即高（低）值倾向于被高（低）值包围；当 Moran's $I<0$ 时，表明观测对象值存在空间负相关，呈现离散趋势，即高（低）值倾向于被低（高）值包围；当 Moran's $I=0$ 时，观测对象值在空间中呈现随机分布。

图 3.3 为莫兰散点图的结果示意，其可以用来描述空间集聚格局的局部

相关性。具体来说，在第一（三）象限，观测对象在集聚特征上表现为高值被高值（低值被低值）围绕，在相关性上与空间单元属性关系上表现为空间正相关和同质性；在第二（四）象限，观测对象在集聚特征上表现为低值被高值（高值被低值）围绕，在相关性上与空间单元属性关系上表现为空间负相关和异质性。

需要说明的是，在进行空间自相关分析时，构造空间权重矩阵 ω_{ij} 是关键步骤。空间权重矩阵通常包括空间邻接矩阵、地理距离矩阵和经济距离矩阵。具体来说，邻接矩阵的建立是基于两个个体在地理位置上是否相邻进行判断和赋值的，若相邻，则赋值为 1，否则赋值为 0，通常包括 Rook 邻接（基于共同的顶点或边界连接）、Queen 邻接（基于共同的边界连接）和 Bishop 邻接（基于共同的顶点连接）三类。地理距离矩阵是基于两个个体的距离关系来判断和确定空间权重的，通常包括阈值距离法和最近 K 邻居法两类，阈值距离法是指通过设置阈值距离构造权重，如果任意两个个体间的地理距离小于等于阈值，则认为它们之间存在连接或相似关系，设置权重为非 0 值；否则，认为它们之间不存在连接或相似关系，设置权重为 0。最近 K 邻居法基于每个个体找到其最近的 K 个邻居并为其分配权重值，较近的邻居权重值较大，较远的邻居权重值较小或为 0。经济距离矩阵蕴含了经济指标，使得两个个体之间的相似程度不仅取决于地理位置，还考虑了经济因素对地理空间中位置关系的影响。本章研究主要考虑到不同省份的邻接关系对于风电发展的影响，故选空间邻接矩阵中的 Queen 邻接法来构造研究所需的空间权重矩阵。

3.2　指标选取及数据来源

上述测度模型中的观测对象值对应于衡量风电在不同维度发展的核心变量。如 3.1 小节所述，全产业链视角下的风电发展包括“创新、投资、生产和消费”四个相互关联、彼此制约的维度，故用来表征风电发展的指标也应取自这四个维度。参考现有文献常用的指标选取依据，并综合考虑数据可得性，确定风电发展在不同维度的量化指标。

（1）就创新维度而言，选取“风电专利授权数量”作为衡量风电创新水平的指标，专利往往代表着产业的技术创新表现、知识产权保护、技术竞争力以及创新生态系统的状态，可以反映一个国家、产业或者企业在风电领域的技术创新表现。专利授权数量的增加意味着在该领域有更多的技术创新，这可能包括新的发电技术、风机设计、零部件材料研究、风机控制系统等。在现有文献中，专利是表征技术创新最常用的指标。本章研究的风电专利授权数据来自 Patsnap 全球专利数据库①的检索和人工筛选统计，检索的时间区间为 2005—2021 年。以“风力发电”“风电”“风机”“叶片”“风塔”“风电场”“风场”等为标题关键字（以涵盖全产业链的专利），用布尔逻辑组合检索方法构造检索式，组合式之间使用过滤方法去重。检索如期以授权日期为准，包括发明专利、实用新型和外观设计专利。然后，根据发明人的申请地址和专利申请年份，得到了各省份每年的风电专利授权量，检索时间截至 2023 年 5 月 19 日。

（2）就投资维度而言，选取“风电企业数量”和“风电新增装机容量”作为衡量风电投资水平的指标。风电相关企业数量可以反映风电行业竞争和投资活跃程度。较多的风电企业意味着市场竞争激烈，吸引了更多的企业进入该领域进行投资和经营，也意味着风电产业具有良好的吸引力和盈利能力。“风电新增装机容量”能够直接反映风电行业的投资规模和增长速度，较高的新增装机容量意味着在该时期内投资者对风电项目的投资力度较大，行业发展势头强劲。风电企业数量数据来自企查查数据库，以“风电”作为关键词进行检索，将企业类型限制为“在业存续”，然后人工统计和筛选各省份每年的企业数量。风电新增装机容量来自《中国电力统计年鉴》。

（3）就生产维度而言，选取“风电累计装机容量”和“风电发电量”作为衡量风电生产水平的指标。风电累计装机容量指标反映了风电的发展规模和生产能力。较高的风电累计装机容量意味着风电的生产基础更加雄厚，具备较大的发电潜力。风电发电量是指特定时间段内风力发电设备所发出的总电量，这个指标能够直接反映风电行业的实际发电能力和产出水平。较高的发电量意味着风电设备运行稳定、发电效率高，并且能够满足更多的电力需求。风电累计装机容量和风电发电量数据来源于《中国电力统计年鉴》。

（4）就消费维度而言，选取“全社会用电量”作为衡量风电消费水平的指标。全社会用电量是指一个地区范围内的总用电量，包括工业、商业、居民和公共部门的用电量。选择全社会用电量作为指标可以综合考虑风电在各个领域的消费水平和贡献度。较高的全社会用电量意味着风电在电力消费端

① https：//www. patsnap. com/.

的需求潜力较大。需要说明的是，由于各省份风电消纳量需要风电发电量、风电输入量和风电输出量进行数量计算，但风电输入量和风电输出量的数据难以获得，且随着未来灵活性技术应用和高比例可再生电力系统建设，历史的风电消纳量难以反映未来的风电消费潜力，故在此选取“全社会用电量”指标来衡量风电的消费水平，该数据来源于中经网统计数据库。

综上所述，综合选取风电专利授权数量、风电企业数量、风电新增装机容量、风电累计装机容量、风电发电量和全社会用电量 6 个指标来分别衡量风电在创新、投资、生产和消费不同维度的发展水平，这些指标的具体信息如表 3.2 所示。需要说明的是，鉴于数据的可检索性和可得性，本章研究中风电专利授权数量未对各维度的专利授权数量进行细分，而是指涵盖全产业链的专利授权数量；风电企业是指风电相关的企业，包括但不限于装备制造企业和风电项目运营企业。另外，在计算空间基尼系数时，还涉及了绿色专利数量、全部电源的新增和累计装机容量、全部电源发电量 4 个指标的省级面板数据（2005—2021 年）。其中，绿色专利数量指标的数据来源于 CEIC 数据库①，其余指标数据来源于中国电力企业联合会发布的《电力工业统计资料汇编》。

表 3.2　风电发展的量化指标选取及数据来源

维度	指标	解释	单位	参考文献	数据来源
创新	风电专利授权数量	风电专利授权数量越多，创新能力越强，意味着风电产业的创新活动越活跃	个	[27，64]	Patsnap 全球专利数据库
投资	风电企业数量	风电企业数量增加意味着投资活跃，产业投资吸引力强	个	[134]	企查查数据库
	风电新增装机容量	较高的新增装机容量意味着投资者对风电项目的投资力度较大	兆瓦	[71，135]	《中国电力统计年鉴》
生产	风电累计装机容量	较高的风电累计装机容量意味着风力发电的设备基础更加雄厚，具备较大的发电能力	兆瓦	[71，136]	《中国电力统计年鉴》
	风电发电量	较高的发电量意味着风电设备运行稳定、发电效率高，并且能够提供更稳定的电力供给	亿千瓦时	[55，137]	《中国电力统计年鉴》
消费	全社会用电量	较高的全社会用电量意味着风电在电力消费端的需求潜力较大	亿千瓦时	[138]	中经网统计数据库

① https：//www. ceicdata. com/zh-hans.

3.3 风电发展的时序演变特征解析

3.3.1 时序演变趋势

图 3.4 展示了衡量不同维度风电发展的 6 个关键指标随时间演进的变化趋势。总体来看，自 2005 年风电迈入产业化发展、2010 年迈入大规模发展以来，风电发展的创新、投资、生产水平和消费比例均得到了显著发展与提升，这无疑为推进我国能源转型和应对气候变化提供了重要支持。具体内容如下。

（1）就创新维度而言，从风电专利授权数量来看，在发展初期风电创新活动十分活跃，这与政策对风电项目建设和风电技术研发给予的大力支持紧密相关。然而，近年来企业年均专利授权数量波动下降明显，说明风电创新能力仍需进一步加强和提升，在风电装备制造水平方面仍需着力提升国产化风电装备及相关技术在国际市场上的竞争能力。

（2）就投资维度而言，从风电装机增长速率来看，2005—2021 年，风电装机经历了“高速增长—增长减缓—平稳增长”的波动变化，出现这一结果的原因与国家对风电发展规划和支持引导政策紧密相关，表现为从“十一五”的“大力开发”，到“十二五”的“有效发展”，再到“十三五”的“继续发展”，最后到“十四五”的“有序发展”。值得注意的是，2020 年，中国风电装机增长速率出现了波动性增长，风电新增装机容量达到 71670 兆瓦，比 2019 年增长 178%，这是由于 2019 年风电平价上网政策的颁布①，2020 年底是新建陆上风电项目并网补贴的最后期限，导致风电在 2020 年出现了“抢装潮”。这种短期内的过度建设，极易引发风电项目与电网发展和其他电源结构不协调的现象，最终导致弃风和资源浪费。

（3）就生产和消费维度而言，从装机规模来看，2021 年，我国风电累计装机总量已达 30 万余兆瓦。显然，我国风电已具备显著的生产设施基础优势。然而，从风电发电量和风电消费情况来看，由于风能利用技术、电

---

① 2019 年 5 月 21 日，国家发展改革委颁布《关于完善风电上网电价政策的通知》，要求“自 2021 年 1 月 1 日开始，新核准的陆上风电项目全面实现平价上网，国家不再补贴”。

力传输能力和灵活性技术条件等的限制，我国风电消费占比虽持续增长，但仍处于低位，2021 年不足 10%。相比其他大规模风电装机国家，我国风电在电源结构中的占比仍处于低位，以丹麦为例，其风电消费占比高达 60%，故我国风电仍需要相关政策支持和市场机制的引导，以提高风电在电力负荷端的占比。

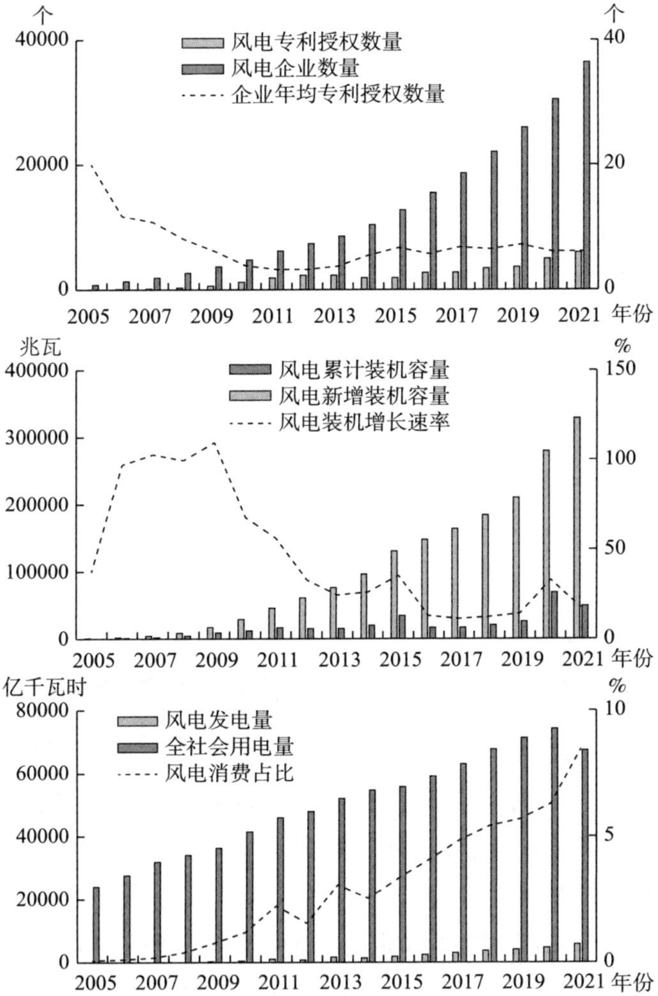

图 3.4　2005—2021 年风电发展的时序演变

3.3.2 时序变化特征

3.3.2.1 空间差异程度的时序变化特征

借助变异系数测算 2005—2021 年风电发展的空间差异程度在时间维度上的演变，结果如图 3.5 所示。可以发现，各指标的变异系数均大于 0.5，说明我国风电发展存在空间差异是毋庸置疑的，但随着时间的演变，近年来风电总体发展的空间差异程度有所减轻。具体情况如下。

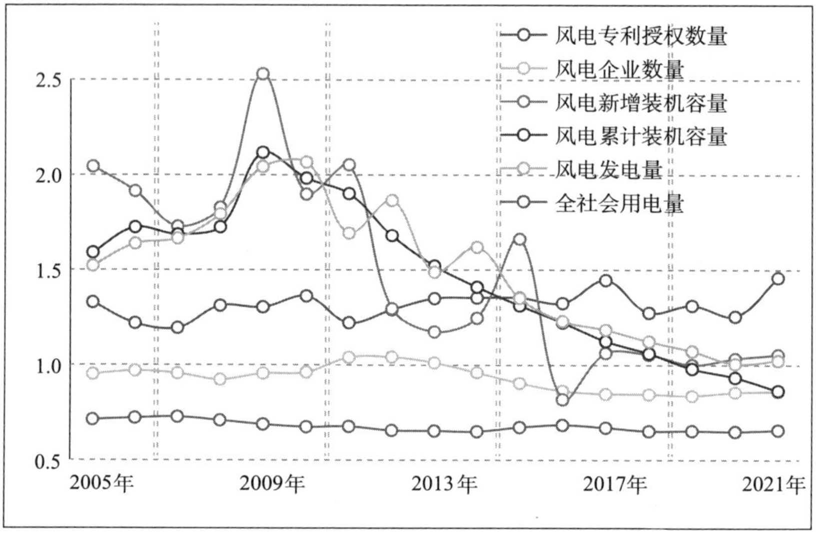

图 3.5 2005—2021 年风电发展的空间差异系数

（1）从时间层面的横向比较来看，风电发展的空间差异在 2010 年以后总体呈现下降的趋势，但仍处于较高水平（变异系数大于 1），说明近年来我国风电开发建设布局优化工作取得了一定的成效，但风电发展的空间不均衡问题仍需持续关注和改善。

（2）从不同指标的纵向比较来看，风电新增装机容量的空间差异>风电发电量的空间差异>风电累计装机容量的空间差异>风电专利授权数量的空间差异>风电企业数量的空间差异>全社会用电量的空间差异，说明在风电发展过程中，投资和生产活动的空间差异现象尤为显著，其次为创新和消费活动。故在对风电发展空间布局优化时，需关注不同发展维度的异质性因素。

（3）从波动趋势来看，风电专利授权数量、风电企业数量和全社会用电量的空间差异变化较为平缓，表现为“稳定且较小的差异”，而装机和发电的空间差异变化较为剧烈，表现为“不稳定且较大的差异”，但在 2017 年以后，这种“不稳定”的趋势有所减缓。

3.3.2.2　空间集聚程度的时序变化特征

借助空间基尼系数来测算 2005—2021 年风电发展的空间集聚程度在时间维度上的演变，结果如图 3.6 所示。可以发现，风电发展的空间基尼系数为 0~0.18，验证了风电发展过程中存在空间集聚现象，但整体的空间集聚程度较低，并且随着时间的演变，这种集聚现象有所减缓。这与我国在风电领域的政策规划不断完善调整和风电开发建设布局的优化引导不无关系。

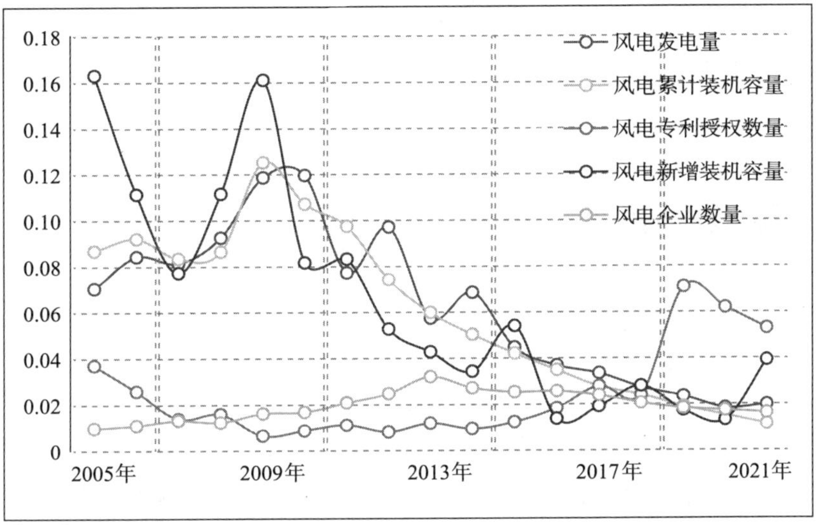

图 3.6　2005—2021 年风电发展的空间基尼系数

（1）就创新维度而言，风电专利授权数量的空间基尼系数处于 0 到 0.08 之间，说明创新能力的空间集聚程度最低。但值得注意的是，空间基尼系数在 2019 年后出现了大幅提升，这可能是双碳战略下我国大力发展可再生电力，对风电的政策支持力度加大，导致一些原本就具备创新优势地区（如江苏和广东）的风电创新能力进一步提升，进而导致创新能力的集聚程度增强。

（2）就投资维度而言，风电企业数量的空间基尼系数较低，且整体变化较为平稳，说明风电相关企业的空间分布较为均衡，且近年来变化不大；然而，风电新增装机容量的空间基尼系数在 2005—2016 年的波动十分明显，

2017 年以后才逐渐趋于平稳，说明风电装机的投资部署呈现明显的空间集聚现象，但近年来这种集聚现象有所缓解。

（3）就生产维度而言，风电累计装机容量和风电发电量的空间基尼系数逐渐下降，且 2015 年后的变化趋于平缓，说明风电的生产能力在发展初期的集聚程度较高，但近年来逐渐趋于均衡发展，这与风电发展初期的投资集中、政策支持与优势地区选择有关，近年来空间集聚减缓可能与风电技术进步、电网接入和输电能力的大力扩张紧密相关。

（4）从平均空间基尼系数的大小来看，风电发电量、风电累计装机容量、风电专利授权数量、风电新增装机容量和风电企业数量的平均空间基尼系数均小于 0.1，分别为 0.063、0.061、0.025、0.065 和 0.020，排序为：风电发电量>风电新增装机容量>风电累计装机容量>风电专利授权数量>风电企业数量，说明风电生产活动的集聚现象最强，投资活动的集聚现象次之，创新活动的集聚现象最弱。

3.4 风电发展的空间演变特征解析

3.4.1 空间格局演变趋势

对风电发展的 6 个关键指标在区位空间上的演变趋势进行描述。从各指标的可视化结果来看，风电发展在各省份之间表现出不均衡的格局。同时，不同发展维度之间的空间分布特征也存在显著的异质性。具体内容如下。

（1）就创新维度而言，通过风电专利授权数量空间分布的演变可以看出，东部地区尤其是东部沿海地区一直是风电创新活动的密集区域，江苏、广东和北京的风电专利授权数量名列前茅，而西部地区的风电创新活动则处于弱势地位。另外，近年来中部地区的风电创新能力有一定的提升。

（2）就投资维度而言，风电相关的企业也呈现出地区分布不均衡的情况，企业多分布在东部地区，江苏、广东、山东和河北风电企业数量众多，其他地区只有内蒙古较为突出。同时，从新增装机来看，投资装机起初多集中在陆上风力资源富集的“三北”（东北、华北和西北）地区，近年来逐渐向中东部与南方负荷中心转移，如江苏和广东等海上风力资源富集地区。

（3）就生产维度而言，从风电累计装机容量和风电发电量的空间分布来看，2010 年之前，风电生产能力的开发主要集中在新疆、内蒙古、山西等省份，2015 年以后，风电生产能力开始向内部和东部地区分散，这可能是由于风电的开发模式发生了从“大规模集中式”向“集中与分散并举”的转变。

（4）就消费维度而言，从全社会用电量的空间分布来看，以 2021 年为例，江苏、山东、内蒙古位于电力消费的第一梯队（全年用电量高于 4500 万亿千瓦时），新疆、云南和四川、湖北和河北、北京和天津位于电力消费的第二梯队（全年用电量高于 2500 万亿千瓦时）。另外，从演变趋势来看，相对其他三个维度指标，电力消费的空间区位特征变化程度较小。

3. 4. 2　空间区位及演变轨迹特征

3. 4. 2. 1　区位分布

为了更加清晰直观地展示风电发展空间区位特征和演变轨迹特征，借助 ArcGIS 10. 7 软件完成 SDE 分析，取得了 6 个关键指标的 SDE 分析结果。下面对其进行具体解读和比较分析。

（1）从区位分布特征来看，风电的创新活动主要在华北和东南沿海地区集聚，呈现出了以环渤海（京津冀鲁辽）、长三角（江浙沪）和大湾区（广东）三个创新集聚区为核心的创新格局。从演化趋势来看，随着时间的演变，风电创新的重心略微向西北方向移动。

（2）从区位分布特征来看，企业投资分布和创新活动的分布较为相似，2015 年之前，装机投资主要集中在“三北”（东北、华北和西北）地区，近年来逐渐向中东部与南方省份迁移。从演化趋势来看，企业投资的空间集聚时空演变较为稳定，主要集中在山东、江苏、河北、山西、河南、湖北、安徽等省份，但装机投资的空间集聚特征变化形势较为剧烈，2015 年和 2021 年的椭圆变化尤为明显，无论是在椭圆面积还是椭圆形态上均发生了显著的变化，说明近年来风电投资装机的空间布局变化显著，从西北地区向中东部地区逐渐扩散转移。

（3）从区位分布特征来看，风电的生产能力呈现出“北部集聚，西北—东北方向分布”的区位分布特征，这与我国风力资源禀赋的地理分布特征一致，“三北”（东北、华北和西北）地区是我国风力资源的主要富集区，适宜建设风电场。从演化趋势来看，到 2021 年，风电的生产能力有进一步集聚和向南移动的趋势，发展重心逐渐转向西南和东南沿海，这是因为这些地区具备丰富的海上风力资源和经济投资潜力。

（4）从区位分布特征来看，电力消费主要集中在中东部地区，这主要是由于中东部地区工业产业发达且人口密集，集聚了大量的制造业、服务业和居民用电需求。从时空演变趋势来看，电力消费的SDE逐渐呈现扩散和向西部转移的趋势，这表明电力消费的空间集聚程度逐渐减弱，同时西部地区的电力消费逐渐增加，用电需求有向西部转移和均衡化的趋势。

3.4.2.2 运动轨迹

表3.3对比展示了2005年和2021年风电发展的SDE参数变化，包括长半轴距离、短半轴距离、方位角、椭圆面积和扁率。通过这些参数，可以较为全面地度量风电发展的空间格局运动轨迹。

表3.3 2005年和2021年风电发展的SDE参数

指标	年份	长半轴距离（千米）	短半轴距离（千米）	方位角（度）	椭圆面积（平方千米）	扁率
风电专利授权数量	2005	923.120	825.407	156.352	2393735.296	0.1059
	2021	951.671	854.898	9.827	2555943.742	0.1017
风电企业数量	2005	1100.537	799.202	16.324	2763194.286	0.2738
	2021	1048.570	913.155	11.614	3008095.673	0.1291
风电新增装机容量	2005	1136.862	968.742	90.503	3459918.838	0.1479
	2021	1054.291	878.094	173.768	2908381.783	0.1671
风电累计装机容量	2005	1429.643	1044.785	92.336	4692500.973	0.2692
	2021	1183.749	1018.384	99.458	3787226.335	0.1397
风电发电量	2005	1427.213	1164.755	97.998	5222437.273	0.1839
	2021	1224.975	1048.169	92.989	4033744.85	0.1443
全社会用电量	2005	1048.836	819.058	20.908	2698811.532	0.2191
	2021	1128.221	1037.743	115.271	3678190.182	0.0802

（1）根据2005年和2021年的方位角对比可知，风电创新活动的SDE方位角由“西北—东南”方向旋转146.525度至“东北”方向，风电投资活动（以风电新增装机容量为例）的SDE方位角旋转了81.432度，风电生产活动的SDE方位角变化最小，风电消费活动的SDE方位角由“东北—西南”方向旋转了95.143度至“西北—东南”方向分布。

（2）根据 2005 年和 2021 年的长半轴距离可知，风电专利授权数量的 SDE 长半轴由 923.120 千米增加至 951.671 千米，风电投资活动的 SDE 长半轴距离也均有所增加，风电生产活动的 SDE 长半轴距离有所减小，风电消费活动的 SDE 长半轴距离有所增加。

（3）根据 2005 年和 2021 年的 SDE 面积变化可知，风电创新活动和消费活动呈现扩散的趋势，但风电投资和生产活动则呈现进一步集聚的趋势。

（4）根据 2005 年和 2021 年的 SDE 扁率来看，相比于其他维度的指标，2021 年，风电新增装机容量和风电发电量的 SDE 扁率最大，分别为 0.1671 和 0.1443，说明风电投资和生产活动的方向分布性最强。

综合上述对 SDE 半轴距离、方位角、面积和扁率 4 个参数分析结果，对比风电发展初期，2021 年，风电创新活动和消费活动的空间格局在分布方向上发生了较大变化，预测其未来有进一步扩散发展的趋势。反之，风电生产和投资活动的空间格局在分布方向上发生了显著变化，但其分布趋势仍然呈现出较为明显的集聚格局。

3.4.2.3　分布重心变化

表 3.4 展示了 2005 年、2010 年、2015 年和 2021 年 4 个代表年份风电发展各维度的空间分布格局的重心变化情况，具体见以下几点。

（1）就风电创新分布格局的重心变化而言，2005 年，创新重心位于河南省与安徽省交界处；2010 年，创新重心向西北方向转移 399 千米至河南省；2015 年，创新重心向东北方向转移 462 千米至山东省；2021 年，创新重心向西南方向转移 164 千米重新返回至河南省。

（2）就企业投资分布格局的重心变化而言，2005 年，企业投资创新位于鲁皖豫三省交界处；2010 年，向西北方向转移 355 千米至山东省；2015 年，向西南方向转移 483 千米至河南省；2021 年方向继续向西南方向转移 181 千米仍处于河南省。就装机投资分布格局的重心变化而言，2005 年和 2010 年的装机投资重心均位于河北省，2015 年向西南方向转移 1289 千米至青海省，2021 年向东南方向转移 1208 千米至河南省。

（3）就风电生产分布格局的重心变化而言，2005 年的重心位于山西省，2015 年之前风电累计装机和风电发电的重心均经历了“东北—西南”的迁移，2021 年风电累计装机重心向西北方向迁移 382 千米至山西省。

（4）就电力消费分布格局的重心变化而言，代表年份的重心虽经过了一定的距离迁移，但始终位于河南省。

表 3.4 2005 年、2010 年、2015 年和 2021 年 SDE 的重心坐标及移动情况

年份	指标	重心坐标	移动方向及距离（千米）	指标	重心坐标	移动方向及距离（千米）
2005	风电专利授权数量	32. 6121°N 115. 7389°E	NA	风电企业数量	34. 56022°N 116. 1005°E	NA
2010		33. 16588°N 112. 1845°E	西北 399. 694		35. 90955°N 115. 9329°E	355. 166 西北
2015		34. 64148°N 116. 0759°E	东北 462. 415		35. 48413°N 114. 6947°E	483. 617 西南
2021		34. 41985°N 114. 6161°E	164. 057 西南		34. 33192°N 114. 6312°E	181. 3797 西南
2005	风电新增装机容量	39. 32314°N 115. 0688°E	NA	风电累计装机容量	39. 524°N 112. 107°E	NA
2010		40. 55859°N 114. 6072°E	146. 5397 西北		40. 696°N 114. 9379°E	340. 432 东北
2015		37. 13226°N 103. 5194°E	1289. 4467 西南		33. 16588°N 112. 1845°E	890. 849 西南
2021		33. 69855°N 113. 8407°E	1208. 597 东南		36. 3969°N 110. 9998°E	382. 370 西北
2005	风电发电量	38. 748°N 112. 485°E	NA	全社会用电量	33. 45985°N 113. 9416°E	NA
2010		40. 773°N 114. 958°E	355. 166 东北		33. 16588°N 112. 1845°E	197. 945 西南
2015		38. 396°N 111. 312°E	483. 617 西南		33. 75721°N 112. 3687°E	68. 817 东北
2021		36. 94854°N 110. 5567°E	181. 379 西南		33. 73157°N 111. 6604°E	78. 751 西南

另外，图 3. 7 展示了 2005 年、2010 年、2015 年和 2021 年风电发展重心在东西方向和南北方向上的变化。由图 3. 7（a）可以发现，创新重心和消费重心在东西走向上变化规律较为一致，说明风电创新活动和电力消费在东西部的发展具有一定的同向性，即先向西移动后向东返回，而生产重心的变化则具有较为明显的跳跃性，投资重心经历了小幅的变化后，和发展初期的格局分布在东西方向上趋同。另外，由图 3. 7（b）可以发现，风电创新重心和

投资重心在南北方向上的变化规律趋同，均呈现出“倒 U 形”的变化趋势。值得注意的是，2015 年后，风电发展在 4 个维度上的重心在南北方向上的变化规律均趋于一致，即向南移动。

基于上述分析可以总结如下。第一，风电创新重心和消费重心多位于河南省，而风电的投资重心和生产重心多位于山西省、河北省和北京市，说明风电发展各维度的重心分布具有一定的空间异质性，这在一定程度上表明了全产业链视角下风电发展在地理分布上的区域不均衡，因而有必要提升风电在全国范围内的均衡分布和区域协调发展。第二，虽然风电在历史发展阶段存在空间分异性，但其发展重心的变化表现出一定的趋同性和规律性，这一现象背后的机制有待挖掘，同时也为未来风电发展的战略定位和空间布局优化提供了有益的经验启示。

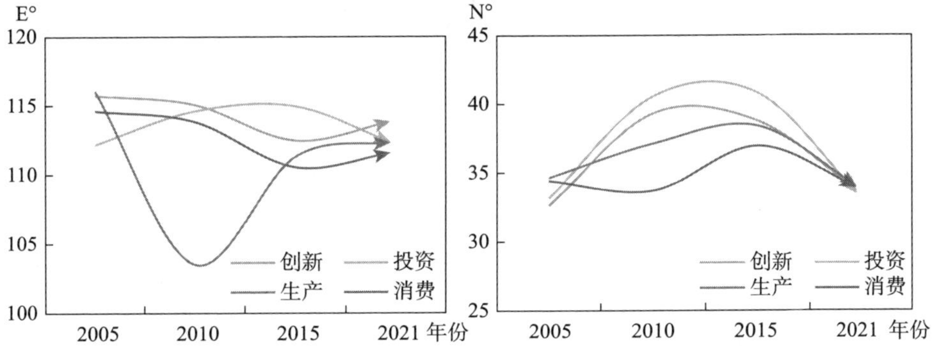

（a）经度变化　（b）纬度变化

图 3.7　2005 年、2010 年、2015 年和 2021 年风电发展重心在东西方向和南北方向上的变化

3.4.3　空间集聚特征

3.4.3.1　全局空间自相关分析

借助 ArcGIS 10.7 软件完成全局空间自相关分析，计算得到的全局莫兰指数可以用来衡量风电发展的全局空间集聚特征及演变趋势。表 3.5 展示了 2005—2021 年代表年份风电发展的全局莫兰指数及 z 值和显著性水平，当莫兰指数具有较高的 z 值和较强的显著性水平时，通常表明观测值不是随机分布的，而是具有较强的全局空间相关性。通过对比表 3.5 中各指标的全局莫兰指数值可以发现以下结论。

（1）在创新维度方面，除2021年外，风电专利授权数量的全局莫兰指数均为正且通过了显著性检验，说明风电创新活动存在显著的全局空间正相关性。同时，全局莫兰指数呈波动下降，说明风电创新活动的集聚现象逐渐减弱。

（2）在投资维度方面，风电新增装机容量的全局莫兰指数在2005—2013年显著为正且呈波动变化，自2015年起便不显著，说明在发展初期，风电装机投资在空间格局上表现出较强的集聚特征，但近年来在空间布局优化工作开展后集聚现象有所减缓。另外，风电企业数量的全局莫兰指数连续为正且通过了显著性检验，说明风电企业的集聚不是随机产生的结果，而是由正的空间相关性造成的。

表3.5　2005—2021年风电发展的全局莫兰指数及 z 值

年份	风电专利授权数量		风电企业数量		风电新增装机容量	
	Global Moran's I	z 值	Global Moran's I	z 值	Global Moran's I	z 值
2005	0.219**	2.210	0.276***	2.759	0.211**	2.169
2008	0.354***	3.470	0.304***	3.091	0.442***	5.075
2010	0.330***	3.247	0.304***	3.091	0.412***	4.452
2013	0.161*	1.841	0.200**	2.492	0.205**	2.076
2015	0.219**	2.377	0.167**	2.035	0.006	0.042
2018	0.159*	1.862	0.155*	1.847	0.005	0.324
2021	−0.058	−0.267	0.204*	2.284	−0.005	0.274
年份	风电累计装机容量		风电发电量		全社会用电量	
	Global Moran's I	z 值	Global Moran's I	z 值	Global Moran's I	z 值
2005	0.380***	3.584	0.279***	2.706	0.158	1.615
2008	0.392***	5.029	0.467***	5.243	0.148	1.519
2010	0.252***	2.622	0.335***	4.715	0.109	1.188
2013	0.374***	4.208	0.283***	0.343	0.035	0.573
2015	0.252***	2.622	0.246***	2.898	−0.053	−0.164
2018	0.201**	2.132	0.179**	2.001	−0.089*	−0.463
2021	0.268***	2.849	0.100	1.248	−0.169	−1.130

注：空间权重矩阵采用1阶Queen规则，***、**、*分别表示全局莫兰指数在1%、5%、10%的水平下显著。

（3）在生产维度，风电累计装机容量的全局莫兰指数连续为正且通过了显著性检验；除 2021 年外，风电发电量的全局莫兰指数均为正且通过了显著性检验，说明风电生产活动存在显著的全局空间正相关性。观察全局莫兰指数值的变化发现，风电累计装机容量和风电发电量的全局莫兰指数值均逐渐减小，说明风电生产活动的空间集聚表现出一定的减弱趋势，风力发电的空间依赖性逐渐减弱。

（4）在消费维度，全社会用电量的全局莫兰指数在 2015 年以后由正值转为负值，仅 2018 年的全局莫兰指数值通过了 10%的显著性水平检验，说明风电消费在空间分布模式上没有显著的关联性。

另外，比较各指标的全局莫兰指数绝对值的平均值，其大小排序为：风电累计装机容量（0.303）>风电发电量（0.270）>风电企业数量（0.230）>风电专利授权数量（0.214）>风电新增装机容量（0.184）>全社会用电量（0.108），表明生产活动的集聚现象最强，即风电发电水平受到邻近省份发电水平的影响较为显著；其次是创新和投资活动集聚，消费活动的集聚现象最不明显。因此可以断定，风电发展过程中存在显著的集聚现象和空间关联性，有必要借助局部莫兰指数进一步探索风电发展的空间集聚存在于何处。

3.4.3.2　局部空间自相关分析

为了进一步揭示风电发展的局部空间集聚特征，即探讨集聚现象分布在何处，计算局部莫兰指数并采用 LISA 集聚图来直观展示其局部空间自相关性。

首先，由局部莫兰散点图可以发现：风电发展的空间不均衡，整体表现为高高集聚和低低集聚，空间相关性更多地表现为空间正相关，空间单元属性关系整体倾向于同质性。另外，相对于创新、消费和企业投资，风电装机投资和生产的局部散点图分布更为紧凑，进一步验证了 SDE 的分析结果，即相较于风电创新和消费活动而言，投资和生产活动的空间集聚特征更强。最后，相比于 2005 年，2021 年各指标的散点图分布更为松散，说明随着时间的演变，风电发展的空间集聚有略微减缓的趋势。

其次，通过 LISA 集聚图，可以发现以下几点。

（1）就风电创新的局部分布特征而言，在发展初期，风电创新活动主要表现为高高集聚和低低集聚，前者集中在东南沿海地区如山东、江苏、安徽、浙江和福建等，后者集中在四川和贵州。2010—2015 年，高高集聚的省份主要包括江苏、广东、天津、北京和上海；低低集聚省份增加，主要集中在西部地区和西南地区，如新疆、青海、西藏、云南、四川等省份。2021 年，主要表现为低低集聚的省份有 2 个即云南和四川，高高集聚的省份数量减少，仅包括北京，而上海则由高高集聚区转移至低高集聚区。

（2）就风电投资的局部分布特征而言，风电企业的 LISA 集聚图动态变化不明显，主要表现为高高集聚、低低集聚和低高集聚，高高集聚主要集中在北京、山东、江苏和浙江，低低集聚主要集中在西部地区和西南地区，低高集聚主要集中在安徽。相比之下，风电新增装机的 LISA 集聚图表现出一定的动态变化特征，2005 年，高高集聚集中在黑龙江，高低集聚集中在北京、新疆和福建，低低集聚集中在四川，低高集聚集中在辽宁。随后在 2010 年，高高集聚区域扩大，集中在内蒙古、京冀和东北三省。2015 年，高高集聚区域转移至甘肃。2021 年，集聚特征表现为低低集聚、高低集聚和低高集聚，低低集聚包括云南和四川，高低集聚包括北京，仅上海表现为低高集聚。

（3）就风电生产的局部分布特征而言，无论是风电累计装机容量还是风电发电量，其空间集聚主要表现为高高集聚和低低集聚。高高集聚主要集中在风力资源丰富的“三北”地区，风电累计装机容量的低低集聚主要集中在西南地区，风电发电量的低低集聚主要集中在西南和中南部地区。值得注意的是，2021 年，东北三省脱离了风电发电量的高高集聚区，甘肃、宁夏和山西进入了高高集聚区，这可能和东北地区的可再生能源政策导向和市场需求变化有关。

（4）就风电消费的局部分布特征而言，2005 年和 2010 年，全社会用电量的空间集聚包括了 4 种类型，高高集聚主要集中在北京、山东、江苏与河南，低低集聚集中在新疆和青海两个省份，高低集聚主要集中在四川和广东，低高集聚包括安徽和江西。2015 年和 2021 年，全社会用电量的空间集聚主要表现为高高集聚和高低集聚，高高集聚的省份进一步集中在华东地区，高低集聚的省份主要集中在新疆、四川、广东和北京。

最后，根据表 3. 6 展示的 2005 年、2010 年、2015 年和 2021 年局部空间集聚区域的类型划分，风电发展不同维度的空间集聚表现类型具有一定差异。具体内容如下。

（1）风电技术创新的空间集聚类型主要为高效型和低效型。高效型区域分布在京津、长三角和珠三角地区的核心省份，说明这些城市的风电技术创新联系较为紧密，创新的空间溢出效应明显；低效型区域主要分布在西北地区和西南地区的部分省份，说明这些省份的风电技术创新能力属于低水平，同时与周边地区差异较小，整体区域较低的创新水平形成了低效型区域集聚。

（2）风电投资装机的空间集聚类型较为多元，高效型和低效型包括的省份数量相对较多，前者包括黑龙江、吉林、辽宁、内蒙古、河北、北京和甘肃这些省份，后者包括西南地区的核心省份，这说明投资装机在资源富集区具有明显的路径依赖，而在重庆、贵州、湖北、湖南等省份的新增装机水平均处于低水平，故在该区域形成了投资装机的低效型区域。

（3）风电生产发电的空间集聚类型主要表现为高效型和低效型，且随着时间变化，类型保持较为稳定，前者主要集中于“三北”地区，后者主要集中于西南地区。对于高效型区域，需要更强的电网传输能力和灵活性基础设施，以促进其电力输送到高负荷地区；对于低效型区域，由于资源禀赋和风能潜力限制，可以通过相关政策进行支持和调控，鼓励其与西南地区已有的水电形成互补发展。

（4）风电消费的空间集聚类型主要表现为高效型和极化型，前者主要包括北京和东部地区的电力消费大省，如山东、安徽、河南、江苏和浙江等省份，在于其人口密集和工业发达，这些省份对风电的消纳潜力足够强，但前提是风电的消纳成本需要满足廉价和稳定供应的条件；后者包括新疆、广东、四川和北京，这些省份的电力消费呈现“中间高四周低”的极化型格局，可以考虑重点开发其周边地区的风力资源，以实现最大限度的风电就近消纳。

综上所述，我国风电发展在不同维度上的空间集聚格局表现各异，揭示其空间集聚格局可以为我国风电高质量、可持续发展提供必要的理论基础和决策依据。因此，为科学预判其未来发展趋势，合理规划风电发展的空间布局，有必要进一步挖掘与探讨不同集聚特征形成的原因和机理，揭示出其背后的影响因素及作用机制。

表 3.6 2005 年、2010 年、2015 年和 2021 年局部空间集聚类型的划分

年份	高效型（High-High）	极化型（High-Low）	低效型（Low-Low）	空心型（Low-High）
风电创新				
2005	山东、江苏、浙江、江苏、福建	北京	四川、贵州	上海
2010	北京、江苏	—	新疆、西藏、青海、四川、云南、甘肃、宁夏	安徽
2015	北京、天津、上海、广东	—	新疆、西藏、四川、云南	—
2021	北京	—	四川、云南	上海
风电投资装机				
2005	黑龙江	新疆、北京、福建	四川	辽宁
2010	黑龙江、吉林、辽宁、内蒙古、河北、北京	—	云南、重庆、贵州、湖北、湖南、江西、广东	宁夏、山西
2015	甘肃	北京	广东	西藏、青海
2021	—	北京	云南、四川	上海
风电生产发电				
2005	内蒙古、黑龙江、辽宁、吉林、北京	广东	贵州、重庆、湖北	—
2010	内蒙古、黑龙江、辽宁、吉林、河北、北京	—	四川、重庆、湖北、贵州、湖南	山西
2015	内蒙古、黑龙江、吉林、辽宁、北京、河北、山西	云南	重庆、湖北、湖南、广东	—
2021	内蒙古、北京、甘肃、宁夏、山西	—	湖南、广东	黑龙江
风电消费				
2005	北京、山东、江苏、河南	四川、广东	新疆、青海	安徽
2010	北京、山东、江苏、安徽、河南	四川、广东	新疆	江西
2015	山东、江苏、河南、安徽	新疆、四川、广东、北京	—	上海
2021	安徽	新疆、广东、北京	—	上海

3.5　本章小结

本章研究基于 2005—2021 年 31 个省份的面板数据，运用变异系数、空间基尼系数、SDE 和莫兰指数多种统计方法，以风电发展的四个维度即创新、投资、生产和消费活动作为主要研究对象，定量刻画了风电发展的空间差异程度、空间集聚程度、空间区位特征以及空间集聚格局，揭示了风电的创新、投资、生产和消费活动在时间与空间演化上的特征规律。研究结果实现了对风电发展时空规律及现象的认知拓展，从而为风电发展时空路径优化模型构建及决策优化提供了坚实的理论基础。

本章主要研究发现如下。（1）风电发展存在显著的时空分异特征。在时间上表现为“高速增长—增速减缓—平稳增长”的演变趋势，在空间分布上呈现出“沿海创新、随禀赋投资、三北生产、东部消纳”的空间格局。（2）风电发展的空间差异不断缩小，空间集聚也呈现出减缓的趋势。除创新活动的空间差异和空间集聚程度在近五年呈现出小幅波动上升外，投资、生产与消费活动的空间差异和空间集聚程度均呈现出下降趋势。（3）风电创新的空间格局表现为环渤海、长三角和大湾区“三足鼎立”并略微向西北扩散移动，风电投资和生产表现为“北部集聚，西北—东北方向分布，向沿海扩散转移”，风电消费表现出“东部集聚、向西扩张”的转移趋势。（4）风电发展存在显著的省际相关性，主要呈现出“高高集聚”和“低低集聚”的空间集聚格局，即其区域集聚发展以“高效型的互相带动”与“低效型的彼此滞缓”的模式为主导。

第4章

中国风电发展时空格局演变的形成机制

厘清和揭示风电发展时空格局的形成机制是促进风电发展质量、效率提升及资源配置优化的重要基础。基于区域结构理论和产业集聚理论，本章研究将借助元分析和地理探测器方法探讨风电发展的关键影响因素及其驱动机制，在此基础上，阐明和揭示中国风电发展时空格局演变的形成机制，以期深化对风电发展复杂驱动力的认知，同时为风电发展时空路径优化的模型构建和情景推演提供理论依据。

4.1 多维影响因素识别

4.1.1 影响因素识别方法

近年来，关于可再生能源发展的研究引起了研究人员的广泛关注，并涌现了大量可再生能源与其影响因素间关系的实证研究，这使得应用元分析方法识别风电发展的影响因素成为可能。该方法由心理学家 Glass 基于“合并统计量”的思想于 1976 年正式提出，并在心理学和医学等领域获得了广泛应用，近年来被逐渐引入管理学和社会学研究领域。元分析是一种对多个独立的研究结果进行定量合成的基本统计方法，它可以对研究结果的差异来源进行检验，并对具有足够相似性的结果进行定量合成。元分析需要从以往的研究样本中提取数据，并综合个体实证研究的结果提供更精确的结果效应量，故该方法通常和系统的文献检索结合使用，二者结合能够在很大程度上全面了解相关因素对可再生能源发展的影响，并从中获取重要的洞察观点和研究结论。

该方法的优势具体表现为以下几点。（1）综合研究结果。元分析整合了大量已有研究，可以综合不同研究的结果和结论，降低单个研究的局限性，以提供更为全面和准确的结论。（2）重要性排序。通过元分析，可以更为简单地识别影响因素的显著性及其影响程度，从而有助于不同影响因素的重要性排序。（3）探索不同类型因素。借助元分析可以系统地探索多种不同类型因素并从中汲取关键因素，从而形成更为全面的影响因素框架体系。（4）提供理论基础。相较于传统的理论分析或定性分析，元分析可以通过量化分析对影响因素异质性效应的来源进行探讨，减少随机误差以提供更稳健的统计功效，为深入探讨影响因素及其驱动机制提供重要的理论基础。

需要说明的是，在此先讨论可再生能源的影响因素，最终基于元分析结果并结合风电的属性提炼得到风电发展的影响因素。原因在于：首先，元分析需要大量的文献作为研究样本，而现有关于影响因素的讨论多以可再生能源作为因变量，单独将风电作为因变量的研究较少，故其难以满足元分析的样本数量要求；其次，风电作为可再生能源的代表，大量研究在讨论分析时，有学者直接使用风电相关的变量来代表可再生能源；最后，根据中国风电产业发展现状和风电的自然属性，在可再生能源发展影响因素框架体系的基础上，进一步筛选得到风电发展的关键影响因素。

参照国内外研究学者较为成熟的元分析步骤（如图 4.1 所示）对可再生能源发展的影响因素进行系统识别。元分析步骤可以分为两个阶段。第一阶段是文献检索和编码，首先，通过采用特定的文献检索方法，对现有关于可再生能源发展影响因素的定量研究文献进行检索；其次，按照相应的标准进行文献筛选，仅保留符合纳入标准的文献；最后，对筛选出的文献进行编码，确定适当的效应量实施数据提取。第二阶段是元分析过程，主要包括确定效应量、异质性检验、效应模型选择、亚组分析、敏感性分析以及发表偏倚检验等步骤，可以借助专业的元分析软件来完成。本章研究使用的软件是 Stata 16.0，接下来对图 4.1 中元分析方法各阶段的步骤进行详细介绍。

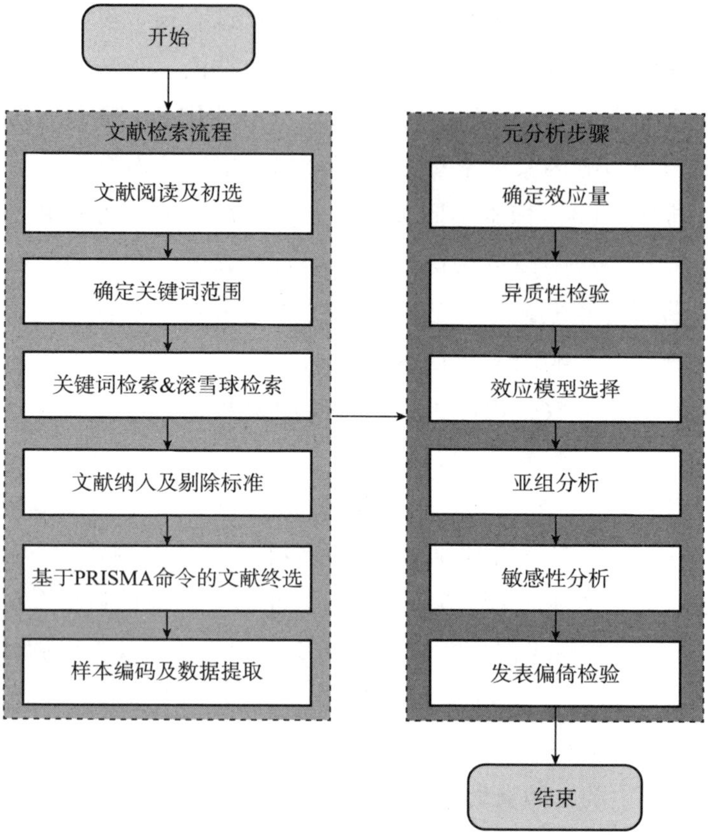

图 4.1　文献检索与元分析框架

4.1.1.1　文献检索和编码

（1）文献检索和筛选。

文献检索的全面性和筛选的准确度决定了数据的完整性和代表性。在文献检索时，至少需要两个数据库才能保证检索结果的准确性，数据库数量越多，得到的结果就越全面。本章研究分别对中文数据库（知网、维普和万方）和英文数据库（Science Direct、Springer and Web of Science）进行检索，采用关键词检索和正反向滚雪球检索两种策略，其中，滚雪球检索能够有效地对第一轮关键词检索的结果进行查漏补缺，以使文献检索结果尽可能全面。综合国际上可再生能源的发展历程以及我国可再生能源发展的历史阶段，将时间范围设置为 2005—2022 年。同时，为避免发表偏倚风险，未对文献类型、国家和出版单位设限。

文献样本选择遵循的纳入标准为：①文献是基于可再生能源发展或者其四个维度（创新、投资、生产和消费）的影响因素开展研究的；②文献必须是定量实证类的研究，且包括足够的统计数据用于元分析；③研究需要基于宏观（如国家、地区）或中观（如产业）层面；④研究结果需报告变量之间的相关系数 r，或报告可以转化为相关系数的回归系数 β 值及其相关的 t 值或 z 值。排除标准为：①排除案例分析、访谈、SWOT 分析等定性类以及综述类的文献；②排除对微观个体层面（如家庭和个人）的研究；③排除全文无法获取的研究；④排除样本数据重复的研究。

（2）文献编码。

借鉴现有文献的编码步骤，对符合纳入标准的文献进行编码，文献编码的条件和方式为：①每个研究样本只参与一次编码，如果该研究包含多个独立的研究样本，则可以重复编码过程；②至少出现在两个研究中的影响因素方能满足被提取数据的条件；③当某一影响因素以互为相反的意思出现在两个研究中时，取其中之一意思并统一命名；④为保证统计数据的规范性和简洁性，将意思极度接近但叫法不同的影响因素做同类处理；⑤为了进行亚组分析，编码时还收集了每个研究的其他基本信息，包括出版类型、出版年份、抽样国家和因变量所属的 4 个发展维度。

4.1.1.2　元分析过程

（1）确定效应量。

在使用相关系数 r 作为效应量时，通常需要将其进行 Fisher's Z 转换，然后将多个效应量合并成一个总体效应量。遵循 Borenstein 等提出的方法指导，效应量的转换流程包括以下三个步骤。

Step 1：将相关系数 r 转换为 Fischer' z 值。为使效应量呈现正态分布特征，对相关系数进行 Fischer' Z 转换，计算方法如式（4.1）所示：

$$z=0.5\times\ln\left(\frac{1+r}{1-r}\right) \tag{4.1}$$

Step 2：对 Fischer' z 值进行加权平均。在此，以抽样标准误方差的倒数作为权重，计算方法如式（4.2）所示：

$$\bar{z}=\frac{\sum(n_i-3)z_i}{\sum(n_i-3)} \tag{4.2}$$

其中，z_i 代表第 i 项研究的 Fischer' z 值，n_i 代表其包含的样本数量。

Step 3：将每个 z 值转换为一个最终的合并效应量即精确可信的相关系数，计算方法如式（4.3）所示：

$$r_z = \frac{e^{2z}-1}{e^{2z}+1} \tag{4.3}$$

根据张璇等的做法，可以借助 r_z 值的大小判断变量之间的相关关系，即影响程度。若 $r_z \leqslant 0.1$，表示该因素对因变量的影响程度较弱，且具有负向影响；若 $r_z > 0.1$，表示影响因素对因变量存在一定的正向影响；若 r_z 为负值，则取其绝对值做相应判断。

（2）异质性检验。

异质性检验的目的在于检验多个研究是否具有异质性，然后根据检验结果选择合适的统计分析模型。异质性检验的方法主要包括图表法（如森林图）和卡方检验法（如 Q 检验和 I^2 检验）。Q 检验是用以描述观察变异与内部误差的比值，Q 值服从自由度（df）$= k-1$ 的卡方分布，k 为相应的研究数量。现有研究中，将定性检测的 Q 检验和定量检测的 I^2 检验共同使用的做法最受欢迎，Q 值计算方法如式（4.4）所示：

$$Q = \sum_{i=1}^{k} W_i (ES_i - \overline{ES})^2 \tag{4.4}$$

其中，k 为纳入元分析的独立研究的数量，W_i 是权重，ES_i 是第 i 个研究的效应量，$\overline{ES}$是第 k 个研究的效应量的平均数。为了消除研究数量对 Q 检验效能的影响，通过对 Q 值进行转换得到 I^2 值。I^2 反映了异质性部分在效应量总变异中所占的比重，是从 0 到 100%的一个度量，其计算方法如式（4.5）所示：

$$I^2 = \frac{Q-\mathrm{d}f}{Q} \times 100\% \tag{4.5}$$

通常的判定标准为：当 $Q>k-1$，$I^2 \geqslant 60\%$且 p 值小于 0.05 时，认为纳入的研究样本具有异质性。

（3）效应模型选择。

元分析的效应模型包括固定效应模型（Fixed Effect Model，FEM）和随机效应模型（Random Effect Model，REM）。FEM 假设在所有的研究中只有一个真正的效应量，观测研究效应量的差异是由随机误差引起的。REM 允许不同的研究之间存在不同的真实效应量，观测研究效应量的差异是由随机误差和每个研究的不同效应量引起的。最终根据纳入研究的异质性检验结果来决定是使用 FEM 还是使用 REM。当不同研究间的同质性较高时，使用 FEM；当不同研究间的异质性较高时，使用 REM。识别出异质性后，需要对可能存在的异质性进行相应处理，并探索其来源。异质性处理方法有亚组分析、敏感性分析、选用 REM、改变效应量和放弃元分析等。在本章研究中，纳入样本的研究在不同地区进行，在不同年份发表，大多数影响因素通常会存在较高的异质性。参考现有文献的经验和做法，采取对纳入研究存在异质性的保守假设，故在此选用 REM。

（4）亚组分析。

亚组分析的目的在于根据特定的标准将研究归类于不同的亚组并讨论这种分组可能对结果产生的影响。亚组的划分标准包括可能对结果产生影响的任何因素，如发表年份和国家等。如果亚组分析结果表明多个亚组的结果存在显著差异，则可以得出划分标准是异质性存在的原因。考虑到数据可得性，选取出版年份、抽样区域和发展维度作为亚组分类的标准。

（5）敏感性分析和发表偏倚分析。

敏感性分析的目的在于检验元分析结果的稳健性，敏感性分析方法通常包括两种：一种是探讨样本数据的变化对结果稳健性的影响，如通过改变文献的纳入和剔除标准，样本数据则会随之发生变化，进而讨论这一变化是否会导致研究结果的变异；另一种是旨在改变元分析的统计方法，如前所述，选择合适的效应量和统计模型是元分析的两个重要阶段，故改变效应量或统计模型可以作为敏感性分析的一种策略。本章研究采用敏感性分析中最常用的做法，即每次剔除一项研究后将剩余的研究进行合并然后重复实施统计分析，以分析单项研究对合并效应量的影响。

在进行元分析前需要进行出版偏倚分析以校验数据的可靠性，包括定性和定量两种常用方法。其中，定性方法主要采用漏斗图检验法，该方法展示了样本含量和效应量之间的关系。若漏斗图呈现出对称的形式，则说明不存在发表偏倚。定量方法较多应用 Duval and Tweedie's Trim and Fill 方法和失安全系数法（Failsafe n，其中 n 为样本数量）。具体来说，Trim and Fill 方法采用迭代程序从漏斗图正的一边移去最极端的研究，重新计算效应量，直到得到对称的漏斗图。失安全系数法，是指将估计的真实值的显著性水平减至刚好显著水平所需的零效应研究数量。故失安全系数越大，表示元分析结果越不容易被持相反意见的遗漏文献或新发表文献推翻，研究结果的稳健性也越强。基于 Rothstein 等的研究，在元分析中，当失安全系数 Failsafe n 低于 $5K+10$ 时可能存在发布偏倚。因此，通过对比失安全系数 Failsafe n 与 $5K+10$（K 指相应的文献数量）之间的大小关系对元分析的出版偏倚情况进行检测，计算方法如式（4.6）所示：

$$Failsafen = n\times\left(\frac{ES_r}{ES_c}-1\right) \tag{4.6}$$

其中，n 代表样本数量，ES_r 代表合并后的效应量，ES_c 代表能接受的最小效应量，参考现有文献做法将该值设定为 0.1。

4.1.2 样本选择及数据来源

根据最新的 PRISMA 命令对文献进行筛选。首先，经过第一轮关键词检索后，从中文数据库和英文数据库共获取到了 15149 条文献检索记录，通过 Endnote 软件与人工识别剔除重复项和不符合标准的文献，得到 14124 条记录。其次，评估标题和摘要完成初步筛选，完成研究筛选纳入工作。然后，通过进一步评估全文，排除一些不符合纳入标准如缺乏对定量回归系数、相关系数以及可以转化为效应量的统计结果的文献，最终得到符合标准的 55 篇文献。紧接着，为避免文献检索发生遗漏，又通过正反向滚雪球检索策略确定了 25 篇文献，并重复第一轮的筛选流程，最终得到了符合标准的 7 篇文献。故借助于两种搜索策略，最终有 62 篇文献可用于元分析。在这 62 篇文献中，包括 60 篇期刊论文和 2 篇学位论文，这些研究的发表时间为 2010—2022 年。

4.1.3 样本编码

经过对文献的检索和筛选，最终有 62 篇符合标准的文献被纳入了元分析程序，其中有 3 篇文献涉及多个独立样本，故经重复编码后总计 67 项独立研究纳入了文献数据库，包括研究的编码、样本容量和效应量。另外，为了进行亚组分析，还收集了每项研究的出版年份、抽样国家以及因变量所属的发展维度。

在对每项研究的全文进行审阅之后，有 44 个影响因素（CIF）被识别出来。需要说明的是，元分析方法要求效应值数量最低为 2 个，故出现频率为 1 次的影响因素未纳入统计分析。遵循国际能源署（IEA）在 2015 年提出的跨领域可再生能源影响因素分类方法，并结合这些纳入影响因素的实际含义，将其分为了 5 类：政治与制度因素（P），经济与金融因素（E），自然与环境因素（E'），社会因素（S），技术、基础设施与创新因素（T），最终形成了可再生能源影响因素的“PEE'ST”分析框架。表 4.1 总结了这 44 个影响因素的测度指标、出现频率等具体信息。其中，出现频率排前 8 位的影响因素分别为 CIF15-人均 GDP（25 次）、CIF23-碳排放量（23 次）、CIF16-石油价格（22 次）、CIF17-绿色金融水平（21 次）、CIF18-GDP（18 次）、CIF19-贸易开放程度（OFDI）（17 次）、CIF24-自然禀赋（17 次）、CIF38-RD 投资（16 次）。

4.1.4　元分析过程

4.1.4.1　主效应分析

依次对纳入的 44 个影响因素进行元分析，主效应分析结果如表 4.2 的第（4）列和第（5）列所示。第（4）列为元分析结果，即合并效应值及其 95% 的置信区间，第（5）列报道了双尾检验的 z 值和 p 值。另外，第（1）列为影响因素，第（2）列和第（3）列分别为每个影响因素的研究数量 k 以及样本总量 n。通过对合并效应值的对比和显著性检验，得到了“PEE'ST”5 类影响因素中具有统计学显著意义的 27 个因素，下面对通过双尾检验（$P<0.05$）的影响因素进行详细介绍。

（1）在政治与制度因素（P）中，识别得到了 7 个显著的影响因素。它们分别是：CIF1-碳市场政策，CIF4-能源安全水平，CIF6-政府效能，CIF8-是否签订京都协议书，CIF9-碳税政策，CIF12-经济政策不确定性，CIF13-地缘政治风险。其中，CIF4-能源安全水平和 CIF12-经济政策不确定性对可再生能源发展具有显著的负向影响，CIF1-碳市场政策，CIF6-政府效能，CIF8-是否签订京都协议书，CIF9-碳税政策，以及 CIF13-地缘政治风险对可再生能源发展具有显著的正向影响。而且，影响程度最大的是 CIF12-经济政策不确定性（-0.317），影响程度最弱的是 CIF9-碳税政策（0.030）。

（2）在经济与金融因素（E）中，识别得到了 5 个显著的影响因素。它们分别是：CIF15-人均 GDP，CIF16-石油价格，CIF17-绿色金融水平，

CIF18-GDP，CIF19-贸易开放程度（OFDI）。这5个影响因素均对可再生能源发展具有正向的促进作用，其中CIF17-绿色金融水平的正向影响最为强烈。

（3）在自然与环境因素（E'）中，识别得到了3个显著的影响因素，它们分别是：CIF24-自然禀赋，CIF27-气候变化和CIF28-碳排放强度。其中，CIF24-自然禀赋和CIF27-气候变化对可再生能源发展具有显著的正向影响，而CIF28-碳排放强度则具有显著的抑制作用。

（4）在社会因素（S）中，识别得到了6个显著的影响因素，它们分别是：CIF30-城市化水平，CIF31-受教育程度，CIF33-传统电源消费占比，CIF34-社会接受度，CIF35-收入不平等以及CIF37-人口寿命。其中，CIF30-城市化水平、CIF31-受教育程度以及CIF34-社会接受度对可再生能源发展存在显著的正向影响，而CIF33-传统电源消费占比、CIF35-收入不平等以及CIF37-人口寿命对可再生能源发展具有显著的负向影响，且CIF33-传统电源消费占比的负向影响尤为强烈。

（5）在技术、基础设施与创新因素（T）中，识别得到了6个显著的影响因素，它们分别是：CIF38-RD投资、CIF39-输电设施投资、CIF40-技术依赖度、CIF41-技术成熟度、CIF42-知识存量以及CIF-43可再生电力设施基础。除CIF40-技术依赖度对可再生能源发展具有显著的负向影响外，其余5个影响因素对可再生能源发展均存在显著的正向影响。

4.1.4.2 异质性检验

异质性检验结果如表4.2第（6）列所示。其中，Q值以及显著性检验反映的是各效应量的异质性程度，I^2反映的是异质性部分在效应量偏差中所占的比重。例如，CIF4-能源安全水平的效应量异质性检验结果显示，Q值为106.51（$p<0.001$），表明不同文献间存在较强的异质性。I^2为95.3%表明95.3%的观察变异是由效应量的真实差异造成的，4.7%的观察变异由随机差异导致。根据表4.2第（6）列展示的所有影响因素的异质性检验结果，除CIF6、CIF9、CIF13、CIF28、CIF37、CIF43和CIF44这7个因素的效应量不存在异质性以外，其他影响因素均存在不同程度的异质性。因此，根据统计模型的选择标准，上述7个影响因素的合并效应量计算采用FEM，其他影响因素均采用REM，模型选择结果如表4.2第（7）列所示。

4.1.4.3　发表偏倚分析

通过失安全系数并辅以漏斗图对各影响因素是否存在发表偏倚进行判定，检测结果如表 4.2 第（8）列所示。其中，Failsafen 为失安全系数，$5k+10$ 为判定发表偏倚的临界值。通过对比失安全系数 Failsafen 与临界值 $5k+10$ 可以发现，除部分效应量不显著的影响因素外，其余影响因素均不存在发表偏倚。例如，CIF4-能源安全水平的 Failsafen 为 2665，远大于临界值（$5k+10$）。另外，还选取了出现频率最高的影响因素（CIF15-人均 GDP）进行了发表偏倚的漏斗图检验，如图 4.2 所示，经过剪补一项研究后的漏斗图基本呈对称分布。因此，基于漏斗图和失安全系数的检验结果，在此可以判定所选取的元分析样本不存在严重的发表偏倚问题。

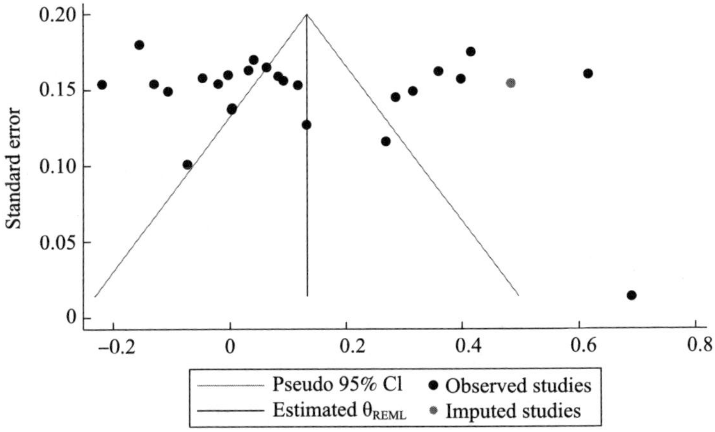

图 4.2　发表偏倚检验的漏斗

4.1.4.4　亚组分析

为充分探讨不同结果的异质性来源，对 44 个影响因素进行亚组分析，结果如表 4.3 所示。若 $p<0.05$，则说明该亚组划分标准显著降低了亚组间的异质性。分析表 4.3 可以发现以下结论。

首先，对于发表时间这一亚组划分标准，有 6 个影响因素不适用于发表年限的亚组分析，在其余的 38 个影响因素中，组间差异显著的是：CIF4-能源安全水平、CIF7-腐败控制、CIF14-政治稳定程度、CIF16-石油价格、CIF30-城市化水平、CIF33-传统电源消费占比、CIF34-社会接受度、

CIF35-收入不平等这 8 个影响因素，说明这 8 个影响因素对于可再生能源发展的影响作用在旧研究和新研究（以 2021 年为划分年限）亚组中存在分歧，尤其是 CIF7-腐败控制和 CIF14-政治稳定程度，甚至在影响方向上相左。旧研究认为，腐败控制和政治稳定均能促进可再生能源发展，而新研究则持相反的观点。Hakimi 和 Hamdi 的研究表明，腐败和政治不稳定性的影响在很大程度上取决于贸易开放程度，贸易自由化减少了腐败和政治不稳定对环境规则与机制的影响。其可能的原因在于，新研究的样本选取时间更近，近两年国际贸易形势的复杂波动对 CIF7-腐败控制和 CIF14-政治稳定程度两个政治与制度因素的作用机制产生了干扰。

其次，对于样本区域这一亚组划分标准，有 4 个影响因素不适用于抽样区域的亚组分析，在其余的 40 个影响因素中，组间差异显著的是：CIF1-碳市场政策、CIF7-腐败控制、CIF8-是否签订京都协议书、CIF10-政府干预监管、CIF15-人均 GDP、CIF20-GDP 增长率、CIF23-碳排放量、CIF26-人均碳排放量、CIF29-人口数量、CIF33-传统电源消费占比、CIF34-社会接受度、CIF39-输电设施投资这 12 个影响因素，证明了经济发达程度对这 12 个影响因素与可再生能源发展间的影响机制存在一定的调节作用。以出现频率最高的 CIF-15 人均 GDP 为例，在以发展中国家和发达国家为抽样样本的研究中，人均 GDP 水平越高，越有利于可再生能源发展，且在发达国家的影响作用更强，但在全球范围内抽样的研究中，人均 GDP 水平则对可再生能源发展具有微弱的负向影响。这说明，对于发展中国家和发达国家的样本以及全球范围内发达国家的样本研究，还没有达成共识。对此，Cadoret 和 Padovano 给出的解释是，当经济活动增加时，增加生产所需要的能源消耗不是可立即满足的稀缺能源，而是其他更具弹性的能源如化石能源，故可再生能源消耗与总能源消耗的比例下降。换言之，当人均 GDP 水平达到一定阈值时会对可再生能源的发展产生负面影响。

最后，对于发展维度这一亚组划分标准，有 3 个影响因素不适用于亚组分析，在其余的 41 个影响因素中，组间差异显著的是：CIF4-能源安全水平、CIF7-腐败控制、CIF8-是否签订京都协议书、CIF11-环境规制、CIF12-经济政策不确定性、CIF14-政治稳定程度、CIF22-利率水平、CIF23-碳排放量、CIF30-城市化水平、CIF32-工业化、CIF33-传统电源消费占比、CIF34-社会接受度、CIF39-输电设施投资、CIF40-技术依赖度、CIF41-技术成熟度这 15 个影响因素。该亚组分析结果表明，一些因素的影响机制在不同发展维度可能存在较大差异。以受关注度较高的 CIF23-碳排放量为例，其对生产活动具有正向影响，即碳排放水平越高，越有利于可再生能源发电量的增长。然而，其对创新、投资和消费这三个维度均具有负向影响。可能的解释是高水平的 CO_2 排放会引发更糟糕的环境问题，进而，CO_2 的高排放意味着对可再生能源发电的更多激励。而与此相对立的观点是，过度的碳排放意味着过度依赖煤炭和石油等传统化石能源，在碳排放较高的国家或地区内，传统能源市场和开发技术较为成熟，加之能源用户固有的消费习惯，便会限制可再生能源的推广应用，从而阻碍可再生能源的技术创新和扩张部署。

4.1.4.5　敏感性分析

为探讨元分析结果的稳健性，通过逐一删除元分析中的某一项研究实施敏感性分析。鉴于敏感性分析要求涉及某一因素的研究数量应大于 2，故在此对除 CIF13-地缘政治风险、CIF14-政治稳定程度、CIF28-碳排放强度、CIF36-经济自由程度和 CIF37-人口寿命以外的 39 个影响因素进行敏感性分析。在敏感性分析中，删除其中一项研究将会在不同程度上改变合并效应量。合并效应量的变化程度越小，说明研究结果越稳健。因此，只有当发现有理由删除结果与其他研究有很大差异的研究时，探讨敏感性分析结果才有意义。本章研究中以 50%的变化率为基准，筛选出敏感性分析结果变化程度超过 50%且出现频率大于 1 次的研究，试图寻求这些研究在较大程度上影响元分析结果稳健性的原因。图 4.3 展示了这些研究，图中菱形图表代表了相应 CIF 的合并效应值，而其他颜色的点表示删除某一项研究后的合并效应值。

分析图 4.3 可以发现，首先，lbrahiem and hanafy 2021（J）（NAC）（C）在图中出现了 5 次，是敏感性分析结果中出现频率最高的一项。回顾这篇文献，发现其在多个方面较为特殊，这可能直接导致了其对影响因素的估计存在较大偏差。一是该研究的样本为埃及、摩洛哥和突尼斯三个北非国家，与研究样本中出现频率较高的中国和 OECD 国家相比，这三个国家无论是在经济发展水平上还是在可再生能源部署上均存在较大差异；二是研究数据为 1971—2014 年的年度数据，时间窗口跨度大且数据颗粒较粗。其次，Lin and Chen 2019（J）（CHN）（IV），Marques et al. 2010（J）（EURO）（P）这 2 项研究移除后会分别导致 CIF3-FIT 政策和 CIF11-环境规制的总体效应量产生较大偏差（标记的圆点与图中菱形之间的距离），通过回顾全文，其可能的原因在于，Lin and Chen（J）（CHN）（IV）这项研究认为 FIT 政策在短期内对可再生能源技术创新没有任何作用，只有在长期内才具有积极作用，这种时变效应差异导致其具有一定的敏感性。Marques et al. 2010（J）（EURO）（P）研究采用的样本的时间区间（1990 —2006 年）较为久远，其采用敏感度变化程度小于 10%来衡量 CIF11-环境规制这一因素，而现有研究普遍采用 20%的标准，故该文献的研究结果可能对合并效应值的稳健性产生影响。

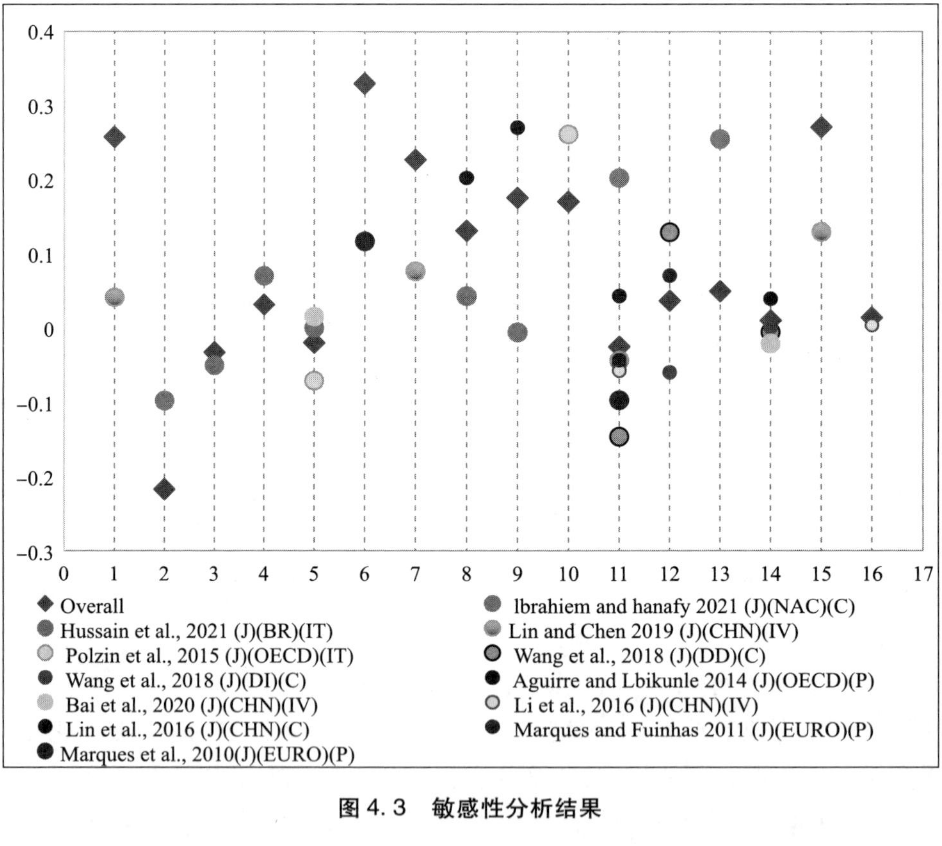

图 4.3　敏感性分析结果

根据上述敏感性分析结果可以发现，影响因素对于可再生能源的作用机制具有一定的时空异质性，即在探讨可再生能源的影响因素时，需要综合考虑不同区域、不同时间阶段、不同类型影响因素作用于可再生能源发展的差异性，从而更加准确深入地探讨影响因素及其驱动机制。

表 4.1　影响因素提取及总结

单位：次

类型	符号	影响因素	频率	类型	符号	影响因素	频率
政治与制度因素（P）	CIF1	碳市场政策	10	经济与金融因素（E）	CIF15	人均 GDP	25
	CIF2	政府补贴	7		CIF16	石油价格	22
	CIF3	FIT 政策	6		CIF17	绿色金融水平	21
	CIF4	能源安全水平	6		CIF18	GDP	18
	CIF5	法律完善程度	5		CIF19	贸易开放程度（OFDI）	17
	CIF6	政府效能	5		CIF20	GDP 增长率	8
	CIF7	腐败控制	4		CIF21	贸易开放程度	7
	CIF8	是否签订京都协议书	4		CIF22	利率水平	5
	CIF9	碳税政策	4	自然与环境因素（E'）	CIF23	碳排放量	23
	CIF10	政府干预监管	4		CIF24	自然禀赋	17
	CIF11	环境规制	4		CIF25	能源消费强度	11
	CIF12	经济政策不确定性	3		CIF26	人均碳排放量	5
	CIF13	地缘政治风险	2		CIF27	气候变化	4
	CIF14	政治稳定程度	2		CIF28	碳排放强度	2
社会因素（S）	CIF29	人口数量	10	技术、基础设施与创新因素（T）	CIF38	RD 投资	16
	CIF30	城市化水平	8		CIF39	输电设施投资	9
	CIF31	受教育程度	7		CIF40	技术依赖度	6
	CIF32	工业化	4		CIF41	技术成熟度	7
	CIF33	传统电源消费占比	3		CIF42	知识存量	7
	CIF34	社会接受度	3		CIF43	可再生电力设施基础	4
	CIF35	收入不平等	3		CIF44	创新激励程度	3
	CIF36	经济自由程度	2				
	CIF37	人口寿命	2				

表 4.2 影响因素的元分析结果

CIFs (1)	k (2)	n (3)	主效应检验及95%的置信区间（4）			双尾检验（5）		异质性检验（6）			模型（7）	发表偏倚（8）	
			r	上限	下限	z 值	p 值	Q 值	p 值	I^2（%）		Failsafen	$5k+10$
政治与制度因素													
CIF1	10	3932	**0. 094****	0. 021	0. 168	2. 53	0. 012	40. 74	0. 000	77. 9	Random	174	60
CIF2	7	2105	0. 058	−0. 019	0. 136	1. 48	0. 140	24. 69	0. 000	75. 7	Random	NA	
CIF3	6	1588	0. 258	−0. 268	0. 784	0. 96	0. 336	522. 53	0. 000	99. 0	Random	NA	
CIF4	6	1889	**−0. 217****	−0. 434	−0. 001	1. 97	0. 049	106. 51	0. 000	95. 3	Random	2665	40
CIF5	5	4366	−0. 003	−0. 093	0. 027	1. 08	0. 280	15. 61	0. 004	74. 4	Random	NA	
CIF6	5	3838	**0. 061*****	0. 029	0. 094	3. 76	0. 000	6. 58	0. 160	39. 2	Fixed	125	35
CIF7	4	2561	0. 032	−0. 247	0. 311	0. 22	0. 824	142. 49	0. 000	97. 9	Random	NA	
CIF8	4	1851	**0. 151*****	0. 036	0. 265	2. 58	0. 01	16. 21	0. 001	81. 58	Random	1254	30
CIF9	4	2978	**0. 030***	−0. 006	0. 066	1. 65	0. 099	2. 23	0. 526	0	Fixed	103	30
CIF10	4	2426	−0. 020	−0. 118	0. 078	0. 40	0. 691	16. 27	0. 001	81. 6	Random	NA	
CIF11	3	987	**0. 330****	−0. 103	0. 762	1. 49	0. 135	82. 69	0. 000	97. 6	Random	NA	
CIF12	3	1898	**−0. 317****	−0. 518	−0. 115	3. 08	0. 002	36. 20	0. 000	94. 5	Random	4787	25
CIF13	2	519	**0. 182*****	0. 096	0. 268	4. 14	0. 000	0. 38	0. 540	0	Fixed	530	20
CIF14	2	1634	−0. 01	−0. 13	0. 111	0. 16	0. 874	5. 33	0. 021	81. 3	Random	NA	
经济与金融因素													
CIF15	25	14905	**0. 119****	0. 026	0. 212	2. 50	0. 012	757. 75	0. 000	96. 8	Random	4802	135

续表

CIFs (1)	k (2)	n (3)	主效应检验及 95%的置信区间（4）			双尾检验（5）		异质性检验（6）			模型（7）	发表偏倚（8）	
			r	上限	下限	z 值	p 值	Q 值	p 值	I^2（%）		Failsafen	5k+10
CIF16	22	10164	**0. 099** ***	0. 031	0. 166	2. 87	0. 004	233. 64	0. 000	91. 0	Random	1016	120
CIF17	21	14133	0. 231 **	0. 041	0. 422	2. 38	0. 017	2522. 7	0. 000	99. 2	Random	NA	
CIF18	18	6596	**0. 227** *	−0. 024	0. 479	1. 77	0. 077	1743. 67	0. 000	99. 0	Random	10040	100
CIF19	17	9129	**0. 131** *	−0. 017	0. 279	1. 74	0. 082	779. 60	0. 000	97. 9	Random	4158	95
CIF20	8	3983	0. 166	−0. 095	0. 428	1. 25	0. 212	479. 23	0. 000	98. 5	Random	NA	
CIF21	7	3872	0. 176	−0. 105	1. 457	1. 23	0. 221	390. 34	0. 000	98. 5	Random	NA	
CIF22	5	1872	0. 170	−0. 211	0. 552	0. 88	0. 381	224. 20	0. 000	98. 2	Random	NA	
自然与环境因素													
CIF23	23	10263	−0. 063	−0. 215	0. 088	0. 82	0. 411	1295. 40	0. 000	98. 3	Random	NA	
CIF24	17	9322	**0. 068** **	0. 014	0. 123	2. 45	0. 014	95. 01	0. 000	83. 2	Random	117	95
CIF25	11	4201	−0. 025	−0. 414	0. 364	0. 13	0. 899	1575. 85	0. 000	99. 4	Random	NA	
CIF26	5	2082	−0. 083	−0. 580	0. 414	0. 33	0. 743	522. 21	0. 000	99. 2	Random	NA	
CIF27	4	1172	**0. 100** ***	0. 043	0. 157	3. 42	0. 001	6. 49	0. 090	53. 8	Random	130	30
CIF28	2	2598	**−0. 204** ***	−0. 242	−0. 166	10. 44	0. 000	0. 22	0. 640	0	Fixed	3290	20
社会因素													
CIF29	10	6308	0. 05	−0. 286	0. 386	0. 29	0. 772	1454. 60	0. 000	99. 4	Random	NA	
CIF30	8	3192	**0. 112** ***	0. 037	0. 186	2. 93	0. 003	28. 85	0. 000	75. 7	Random	780	50

续表

CIFs (1)	k (2)	n (3)	主效应检验及95%的置信区间（4）			双尾检验（5）		异质性检验（6）			模型（7）	发表偏倚（8）	
			r	上限	下限	z 值	p 值	Q 值	p 值	I^2（%）		Failsafen	5k+10
CIF31	7	3168	**0.077** **	0.009	0.145	2.22	0.026	20.04	0.003	70.1	Random	92	45
CIF32	4	1699	0.025	-0.022	0.073	1.04	0.297	7.17	0.067	58.2	Random	NA	
CIF33	3	1292	**-0.401** *	-0.820	0.018	1.87	0.061	81.42	0.000	97.5	Random	4464	25
CIF34	3	1216	**0.202** ***	0.074	0.330	3.09	0.002	10.17	0.006	80.3	Random	1513	25
CIF35	3	1292	**-0.162** **	-0.293	-0.032	2.44	0.015	9.48	0.009	78.9	Random	1033	25
CIF36	2	1021	-0.041	-0.249	0.168	0.38	0.703	6.99	0.008	85.7	Random	NA	
CIF37	2	765	**-0.298** ***	-0.369	-0.227	8.18	0.000	0.53	0.467	0	Fixed	1768	20
技术、基础设施与创新因素													
CIF38	16	7915	**0.271** **	0.038	0.505	2.28	0.023	1636.28	0.000	99.1	Random	15917	90
CIF39	6	3380	**0.277** ***	0.088	0.467	2.87	0.004	222.79	0.000	96.4	Random	7022	40
CIF40	9	1808	**-0.268** ***	-0.402	-0.135	3.95	0.000	35.80	0.000	86.0	Random	3575	55
CIF41	7	2121	**0.163** ***	0.044	0.281	2.68	0.007	39.93	0.000	85.0	Random	1720	45
CIF42	7	2489	**0.120** ***	0.045	0.196	3.12	0.002	15.65	0.002	61.7	Random	829	45
CIF43	4	2488	**0.111** ***	0.072	0.151	5.51	0.000	5.68	0.128	47.2	Fixed	580	30
CIF44	3	690	0.014	-0.061	0.089	0.37	0.708	0.37	0.830	0	Fixed	NA	

注：* 代表 $p<0.05$，** 代表 $p<0.01$，*** 代表 $p<0.001$；“NA”是指 Failsafen 检验不适用于非显著的效应值；首行括号内数值为列数标号。

表 4.3　影响因素的亚组分析结果

CIFs	发表时间		组间差异	样本区域			组间差异	发展维度				组间差异
	Old literature	近	p 值	发展中国家	发达国家	未区分	p 值	创新	投资	生产	消费	p 值
政治与制度因素												
CIF1	0. 100	0. 071	0. 785	0. 190	0. 024	NA	**0. 019**	0. 096	0. 045	0. 131	NA	0. 715
CIF2	0. 051	0. 111	0. 636	0. 117	0. 059	NA	0. 143	0. 177	0. 019	NA	0. 147	0. 202
CIF3	0. 422	−0. 011	0. 232	0. 746	0. 093	0. 011	0. 308	0. 339	0. 130	NA	0. 054	0. 673
CIF4	−0. 031	−0. 605	**0. 018**	0. 045	−0. 219	NA	0. 050	0. 022	NA	−0. 103	−0. 605	**0. 013**
CIF5	−0. 02	−0. 036	0. 787	0. 029	−0. 050	NA	0. 070	−0. 050	0. 029	NA	NA	0. 070
CIF6	0. 100	0. 054	0. 427	0. 090	0. 053	0. 005	0. 134	0. 025	0. 108	NA	0. 035	0. 085
CIF7	0. 416	−0. 097	**0. 000**	−0. 035	−0. 237	0. 416	**0. 000**	−0. 237	−0. 085	NA	0. 224	**0. 009**
CIF8	0. 007	−0. 053	0. 652	−0. 071	0. 139	NA	**0. 000**	0. 104	NA	0. 385	NA	**0. 012**
CIF9	0. 048	0. 026	0. 672	0. 042	0. 033	0. 026	0. 977	−0. 050	NA	0. 084	0. 026	0. 393
CIF10	0. 007	−0. 053	0. 652	−0. 071	0. 139	NA	**0. 000**	−0. 121	0. 031	NA	−0. 010	0. 152
CIF11	0. 079	0. 128	0. 607	0. 142	0. 006	NA	0. 106	0. 079	NA	0. 202	0. 006	**0. 047**
CIF12	−0. 176	−0. 390	0. 085	−0. 176	−0. 390	NA	0. 085	−0. 176	−0. 510	−0. 269	NA	**0. 000**
CIF13	NA	NA	NA	NA	0. 146	0. 202	0. 540	NA	NA	0. 202	0. 146	0. 540
CIF14	0. 056	−0. 067	**0. 021**	NA	NA	NA	NA	0. 056	−0. 067	NA	NA	**0. 021**
经济与金融因素												
CIF15	0. 148	0. 098	0. 620	0. 143	0. 193	−0. 041	**0. 020**	0. 025	0. 020	0. 130	0. 156	0. 232

续表

CIFs	发表时间		组间差异	样本区域			组间差异	发展维度				组间差异
	Old literature	近	p 值	发展中国家	发达国家	未区分	p 值	创新	投资	生产	消费	p 值
CIF16	0. 123	0. 013	**0. 017**	0. 133	0. 083	−0. 017	0. 146	0. 064	0. 136	0. 096	0. 111	0. 641
CIF17	0. 406	0. 116	0. 211	0. 206	0. 508	0. 005	0. 321	NA	0. 134	0. 044	0. 369	0. 211
CIF18	0. 286	0. 081	0. 383	0. 534	0. 066	0. 057	0. 472	0. 988	0. 129	0. 113	−0. 079	0. 246
CIF19	−0. 141	0. 260	0. 171	0. 178	0. 109	0. 042	0. 720	0. 110	NA	0. 135	0. 113	0. 960
CIF20	0. 092	0. 177	0. 534	0. 063	0. 238	0. 536	**0. 000**	0. 298	NA	NA	0. 148	0. 280
CIF21	−0. 090	0. 574	0. 114	0. 301	−0. 071	0. 188	0. 515	NA	NA	−0. 083	0. 261	0. 269
CIF22	NA	NA	NA	NA	NA	NA	NA	NA	0. 040	NA	0. 660	**0. 000**
自然与环境因素												
CIF23	−0. 015	−0. 116	0. 530	−0. 051	−0. 268	0. 236	**0. 004**	−0. 225	−0. 679	0. 097	−0. 086	**0. 000**
CIF24	0. 065	0. 063	0. 977	0. 105	0. 044	0. 044	0. 654	0. 033	NA	0. 132	0. 060	0. 378
CIF25	0. 254	−0. 772	0. 195	−0. 293	0. 294	NA	0. 254	0. 140	0. 095	0. 041	−0. 232	0. 959
CIF26	0. 012	0. 136	0. 454	0. 278	−0. 126	NA	**0. 025**	NA	NA	0. 031	0. 045	0. 969
CIF27	NA	NA	NA	NA	0. 445	0. 106	0. 216	0. 106	NA	0. 445	NA	0. 216
CIF28	−0. 162	−0. 206	0. 640	−0. 162	−0. 206	NA	0. 640	−0. 162	NA	NA	−0. 206	0. 640
社会因素												
CIF29	0. 621	0. 143	0. 281	−0. 127	0. 284	−0. 097	**0. 014**	0. 234	NA	0. 231	−0. 094	0. 718
CIF30	0. 038	0. 206	**0. 000**	0. 118	0. 106	NA	0. 890	0. 151	NA	0. 185	0. 031	**0. 035**

续表

CIFs	发表时间		组间差异	样本区域			组间差异	发展维度				组间差异
	Old literature	近	p 值	发展中国家	发达国家	未区分	p 值	创新	投资	生产	消费	p 值
CIF31	0. 066	0. 084	0. 846	0. 103	0. 057	NA	0. 568	0. 056	NA	0. 130	0. 063	0. 609
CIF32	NA	NA	NA	0. 049	−0. 070	NA	0. 295	0. 085	NA	−0. 196	0. 014	**0. 028**
CIF33	−0. 579	−0. 149	**0. 003**	−0. 579	NA	−0. 149	**0. 003**	−0. 676	NA	NA	−0. 188	**0. 000**
CIF34	0. 305	0. 146	**0. 030**	0. 146	0. 305	NA	**0. 030**	0. 305	NA	0. 206	0. 088	**0. 006**
CIF35	−0. 246	−0. 100	**0. 034**	NA	−0. 181	−0. 155	0. 836	NA	NA	NA	NA	NA
CIF36	NA	NA	NA	NA	NA	NA	NA	NA	NA	NA	NA	NA
CIF37	NA	NA	NA	NA	NA	NA	NA	NA	NA	NA	NA	NA
技术、基础设施与创新因素												
CIF38	0. 443	0. 100	0. 236	0. 428	0. 146	0. 163	0. 702	0. 375	NA	0. 154	0. 048	0. 096
CIF39	0. 322	0. 252	0. 696	0. 237	0. 658	0. 095	**0. 000**	0. 225	0. 080	0. 246	NA	**0. 000**
CIF40	−0. 275	−0. 278	0. 978	−0. 146	−0. 342	NA	0. 064	NA	NA	−0. 213	−0. 487	**0. 001**
CIF41	0. 231	0. 068	0. 104	0. 181	0. 147	NA	0. 779	0. 307	NA	0. 193	0. 056	**0. 020**
CIF42	0. 231	0. 068	0. 104	0. 181	0. 147	NA	0. 779	0. 120	NA	0. 370	0. 084	0. 524
CIF43	0. 098	0. 123	0. 735	0. 176	0. 098	NA	0. 289	0. 098	NA	0. 176	NA	0. 289
CIF44	0. 025	0. 001	0. 753	0. 019	0. 007	NA	0. 881	0. 019	NA	0. 007	NA	0. 881

注：p 值用来衡量亚组间 Q 统计量的显著性，加粗标记表示 $p<0.05$；“NA”表示该因素不适合亚组分析。

4.1.5 多维影响因素框架

识别具有显著性且重要性程度较高的影响因素可以为时空格局的形成机制提供重要的理论基础，基于前述分析结果对 44 个影响因素进行总结梳理，得到影响可再生能源及其不同发展维度的影响因素框架，如图 4.4 所示。

（1）在政治与制度因素（P）中，环境规制和经济政策不确定性两个影响因素的作用程度最高，其中，环境规制对可再生能源消费的影响效应最强，环境规制可以通过强制执行与激励措施、增强环境意识，降低成本和技术创新，扩大市场需求以及强调社会形象与企业责任等途径，推动可再生能源在能源消费中的比例。经济政策不稳定性可能导致投资者对产业未来的发展趋势缺乏信心，进而影响资金的流入与产业的健康发展。同时，经济政策不确定性还可能导致企业推迟投资决策，从而降低产业发展速度。

（2）在经济与金融因素（E）中，GDP、绿色金融水平、贸易开放程度（OFDI）与人均 GDP 四个影响因素的作用程度最强。高 GDP 地区通常会面临更大的能源需求和能源供应压力。在这种情况下，发展可再生能源成为一种可行的选择。绿色金融可以提供更多的资金和贷款支持，降低可再生能源项目的融资成本，吸引更多的投资者，有助于加速可再生能源产业扩张。OFDI 可以通过技术创新和溢出效应促进可再生能源的推广应用。较高的人均 GDP 通常与较高的生活水平和能源消费水平相关联，人均 GDP 较高的地区可能更倾向于大力发展可再生能源，以应对能源供应和生态环境的双重挑战。

（3）在自然与环境因素（E’）中，碳排放强度、自然禀赋以及能源消费强度三个影响因素的作用程度最强。高碳排放地区往往对传统能源依赖度高，故在发展可再生能源时面临一些竞争与利益冲突、技术转型和技术基础设施的限制，影响可再生能源的发展空间和市场竞争力。自然禀赋更加丰富的地区在发展可再生能源时，具有较强的比较优势，故自然禀赋在区域可再生能源发展中扮演着关键角色。高能源消费强度意味着在生产和经济发展过程中对能源的需求较大，可能会面临能源供应安全和能源结构转型的冲突。可再生能源作为一种替代传统化石能源的选择，可以在一定程度上减缓能源消耗强度的增加，实现能源的可持续利用。

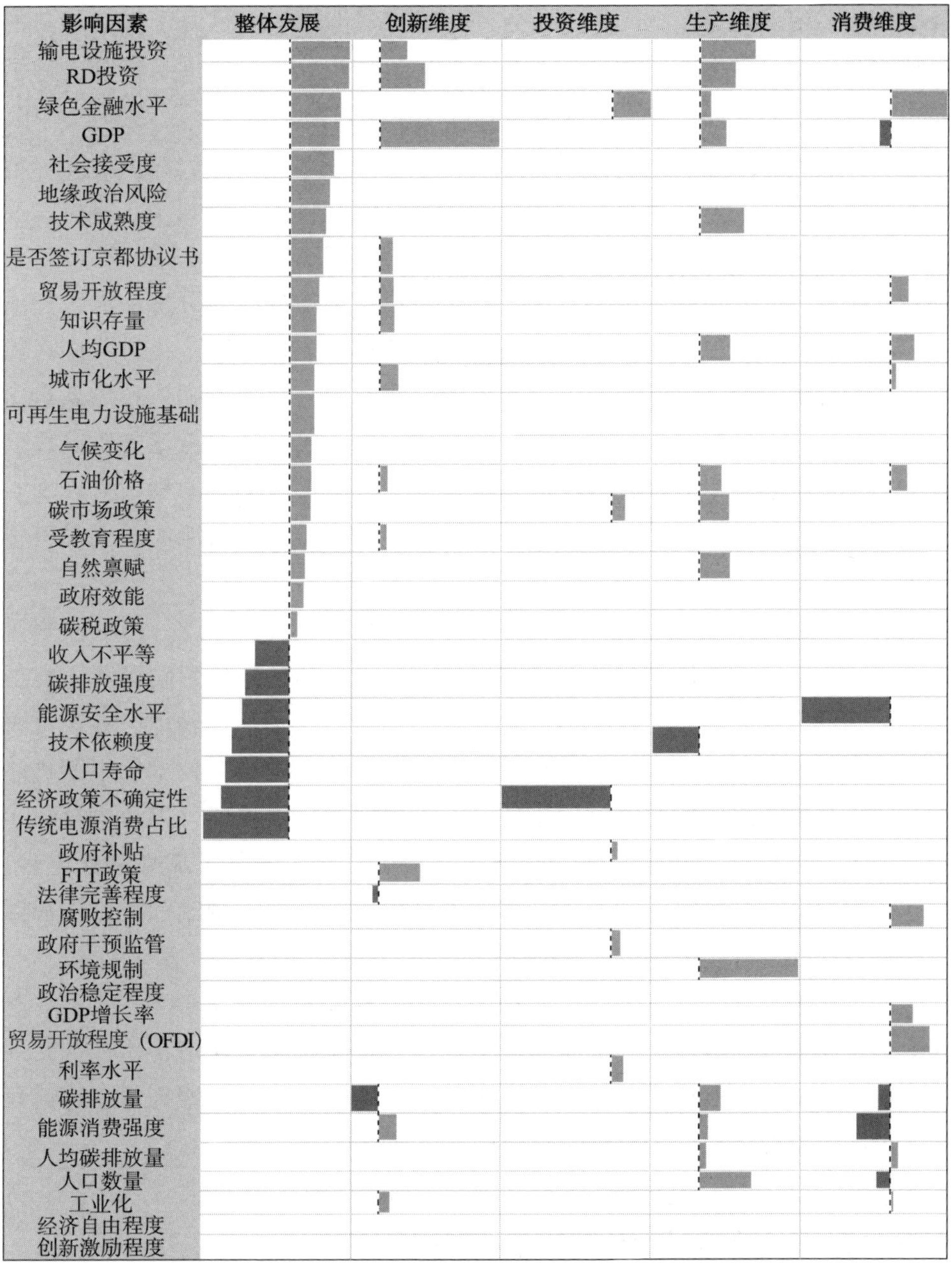

图 4.4　基于显著性与重要性排序的影响因素体系框架①

① 红色条形图代表负向影响，绿色条形图代表正向影响；条形图的长度代表着影响程度，条形图越长，影响程度越大。

（4）在社会因素（S）中，社会接受度与城市化水平是两个影响最强的积极因素，对可再生能源发展具有显著的促进作用；人口寿命与传统电源消费占比是两个影响最强的消极因素，对可再生能源发展具有显著的抑制作用。社会接受度高意味着公众愿意接受并购买可再生能源相关的产品或服务，从而扩大市场需求，推动可再生能源产业的发展。在城市化进程中，可再生能源作为一种清洁、可持续的能源选择，能够满足城市能源需求并且更好地适应城市环境，如分布式发电等。因此，城市化水平的提高为可再生能源提供了广阔的市场机遇。人口寿命的提高通常伴随着工业化和城市化过程中对能源需求的增加，同时长寿命的人口也可能导致能源消费模式和生产方式难以快速转变，从而抑制可再生能源的广泛应用。传统电源消费占比的不利改变可能源于多种因素，如既有的能源基础设施、能源供应体系的稳定性以及相关的利益关系等，这些因素可能导致在短期内难以实现电力能源转型和可再生能源的大规模应用。

（5）在技术、基础设施与创新因素（T）中，输电设施投资和RD投资是影响可再生能源发展最强的两个积极因素，技术依赖程度是影响可再生能源发展最强的消极因素。高效稳定的输电设施可以实现远距离输电，促进可再生能源利用范围扩大，增加其传输的灵活性和市场竞争力。技术的不断进步是推动可再生能源发展的关键因素之一，大规模的研发投资可以改进可再生能源技术，提高能源转换效率，降低生产成本，并增强其可靠性和稳定性。技术依赖程度高的地区可能由于技术成熟度限制、技术转型难和技术资源限制等多方面因素限制可再生能源的应用。

综上所述，影响可再生能源发展的影响因素众多且分属于不同类型。基于元分析的多维影响因素识别能够更全面地了解这些因素对可再生能源发展的影响，并从中获取重要的结论，上述多维影响因素体系框架为深入理解可再生能源发展机制提供了重要的理论基础和分析框架。

4.2 影响因素驱动机制的实证分析

4.2.1 实证分析模型

探讨风电发展时空格局演变的形成机制至关重要，其前提是深入了解风电发展的影响因素及其驱动机制，进而揭示时空格局演变下经济、社会和地理现象的根本原因，为风电产业的发展规划和空间布局提供决策依据。地理探测器作为一种新的空间数据探索分析工具，是探测时空分异性并揭示其驱动力的一种统计学方法。该方法最初由王劲峰和徐成东在 2017 年提出，起初被应用于地方性疾病风险与其相关地理影响因素的研究，近年来该方法在能源与环境研究领域也得到了广泛应用，其理论核心是通过空间异质性分析检测因变量与自变量之间空间分布格局的一致性，得到自变量对因变量的解释程度。换句话说，如果一个自变量对因变量有重要影响，那么自变量和因变量的空间分布应该相似。相比其他传统的空间回归统计分析方法，该方法的优势体现在以下 4 个方面：（1）该方法没有线性假设；（2）地理探测器既可以探测数值型数据，也可以探测定性数据；（3）该方法可以探测两个自变量交互作用于因变量，可以判断两因子是否存在交互作用以及交互作用的强弱、方向、线性和非线性关系等，不限于计量经济学预先指定的乘性交互；（4）该方法具有共线性、免疫性，当存在多个自变量时，不存在共线性问题。地理探测器包括 4 个探测器，即因子探测器、交互作用探测器、风险区探测器和生态探测器。

在本章研究中，根据研究目标重点使用前两个探测器，即因子探测器和交互作用探测器。在揭示时空格局演变机制时，因子探测器和交互作用探测器主要用来分析空间异质性的驱动因子以及多因子间的交互作用，即驱动因子及交互因子解释了 100×q%的因变量，q 值越大，因子的解释力越强。

4.2.1.1　因子探测器

因子探测器可以探测某自变量因子 X 在多大程度上解释了因变量 Y 的空间分异，其原理如图 4.5 所示，解释程度可用统计值 q 来表示，计算公式如式（4.7）所示：

$$q = 1 - \frac{\sum_{h=1}^{L} N_h \sigma_h^2}{N\sigma^2} = 1 - \frac{SSW}{SST} \tag{4.7}$$

其中，$h=1, \cdots, L$ 为因变量 Y 或自变量 X 的分层，N_h 和 N 分别为层 h 和全区的单元数，N 表示 31 个省份。σ_h^2 和 σ^2 分别表示层 h 和 31 个省份 Y 值的方差。SSW 和 SST 分别为层内方差之和与全区总方差。q 值的区间为 0 到 1，表示 X 解释了 100×q%的 Y，q 值越大，表示 X 对 Y 的解释力越强，反之则越弱。在极端情况下，q 值为 1 表明因子 X 完全控制了 Y 的空间分布，q 值为 0 则表

明因子 X 与 Y 没有任何关系。

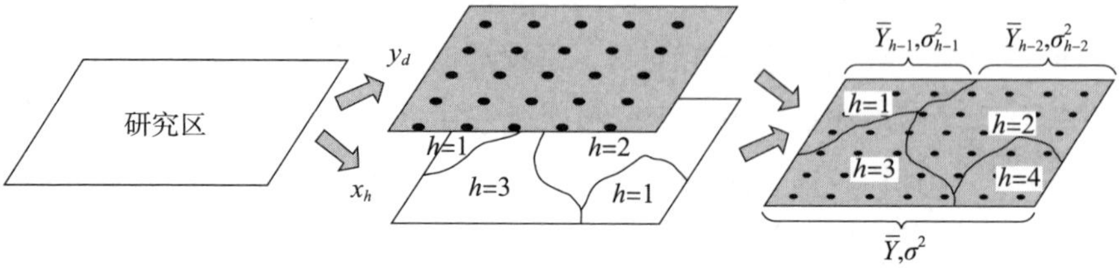

图 4.5　因子探测器原理

4.2.1.2　交互作用探测器

交互作用探测器可以用来识别、评估不同风险因子之间的交互作用，不同风险因子之间的共同作用可能会增加或减弱单个因子对因变量 Y 的解释能力，也存在各因子对 Y 的影响能力是相互独立的情况。评估的方法是首先分别计算两个因子 X_1 和 X_2 对 Y 作用的 q 值，q（X_1）和 q（X_2），并且计算它们交互时的 q 值，即 q（$X_1 \cap X_2$），并比较 q（X_1）、q（X_2）和 q（$X_1 \cap X_2$）。两个因子之间的关系可以分为 5 类，如表 4.4 所示。需要说明的是，地理探测器要求自变量的数据类型必须为类型变量，现有文献通常采用等间距法、分位数法或者 K-means 法等将连续型变量转化为类型变量，本章研究根据所选指标的数据特征，采用分位数法将连续型数据转换为类型数据。

表 4.4　驱动因子对因变量的交互作用类型

判断依据	交互作用
$q(X_1 \cap X_2) < \mathrm{Min}(q(X_1), q(X_2))$	非线性减弱
$\mathrm{Min}(q(X_1), q(X_2)) < q(X_1 \cap X_2) < \mathrm{Max}(q(X_1), q(X_2))$	单因子非线性减弱
$q(X_1 \cap X_2) > \mathrm{Max}(q(X_1), q(X_2))$	双因子增强
$q(X_1 \cap X_2) = q(X_1) + q(X_2)$	独立
$q(X_1 \cap X_2) > q(X_1) + q(X_2)$	非线性增强

4.2.2　变量选取与数据来源

基于 4.1 小节中得到的多维影响因素识别结果，综合考虑影响因素的显著性、重要性程度以及数据可得性，并结合风电的自然属性特征，在图

4.4 影响因素体系框架的基础上，筛选出 12 个关键影响因素，具体流程为：首先根据风电属性特征，在整体发展维度（图 4.4 第 2 列）上确定与风电发展相关的影响因素；其次基于影响因素重要性，在 4 个发展维度（图 4.4 第 3 列至第 6 列）上选取关键影响因素；最后结合数据可得性，在 5 种类型中分别选取相应的关键影响因素。最终筛选得到 12 个驱动因子[①]，其变量信息及数据来源展示如表 4.5 所示。下面对这些关键影响因素的选择依据进行具体说明。

（1）经济政策不确定性（EPU）。经济政策不确定性极易导致投资环境不稳定、市场需求波动、研发创新受阻、监管环境的变化。这些变化的后果便是投资者对风电项目的投资积极性下降，影响国内外市场对风电及其上下游产品的需求，还有可能导致企业对技术研发和科技创新的投资意愿减弱，法规和监管政策的频繁变化，进而影响风电发展。以可再生能源上网电价政策为例，自 2021 年起，新核准陆上风电项目已全面实现平价上网，海上风电项目未来也将面临补贴退出，这无疑会给风电项目运营带来影响。

（2）环境规制（ER）。环境规制对风电发展的可能影响主要体现在三个方面：第一，环境规制力度决定着风电项目的准入和审批程序，风电项目必须满足一系列环境保护标准和法规要求才可以推进；第二，环境规制要求风电项目运营商遵守相应的排放和污染控制标准，这可能会涉及额外的技术成本和运营成本；第三，风电项目的建设往往与自然保护区和生态环境保护相冲突，环境监管机构会评估项目的潜在影响并采取保护措施，以减少对生物多样性和生态系统的负面影响。

表 4.5　驱动因子的测度指标选取及数据来源

类型	变量	符号	测度方法	单位	数据来源
P	经济政策不确定性	EPU	EPU 指数	—	ISETS 数据库
	环境规制	ER	工业环保投入/工业产值增加值	%	《中国工业统计年鉴》
E	人均 GDP	PGDP	GDP/总人口	元	《中国统计年鉴》
	对外直接投资	OFDI	OFDI/GDP	%	商务部网站，《中国统计年鉴》
	绿色金融水平	GF	绿色金融指数	—	熵值法计算

① 遵循地理探测器方法的惯用表述，本章将“关键影响因素”称为“驱动因子”，二者意思相同。

续表

类型	变量	符号	测度方法	单位	数据来源
E'	风力资源禀赋	WP	平均风速	米/秒	第三次全国风能资源普查
	能源消费强度	EI	一次能源消费总量/GDP	吨/万元	国家统计局
	碳排放强度	CE	二氧化碳排放总量/GDP	千克/万元	CEADS 数据库，《中国统计年鉴》
S	城市化水平	UR	城镇人口/总人口	%	《中国统计年鉴》
	电源结构	ES	火电装机容量	兆瓦	《中国电力统计年鉴》
T	RD 投资	RD	RD 投入/GDP	%	《中国统计年鉴》
	电力传输设施	PT	单位面积电力传输线长度	米/平方千米	《中国电力统计年鉴》

（3）人均 GDP（PGDP）。人均 GDP 是一个地区经济发展水平的指标，反映了地区人民收入水平和购买力。较高的人均 GDP 意味着较高的消费能力和能源需求。在经济欠发达地区，人均 GDP 的增长通常伴随着能源消费的增加。因此，随着人均 GDP 的增长，风电发展可能会受益于增长的市场需求，同时人均 GDP 的增长也提供了更多的资金和资源来支持风电项目的投资与建设。

（4）对外直接投资（OFDI）。对外直接投资是指一个国家的企业将资金和资源投资到其他国家的项目和企业中。对风电产业来说，OFDI 可以提供资金、技术和管理经验等方面的支持。外国投资者的参与可以推动风电项目的发展，促进技术转让和合作。特别是来自发达国家的 OFDI，往往带来先进的技术和管理经验，提升风电发展的质量和效率。

（5）绿色金融水平（GF）。绿色金融是指将资金投向环保和可持续发展领域的金融活动和机制。对风电产业来说，绿色金融可以提供融资和投资支持，促进风电项目的发展。通过引入绿色债券、绿色贷款和其他绿色金融工具，风电企业可以获得更多的资金来投资和扩大其项目。此外，绿色金融还可以激励金融机构和投资者更加关注风电产业，增加投资的可持续性和环境友好性。

（6）风力资源禀赋（WP）。风力资源禀赋是风能利用的重要因素，直接影响风电发电量和风电场的发电效率。较高的风力资源禀赋意味着风能资源更为丰富，可以提供更高的风电发电量。在具备适宜的风能资源的地区，风电的发展更具优势。因此，风力资源禀赋对于风电项目的选择和布局非常重要。

（7）能源消费强度（EI）。较高的能源消费强度意味着单位产出所需的能源消耗较大。目前，我国的经济发展对于能源消耗较高的传统产业依赖性较强。然而，随着能源和环境问题的日益突出，减少能源消耗强度成了发展的方向。风电作为一种清洁、可再生的能源形式，有助于降低能源消耗强度，促进可持续发展。

（8）碳排放强度（CE）。较高的碳排放强度意味着能源消耗过程中产生的温室气体排放较多。由于风电是一种清洁的能源形式，其发电环节的碳排放强度几乎为零。因此，随着对低碳经济和可持续发展的需求增加，碳排放强度较高的能源形式（如化石燃料）受到限制和替代，进而推动风电的发展。

（9）城市化水平（UR）。随着城市化进程的加速，城市能源需求不断增加。城市化水平的提高通常伴随着对电力的更大需求，包括工业、商业和居民用电。在这种情况下，风电作为一种清洁、可再生的能源形式可以满足城市能源需求的增加，并减少对传统化石燃料电力的依赖。因此，城市化水平的提高为风电发展提供了更广阔的市场和机遇。

（10）电源结构（ES）。在传统的电源结构中，主要依赖化石燃料发电。然而，由于气候变化和环境污染的日益严重，转向清洁、可再生能源成为全球的趋势。在这一背景下，电源结构的转型也为风电产业提供了机遇。如果政府积极推动清洁能源的发展，提供支持性政策和经济激励，风力发电将获得更多机会。

（11）RD 投资（RD）。研发投资对于风电产业的发展至关重要。研发投资可以推动风电技术的创新和改进，提高发电效率、降低成本、增强可靠性和适应性。同时研发投资可以促进风电设备和系统的智能化、数字化和自动化，提升运营和维护效率。此外，研发投资还可以推动风电与能源存储、智能电网等领域的融合，进一步提升风电产业的整体竞争力。因此，加大研发投资对于推动风电技术创新和产业发展具有重要意义。

（12）电力传输设施（PT）。风电场通常位于风能资源丰富的离岸或偏远地区，与主要的电力负荷中心可能存在较远距离。因此，有效的电力传输设施是风电发展的关键因素之一。适当的电力传输设施能够将风电产生的电能高效、稳定地输送给消费者。它们不仅对风电场的建设和运营具有重要意义，还能够促进风电场之间以及风电与其他能源之间的互联互通，进而提高整个电力系统的稳定性和可靠性。

4.2.3 实证分析结果

通过地理探测器中的因子探测器和交互作用探测器，分别计算得到各单因子 q 值和两因子叠加后的 q 值，可以判断分属于 PEE'ST 各类型影响因素对风电发展空间分异的解释程度和作用机理。具体来说，在进行因子探测时，考虑到驱动因子在不同时期和不同区域的作用机理可能存在差异，故分别选取 2005 年、2010 年、2015 年和 2020 年作为代表年份进行检验，同时还划分为东部地区、西部地区以及中部地区和东北地区进行分区域检验，以揭示影响因素的时空作用机制。在进行交互探测时，选取了 2020 年作为代表年份来识别不同驱动因子的交互作用对风电发展空间分异的解释程度，以揭示影响因素的交互作用机制。

4.2.3.1 影响因素的时空驱动机制

（1）时间驱动机制。

图 4.6 展示了不同时期驱动因子探测结果，可以发现驱动因子对 4 个因变量的解释程度存在显著的时间异质性，具体如下。

在创新维度。①人均 GDP（PGDP）、电力传输设施（PT）、能源消费强度（EI）、城市化水平（UR）、电源结构（ES）是风电创新的主要驱动因子①，其在 4 个代表年份对因变量的平均解释程度均在 50%以上，其 q 值均值分别为 0.687、0.556、0.544、0.569、0.548。其中，人均 GDP 对风电创新的解释力度最强，这是因为较高的人均 GDP 通常意味着更多的技术资源和更强的科学技术创新能力，良好的经济发展环境也有助于为风电创新活动提供健康的商业环境和研发动力。近年来，我国人均 GDP 增长率逐渐下降，这也在一定程度上解释了随着时间演变，风电创新能力提升的边际空间逐渐缩小。②比较不同时间维度的因子探测结果可以发现，RD 投入（RD）对风电创新的解释力度一直处于上升趋势，而环境规制（ER）则一直处于下降趋势，这说明在推动风电创新方面，科研创新投入的作用日益重要，而随着风电技术的成熟，许多环境规制所要求的环保标准已经被广泛满足。同时，随着风电产业的发展和政策的逐步完善，许多地区已经建立了相对稳定的政策体系来支持风电发展，故环境规制对风电创新的影响程度越来越弱。

① 在此，对主要驱动因子的定义为：相对驱动其他因子，其 q 值大小排前两位且均大于 0.5。

在投资维度。①碳排放强度（CE）和电源结构（ES）是风电投资的主要驱动因子，其平均 q 值分别为 0.647 和 0.614，其次是绿色金融水平（GF）和风力资源禀赋（WP）。近年来，我国对可持续发展和能源转型的重视不断加强，为降低碳排放满足气候治理相关要求，吸引了越来越多的资金投入绿色清洁的风电项目，以减少碳排放，实现可持续发展。采用火电装机容量来衡量电源结构，是因为火电为高污染高排放产业。为减少对传统电力即火电的依赖，并提高电力能源安全性，有必要推动风电的发展和投资，因此，碳排放强度和电源结构在很大程度上决定了风电投资活动的活跃程度。②比较不同时期的因子探测结果可以发现，经济政策不确定性（EPU）对风电投资的解释力度呈现持续上升趋势，风力资源禀赋（WP）的解释力度较为稳定，电力传输设施（PT）、碳排放强度（CE）和电源结构（ES）在 2010—2015 年对风电投资的解释力度最强，但在 2017 年均有所减弱，说明自然资源禀赋一直是风电投资的重要考量因素，风电投资受经济政策不确定性的影响越来越明显，受电力传输设施（PT）、碳排放强度（CE）和电源结构（ES）的影响越来越弱。其可能的解释是，随着风电产业的逐渐成熟和风电相关配套设施的完善，经济政策的稳定性对于风电项目投资决策的影响程度越来越大。

在生产维度。①电源结构（ES）和电力传输设施（PT）是风电生产的主要驱动因素，其平均解释程度均在 50% 以上，q 值均值分别为 0.767 和 0.607。传统电源占比越高（火电装机容量越高），电力需求往往也越高，在清洁电力要求下，这在一定程度上也会促进风电生产能力的扩张。同时，风力资源通常分布在较为偏远的地区，远离能源消费中心。因此，建设和改善电力传输设施对于将风能有效地输送到消费区域至关重要。②比较不同时期的因子探测结果可以发现，人均 GDP（PGDP）、RD 投入（RD）对风电生产的解释力度均呈连续下降趋势，风力资源禀赋（WP）和能源消费强度（EI）对风电生产的解释力度均呈连续上升趋势，这可能是由于：第一，技术进步和规模效应使得风电能够更加经济高效地被生产，不再严重依赖高人均 GDP 和大量资金投入；第二，随着技术进步，对风力发电效率的要求不断提高，对风速的依赖程度逐渐增加，因此，风力资源禀赋对风电生产的解释力度呈上升趋势；第三，风电作为一种清洁能源形式，具有较低的能源消费强度，能够有效减少能源的浪费和资源的损耗。因此，能源消费强度对风电生产的解释力度呈连续上升趋势。

在消费维度。①电源结构（ES）和人均 GDP（PGDP）是风电消费的主要驱动因子，其平均解释程度均在 50%以上，q 值均值分别为 0.750 和 0.602。一般而言，传统电源结构占比较高的地区往往也是电力需求较高的地区，如山东和江苏，从而在一定程度上带动了风电的消纳。风电是一种可再生能源且具有较低的能源依赖性，故增加风电消费可以减少对传统能源的依赖。此外，人均 GDP 也对风电消费产生重要影响。较高的人均 GDP 意味着人们的生活水平和经济能力较强，能够支持对清洁能源更高的需求和消费。②比较不同时期的因子探测结果可以发现，能源消费强度（EI）和城市化水平（UR）对风电消费的解释力度呈持续增强的趋势，而电力传输设施（PT）、碳排放强度（CE）和电源结构（ES）对风电消费的解释力度则呈持续下降的趋势。这可能是由于随着经济发展和技术进步，能源利用效率通过终端电气化得以提升，城市化水平越高的地方意味着电力需求越高，因此，能源消费强度和城市化水平对风电消费的解释力度逐渐增强。随着风电技术的发展和风电大规模部署，碳排放强度降低，能源安全水平得到改善，电力传输设施的容量和效率得到提升，降低了风电消费的输送成本和不可靠性风险。因此，这些驱动因子对风电消费的解释力度逐渐减弱。

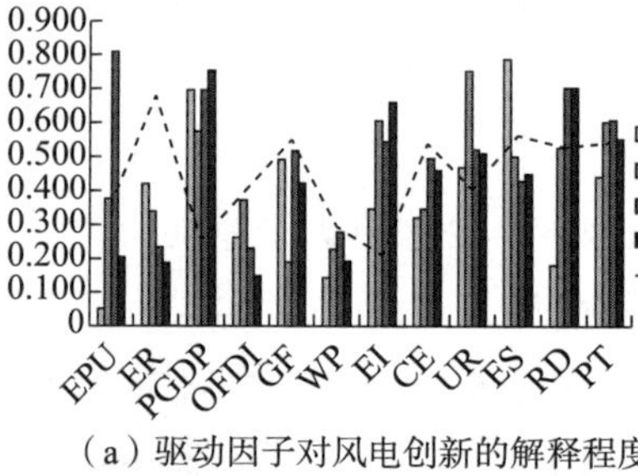

（a）驱动因子对风电创新的解释程度

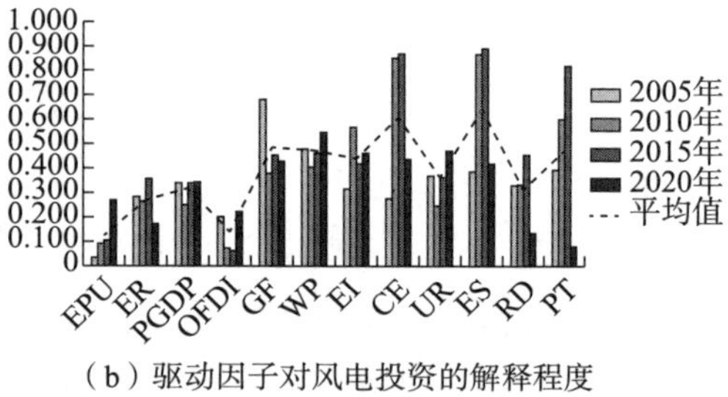

（b）驱动因子对风电投资的解释程度

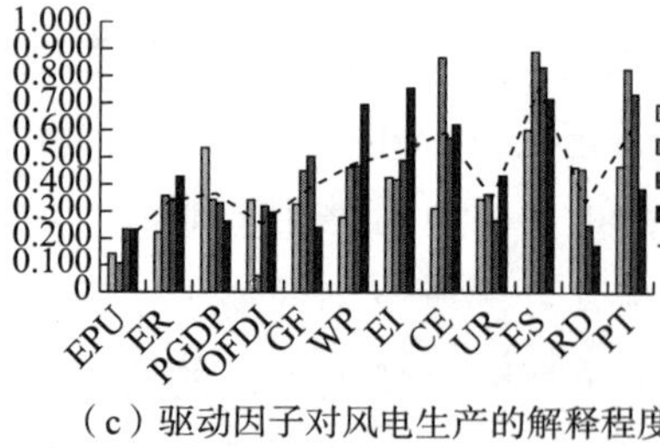

（c）驱动因子对风电生产的解释程度

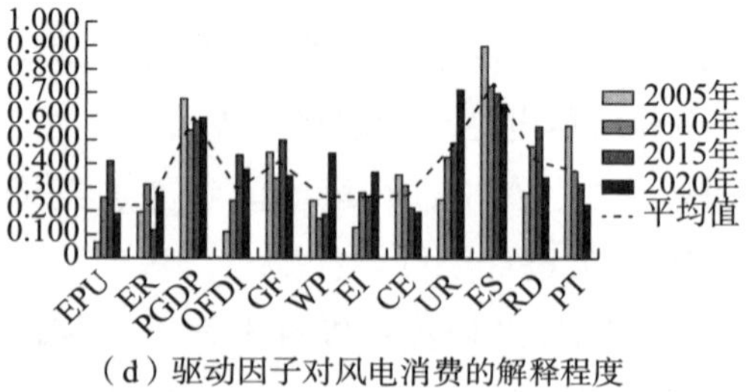

（d）驱动因子对风电消费的解释程度

图 4.6 不同时期驱动因子探测结果

（2）空间驱动机制。

图 4.7 展示了不同区域驱动因子探测结果，将 31 个省份分为三个区域，分别为东部地区、东北和中部地区以及西部地区。分区域来看，东部地区、东北和中部地区以及西部地区风电发展的主要驱动因子存在差异，可以总结为影响因素在不同区域具有不同的作用机制。

在创新维度。①从全国层面来看，风电创新的主要驱动因子为人均 GDP（PGDP）和 RD 投入（RD），说明我国整体的风电创新表现为经济驱动型。经济发达程度越高的地区往往 RD 投入预算越高，对高端人才的吸引力也越强，用以支持风电相关技术创新的研发基础越雄厚，故风电创新能力越强。②从区域层面来看，不同区域的主要驱动因子表现较为一致。其中，东部地区风电创新的主要驱动因子为环境规制（ER）和绿色金融水平（GF），西部地区风电创新的主要驱动因子为电源结构（ES）和环境规制（ER），东北和中部地区风电创新的主要驱动因子为环境规制（ER）和绿色金融水平（GF）。在区域层面，环境规制和绿色金融水平多次出现，说明地方环境规制和绿色金融支持对于风电创新尤为重要。

在投资维度。①从全国层面来看，风电投资的主要驱动因子为风力资源禀赋（WP），其 q 值为 0.552，其他因子的 q 值均小于 0.500，说明风力资源禀赋仍然是影响风电投资的最主要因素。究其原因，风力资源禀赋高的地区往往也在政策支持、发电效率、成本竞争力和地理条件等方面具有优势，故风力资源禀赋主导风电投资决策活动。②从区域层面来看，驱动因子在不同区域的探测结果差异较为显著，说明不同地区的风电投资吸引力具有区域特征依赖。其中，东部地区风电投资的主要驱动因子为城市化水平（UR）和风力资源禀赋（WP），西部地区风电投资的主要驱动因子为风力资源禀赋（WP）和能源消费强度（EI），东北和中部地区风电投资的主要驱动因子为城市化水平（UR）和 RD 投入（RD）。

在生产维度。①从全国层面来看，风电生产的主要驱动因子为能源消费强度（EI）和电源结构（ES），这两项指标均意味着能源结构中对传统能源利用的情况，而风电作为一种清洁能源，二者互为补充，故两项指标的变化会对风电生产具有较强的影响。②从区域层面来看，主要驱动因子表现较为一致，其中，东部地区、东北和中部地区的风电生产的主要驱动因子均为电源结构（ES）和城市化水平（UR），西部地区的主要驱动因子为电源结构

（ES）和能源消费强度（EI）。由此可见，火电装机容量提供了备用能源和稳定电力供应，而能源消费强度和城市化水平则反映了地区对能源的需求，这些因素共同影响着风电生产活动。

在消费维度。①从全国层面来看，风电消费的主要驱动因子为电源结构（ES）和人均 GDP（PGDP），其余驱动因子的 q 值均小于 0.500。这是因为更多的火电装机容量和更高的人均 GDP 往往意味着更多的传统电力供给和更强的电力消费水平。②从区域层面来看，驱动因子的作用表现出较强的空间异质性。其中，东部地区风电消费的主要驱动因子为城市化水平（UR）和人均 GDP（PGDP），西部地区风电消费的主要驱动因子为能源消费强度（EI）和城市化水平（UR），东北和中部地区的主要驱动因子为电源结构（ES）和电力传输设施（PT）。其可能的解释是，在东部地区，城市化水平越高和经济越发达的省份，其电力需求往往也越高，故对风电的消费需求也就越旺盛。在西部地区，能源消费强度越高和城市化水平越高的省份往往具有较高的煤炭资源禀赋，传统重工业较为发达，故其在风电消费方面具有一定的影响力。在东北和中部地区，火电装机容量的增加可以提供稳定的电力供应，而电力传输设施的完善则确保电力能够有效传输到需求区域，其决定了这些省份对外部输入的风电需求水平。

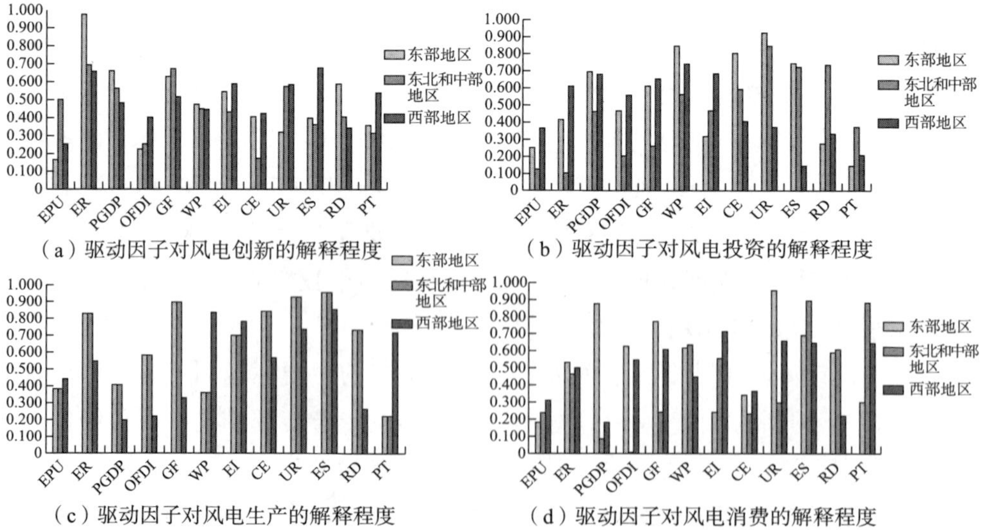

（a）驱动因子对风电创新的解释程度
（b）驱动因子对风电投资的解释程度
（c）驱动因子对风电生产的解释程度
（d）驱动因子对风电消费的解释程度

图 4.7　不同区域驱动因子探测结果

4.2.3.2 影响因素的交互驱动机制

表 4.6 至表 4.9① 展示了驱动因子的交互探测结果，据此可以识别不同驱动因子的交互作用对风电发展各维度的解释力度强弱，有助于进一步理解各影响因素对风电发展复杂交互的作用机制。交互探测结果表明，任意两个驱动因子之间的交互作用呈现出非线性增强或双因子增强，即每个驱动因子对于风电发展各维度的作用机制并不是互相独立的，相反，各驱动因子之间的交互作用会增强其对风电发展的作用机制。通过每一列 q 值的变化可以看出，每一列 q 值随行数增加而增大，即当考虑不同驱动因子之间的相互作用时，风电发展的空间异质性可以在更大程度上得到解释。这也验证了当前风电发展的时空格局特征及其动态演变是政治、经济、环境、技术和社会等多方面因素共同作用的结果。

交互作用探测也传递出了一些风电发展的有益启示。与单一政策相比，多政策互动更能有效促进其高质量发展。在创新环节，绿色金融水平与其他驱动因子的交互作用最为显著，说明绿色金融水平与其他因素的良好互动将会有助于风电创新能力的提升。在投资环节，除经济政策不确定性与电力传输、人均 GDP 与 RD 投入的交互作用不强，其他驱动因子均表现出强烈的交互作用，说明风电投资者在进行投资决策时，有必要综合考虑这些影响因素，权衡政策支持、技术和经济发展等多方面因素，提升风电相关投资决策的科学性。在生产环节，考虑到电力传输与环境规制的交互作用，可以通过加大环境规制促进电网设施升级，提高对可再生能源电力的传输和利用效率。在消费环节，绿色金融水平与城市化水平具有较强的交互作用，说明城市化水平高的省份，应更加积极地发展绿色金融，以提升电力消费端对风电消纳的积极性。

表 4.6 驱动因子对风电创新的交互探测结果

驱动因子	EPU	ER	PGDP	OFDI	GF	WP	EI	CE	UR	ES	RD	PT
EPU	0.208	+	++	+	+	+	++	++	+	++	++	++
ER	0.995	0.190	+	+	+	+	+	+	+	+	+	+

① 表中每一列的数值越大，颜色越深，表明驱动因子交互作用后对因变量的解释程度越强；“+”代表非线性增强，“++”代表双因子增强。

续表

驱动因子	EPU	ER	PGDP	OFDI	GF	WP	EI	CE	UR	ES	RD	PT
PGDP	0.990	0.995	0.762	++	++	++	++	++	++	++	++	++
OFDI	0.786	0.980	0.842	0.152	+	+	++	++	++	+	++	+
GF	0.974	0.986	0.991	0.702	0.426	+	++	+	+	+	++	++
WP	0.754	0.990	0.990	0.979	0.977	0.195	+	+	+	+	++	+
EI	0.811	0.999	0.985	0.777	0.999	0.985	0.666	++	++	++	++	++
CE	0.693	0.997	0.991	0.572	0.999	0.815	0.956	0.466	++	+	++	++
UR	0.797	0.998	0.799	0.662	0.999	0.817	0.820	0.815	0.513	++	++	++
ES	0.703	0.989	0.994	0.836	0.979	0.978	0.978	0.984	0.990	0.454	++	++
RD	0.819	0.997	0.987	0.797	0.994	0.820	0.823	0.767	0.761	0.875	0.710	++
PT	0.790	0.990	0.990	0.967	0.966	0.990	0.991	0.827	0.994	0.984	0.824	0.558

表 4.7　驱动因子对风电投资的交互探测结果

驱动因子	EPU	ER	PGDP	OFDI	GF	WP	EI	CE	UR	ES	RD	PT
EPU	0.269	+	+	+	++	++	+	+	++	+	+	+
ER	0.914	0.173	+	+	+	+	+	+	+	+	+	+
PGDP	0.895	0.752	0.346	++	+	++	+	+	++	++	+	+
OFDI	0.619	0.702	0.569	0.224	+	++	+	+	++	++	+	+
GF	0.736	0.909	0.872	0.775	0.432	++	+	+	+	+	+	+
WP	0.826	0.929	0.800	0.816	0.937	0.552	++	++	++	++	+	+
EI	0.976	0.989	0.884	0.773	0.953	0.920	0.464	++	++	+	+	+
CE	0.865	0.917	0.916	0.894	0.988	0.890	0.804	0.440	++	+	+	+
UR	0.731	0.893	0.711	0.688	0.998	0.818	0.965	0.934	0.477	++	+	+
ES	0.747	0.836	0.802	0.662	0.919	0.849	0.941	0.917	0.772	0.423	+	+
RD	0.765	0.775	0.536	0.695	0.807	0.830	0.965	0.888	0.806	0.631	0.134	+
PT	0.441	0.960	0.922	0.725	0.723	0.925	0.883	0.818	0.748	0.677	0.623	0.081

表 4.8　驱动因子对风电生产的交互探测结果

驱动因子	EPU	ER	PGDP	OFDI	GF	WP	EI	CE	UR	ES	RD	PT
EPU	0.237	+	+	+	+	++	++	+	+	++	+	+
ER	0.977	0.431	+	+	+	++	++	++	+	++	+	+
PGDP	0.993	0.887	0.264	+	+	++	++	++	+	++	+	+
OFDI	0.766	0.910	0.936	0.301	+	++	++	++	+	++	+	+
GF	0.963	0.966	0.972	0.656	0.243	++	++	+	+	++	+	+
WP	0.932	0.960	0.931	0.946	0.880	0.703	++	++	++	++	+	++
EI	0.989	0.965	0.854	0.923	0.974	0.956	0.761	++	++	++	+	++
CE	0.979	0.766	0.927	0.906	0.969	0.983	0.928	0.628	++	++	+	++
UR	0.725	0.980	0.794	0.792	0.994	0.969	0.989	0.982	0.435	++	+	+
ES	0.926	0.943	0.849	0.934	0.956	0.872	0.954	0.945	0.912	0.720	+	++
RD	0.510	0.920	0.899	0.966	0.678	0.973	0.986	0.980	0.890	0.933	0.176	+
PT	0.873	0.998	0.829	0.937	0.734	0.943	0.884	0.978	0.930	0.914	0.899	0.387

表 4.9　驱动因子对风电消费的交互探测结果

驱动因子	EPU	ER	PGDP	OFDI	GF	WP	EI	CE	UR	ES	RD	PT
EPU	0.188	+	+	+	+	+	+	+	++	++	+	+
ER	0.945	0.282	+	+	+	+	+	+	++	++	+	+
PGDP	0.956	0.949	0.598	++	++	++	++	+	++	++	++	+
OFDI	0.850	0.827	0.877	0.380	+	+	+	+	++	++	+	+
GF	0.866	0.861	0.896	0.805	0.353	+	+	+	++	++	+	+
WP	0.865	0.900	0.887	0.874	0.853	0.449	+	+	++	++	+	+
EI	0.911	0.912	0.825	0.827	0.899	0.899	0.366	+	++	++	+	+
CE	0.774	0.805	0.949	0.709	0.933	0.889	0.623	0.196	++	++	+	+
UR	0.877	0.940	0.863	0.921	0.980	0.935	0.953	0.902	0.721	++	++	++
ES	0.844	0.953	0.899	0.828	0.765	0.928	0.845	0.751	0.920	0.655	++	++
RD	0.784	0.924	0.921	0.967	0.827	0.892	0.875	0.754	0.890	0.749	0.344	+
PT	0.759	0.929	0.928	0.767	0.755	0.948	0.923	0.809	0.965	0.801	0.745	0.230

4.3 时空格局演变的形成机制总结

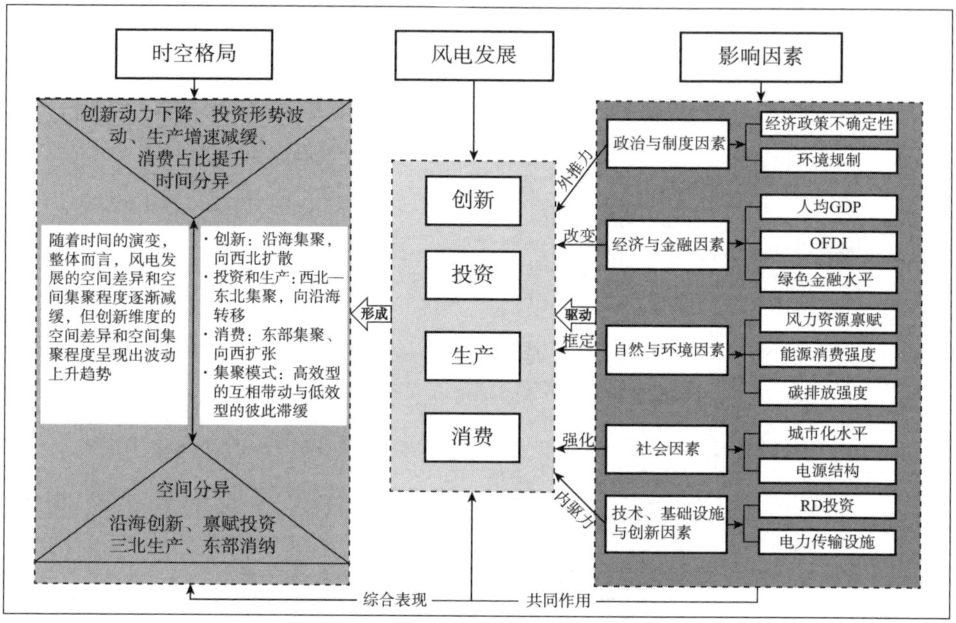

图 4.8　风电发展时空格局的形成机制框架

基于对多维影响因素驱动机制的探测分析，了解到不同影响因素对于风电在创新、投资、生产和消费各维度发展的驱动机制，并进一步揭示出影响因素对风电发展作用机制的时间异质性和空间异质性，为解释风电发展时空格局的形成提供了经验证据和理论基础。下面对其进行分析总结。

首先，风电发展的时空格局是在多种类型因素的共同影响和作用下，逐渐形成的时空范畴上的状态表现。从宏观因素来看，自然与环境因素框定了风电发展时空演化的格局；经济与金融因素和社会因素改变了时空格局的基本形态，并进一步强化了基本格局的不平衡性；政治与制度因素是推动时空格局迁移转变的外生驱动力；技术、基础设施与创新因素是推动时空格局迁移的内生驱动力。从微观因素来看，经济发展水平决定了风电创新的空间集聚特征和时间演变趋势，环境规制决定了风电投资的速度进程，风力资源禀赋决定了风电投资的空间分布格局，能源消费强度和电源结构决定了风电生产的空间分布，电力传输设施决定了风电生产的发展节奏，经济水平和电源结构同时决定了风电消纳的时间演化与空间格局特征。另外，影响因素之间的作用机制呈现交互增强，这进一步增强了风电发展时空格局驱动力的复杂性。

其次，就时间分异而言，（1）在创新维度，人均 GDP 和城市化水平是决定风电创新活动时序演变的主导因素。近年来，人均 GDP 和城市化水平的增长速率有所下降，这在一定程度上解释了风电创新变革速度减缓的趋势。RD 投入对风电创新的影响程度处于增强的状态，而环境规制对风电创新能力的影响处于削弱的状态，创新活动的空间差异和空间集聚程度有所增加与这两个因素的作用机制有关。（2）在投资维度，碳排放强度和电源结构是决定风电投资活动时序演变的主导因素。近年来，风电投资逐渐趋于理性，新增装机的空间差异程度和空间集聚程度呈现“U 形”波动下降的趋势，这可能与碳排放控制和电源结构转型过程中的管理策略变化有关。经济政策不确定性对风电投资的影响越来越强，这可以解释因补贴政策取消导致的风电新增装机迅猛增长而引发的“抢装潮”；风速对于投资的影响程度一直处于较为稳定的状态，说明风速一直是风电新增装机的底层驱动因素。（3）在生产维度，电源结构和电力传输设施是影响风电生产的主导因素。近年来，电源结构向清洁转型、跨区域输电通道的大力建设有助于风电从远距离输送到负荷端，促进风电生产，同时这也是促进风电生产的空间差异和空间集聚程度减小的原因。（4）在消费维度，人均 GDP 和电源结构是影响风电消费能力的主导因素。我国的人均 GDP 和电源结构分布在地域上的差异具有历史性，这在一定程度上解释了风电消费空间分布的空间差异和空间集聚程度一直存在但未发生显著变化。

最后，就空间分异而言，（1）在创新维度，从全国层面来看，人均 GDP 和 RD 投入是决定风电创新空间格局特征的主导因素，经济发展水平越高，创新能力越强，故风电创新呈现出全局正相关特征，同时呈现出以环渤海、长三角和大湾区三个创新集聚区为核心的创新分布格局；从区域层面来看，环境规制和绿色金融水平是影响风电创新的主要因素，这也在一定程度上解释了风电创新的格局有向西北转移扩散的趋势。（2）在投资维度，从全国层面来看，风能资源禀赋是导致风电空间格局特征的主要因素，“三北”地区和沿海省份风力资源丰富，近期大力发展海上风电，决定了风电投资的区位分布，出现了由北部向东南转移的现象。(3) 在生产维度，从全国层面来看，能源消费强度和电源结构是决定风电生产空间格局特征的主导因素，能源消费强度高和对传统电源结构的依赖意味着区域对资源依赖程度较高，同时也是电力清洁转型的重点区域，进而提升了风电生产效率的要求。(4) 在消费维度，从全国层面来看，电源结构和人均 GDP 是影响风电消费空间格局特征的主要因素，电源结构的火电装机容量越高、人均 GDP 越高往往意味着电力需求越高；从区域层面来看，城市化水平和人均 GDP 是东部地区风电消费的主导因素，决定了这些省份主要呈现高高集聚的局部特征。电源结构和电力传输设施是中部地区和东北地区风电消费的主要因素，前者作为风电的受端，后者作为风电的送端，影响着其区位分布特征。能源消费强度和城市化水平是西部地区风电消费的主要因素，随着西部能源结构转型和城市化水平提升，风电消费区位特征有向西扩散的趋势。

综上所述，在风电发展的时空演进过程中，多种因素共同作用、交互增强，塑造了我国当前的风电发展时空格局，这些因素涵盖了经济、技术、政策、地理、社会等多个方面。揭示不同类型影响因素对风电发展时空分异的驱动机制，有助于为风电发展的时序目标优化和空间布局优化提供经验证据与理论依据，进而提升相关决策建模和决策规划的科学性与合理性。

4.4 本章小结

本章研究首先采用元分析方法构建了风电发展的影响因素体系框架，厘清了影响风电创新、投资、生产和消费的政治与制度因素、经济与金融因素、社会因素、自然与环境因素及技术、基础设施与创新因素；其次采用地理探测器方法分析确定了风电发展时空格局的关键影响因素及其作用机制，拓展了风电发展时空格局演变的解释角度；最后基于多维影响因素及其驱动机制的分析结果，揭示了中国风电发展时空格局的形成机制。研究结果深化了对风电发展时空格局驱动力的洞察和理解，从而为风电发展的时空效率提升及其决策优化提供了可靠的理论依据。

本章主要研究发现如下。(1) 识别出不同类型下以及不同维度下风电发展的关键影响因素，例如，在政治与制度类型中，环境监管和经济政策不确定性两个因素的影响程度最强，风电投资受经济政策不确定性的影响最强，风电生产受环境监管的影响最强。（2）厘清了关键影响因素的时空驱动机制以及不同因素间的交互驱动机制，例如，RD 投入是风电创新空间分异的主要驱动因子，且其驱动程度一直处于增强的态势。另外，不同影响因素的交互驱动表现为双向增强或非线性增强，即影响因素间的联合作用机制具有“1+1>2”的效果。（3）风电发展的时空格局是在多种类型因素的共同影响和作用下，逐渐形成的时空范畴上的状态表现。自然与环境因素框定了风电发展时空演化的格局；经济与金融因素和社会因素改变了时空格局的基本形态，并进一步强化了时空格局的不平衡性；政治与制度因素是推动时空格局迁移转变的外推力；技术、基础设施与创新因素是推动时空格局迁移的内驱力。

第 5 章

中国风电发展的时序规模优化模型构建及情景推演

随着能源转型形势愈加复杂和不确定，风电发展的时序节奏既要适度超前、合理安排，又要防止出现长期产能过剩和资源浪费。因此，需要对未来不确定性下风电发展的时序目标进行推演优化。基于技术-社会系统转型理论，本章立足风电全产业链的供应链维度与技术链维度，借助系统动力学方法创新构建风电发展的时序规模优化模型，基于多层次视角框架构建技术驱动、政策驱动以及宏观形势驱动的多种优化情景组合，对 2022—2050 年风电发展经济效益和技术潜力的时序规模进行模拟讨论及情景推演。本章研究以期丰富产业全链路互动下风电发展时序规划的决策建模方法，同时为中国风电发展时序目标规划决策提供科学依据。

5.1 问题描述及建模框架

5.1.1 问题描述

2021 年，国家发展改革委和国家能源局等 9 个部门联合颁布的《“十四五”可再生能源发展规划》对风电部署规模做出了明确要求，即“到 2030 年非化石能源消费占比达到 25%左右，风电和太阳能发电总装机容量达到 12 亿千瓦以上”。在战略规划引领下，随着技术的不断成熟和发电成本的逐渐走低，风电发展将进入扩张发展期。同时，电力市场改革、产业管理机制和激励政策的调整，也为风电发展提供了新的机遇。然而，其也面临着一些挑战，这些挑战除可能来自行业自身发展的规律、技术、资源限制等普遍性问题外，还面临着来自政策演变以及宏观形势变化等外部挑战。例如，技术“卡脖子”问题仍旧存在，风电企业迎来中央财政补贴退坡政策阵痛等。总体而言，在双碳目标背景下，未来我国风电产业具有良好的发展前景，但我们也应该认识到，风电的健康有序发展仍需破除来自技术、政策和外部宏观环境等方面的制约与障碍，合理规划风电开发利用规模，避免产业的无序扩张和无序竞争而导致产能过剩和资源浪费。另外，风电发展节奏及目标规模的合理规划还有助于电力市场环境下投资效益的准确评估，进而降低风电产业的投资风险，提升其投资回报率。

基于第 3 章时空格局演变的研究结果，风电发展在不同维度、不同环节存在时序不协同和空间错位的现象，尤其是风电创新活动活跃度下降严重，空间差异程度有“回升”的趋势。同时，第 4 章形成机制揭示的研究结果也验证了技术、政策以及宏观形势等多方面因素对风电发展时空格局演变存在显著影响。因此，在技术变革、政策演进以及宏观形势变化等背景下，如何合理优化风电发展的时序目标，以适应不断变化的能源需求和市场环境，促进风电产业各环节协同并进发展，成为中国可再生能源领域亟待解决的重要问题。风电发展的经济效益直接决定了其产业的投资吸引力，技术潜力决定了其产业规模的扩张空间。鉴于此，本章研究立足风电全产业链的供应链维度与技术链维度，旨在解决的核心问题是“未来我国风电发展的经济效益和技术潜力的时序规模是怎样的？技术、政策以及宏观形势演变的不确定性如何影响其发展趋势？如何优化其时序路径以促进中国风电实现高质量发展？”

5.1.2　建模框架

系统动力学模型擅长分析社会经济系统中的长期、动态和复杂问题，探索与揭示问题产生的潜在机制并寻求解决问题的关键策略。本章研究基于系统动力学方法构建风电发展的时序规模优化（WP-SD）模型，使得该模型能够与本章研究问题相匹配。具体来说：第一，风电发展受多种因素的影响且各影响因素之间存在非线性依赖关系，使其成为一个复杂的系统；第二，风电产业链上下游主体之间的行为相互影响和制约，各环节之间及各环节内部存在多重因果反馈回路；第三，鉴于技术、政策和宏观形势演化的高度不确定性，面向未来情景的风电发展模拟并不拘泥于细节问题，而是更着重于探讨趋势变化，系统动力学模型可以有针对性地改变系统条件来模拟未来发展情景，进行多个预测方案的对比和评估，更为全面地模拟全产业链视角下风电发展体系的演化过程和动态机制，提供更为科学合理的风电发展优化策略参考。

WP-SD 模型建模框架及流程如图 5-1 所示。具体来说，本章研究基于系统动力学方法构建了风电发展的时序规模优化模型，考虑社会技术转型背景下技术、政策和宏观环境波动的多重不确定性，对风电发展的经济效益和技术潜力进行了情景模拟及推演，探索不同优化情景下风电发展的目标规模和路径优化策略，为中国风电的可持续发展路径构建提供科学的决策支持。

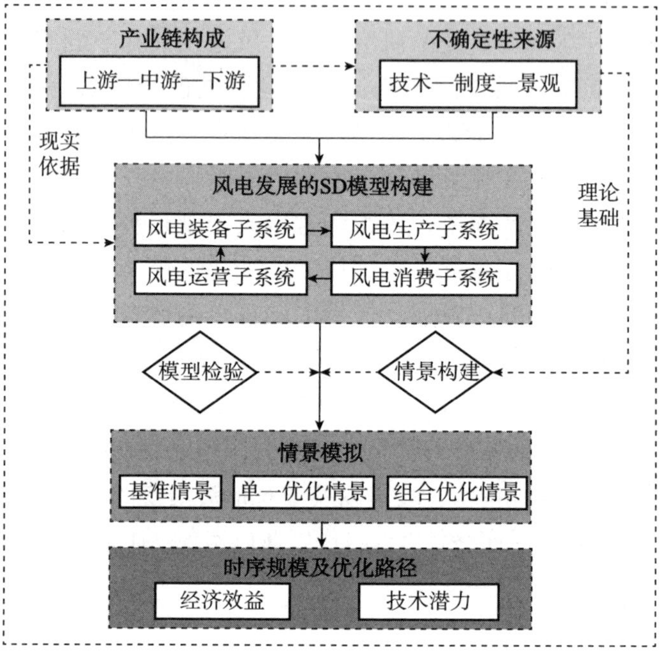

图 5.1　WP-SD 模型建模框架及流程

5.2　风电发展的时序规模优化模型构建

5.2.1　模型边界及假设

明确研究问题并确定系统边界是建立系统动力学模型的首要步骤。问题的大小决定了系统的边界、包含的变量和系统的复杂程度。基于第 2 章对风电全产业链的概念界定，将研究的系统边界确定为风电产业的上游、中游、下游三个主要环节，进而将风电发展系统划分为 4 个子系统，即风电装备子系统、风电生产子系统、风电运营子系统以及风电消费子系统。考虑到风电发展的现实发展背景和数据可得性，将 WP-SD 模型的时间边界设定为 2005—2050

年，其中，2005—2021 年为该模型的试验时间边界，2022—2050 年为该模型的预测时间边界。需要说明的是，2005 年被称为“中国风电元年”，2050 年被众多研究认为是电力系统实现碳中和的时间，故在此将模拟时间区间设置为 2005—2050 年。

为避免模型冗余，难以将所有因素考虑在内，需要对模型进行抽象简化。参考以往文献及前述章节的关键要素，提出以下假设。

（1）同类型企业是一个主体，是理性人，遵循利润最大化原则。具体来说，将风电运营企业视为一个主体，同时，在风电装备子系统中，以风电玻纤企业作为风电原材料企业的代表，以风电叶片企业作为风电零部件企业的代表。原因在于，叶片是风电整机最基础的关键零部件之一，且其在风电整机成本构成中占比较高，比例超 20%。另外，风电叶片的增强材料通常包括玻璃纤维和碳纤维，在当前的生产技术下，玻纤的性价比高于碳纤维，是应用最多的风电叶片增强材料。故在此分别选择风电玻纤企业和风电叶片企业作为风电原材料与风电零部件企业的代表。

（2）相关的价格和成本数据不考虑区域差异，采用行业平均值代替。具体来说，鉴于本章研究重点在于考察风电发展的整体时序规模，故暂不考虑区域差异，并将相关的价格和成本数据用平均值代替。这样做有利于降低数据处理的复杂性，使模型更易于理解和应用。同时，为了确保模型的可靠性和有效性，选择了产业的相关指标数据作为价格和成本等参数的赋值依据，中观层面的产业数据通常是基于整个产业或地区的统计数据，相对于宏观指标和微观数据，其数据范围更加广泛，更具有代表性。这种数据的使用可以在一定程度上弥补因未考虑区域差异而可能导致的数据偏颇。

（3）风电未来投资不受资本时间价值和通货膨胀的显著影响。具体来说，在风电项目投资中，尤其是长期项目，资本的投入和回报通常分散在较长的时间跨度内。然而，风电项目本身具有相对稳定的现金流产生能力，投资回报的时间分布较为均衡，因此资本时间价值的影响较小。另外，虽然长期通货膨胀可能会导致项目成本的增加，但由于风电项目通常是长期投资，其回报期也相对较长。在回报期内，企业可能通过调整电价或其他方式应对通货膨胀带来的成本增加，故在此假设通货膨胀对风电投资的影响可能较小。

（4）按照中长期发展规划设定的社会经济参数假设均能实现。风电产业的发展受经济社会发展等因素的影响，故将其作为变量纳入模型，参考相关战略政策规划、国际权威文献及研究报告对我国经济社会发展趋势进行了推演。

5.2.2 因果关系分析

构造全产业链视角下时序层面中国风电发展系统的因果循环，如图 5.2 所示。具体来说，WP-SD 模型存在以下 3 个主要因果回路。

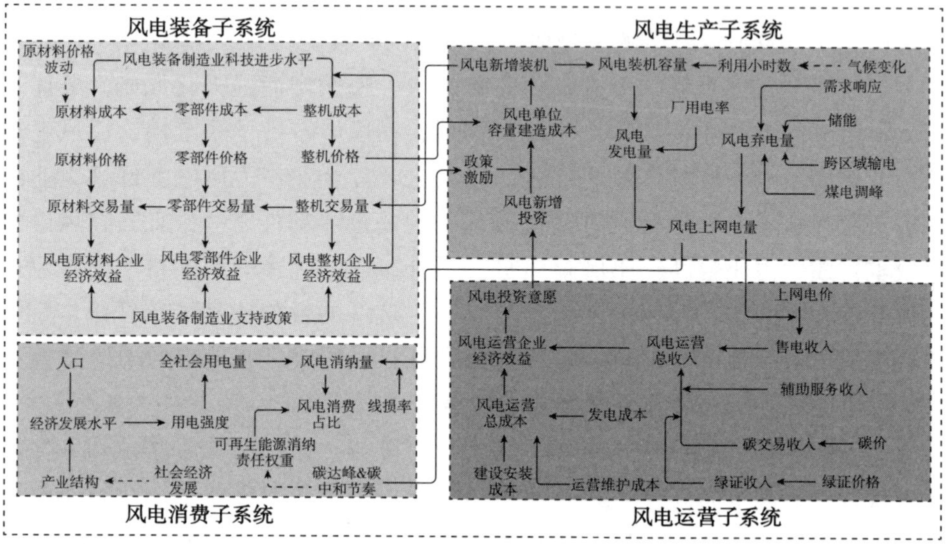

图 5.2 WP-SD 模型的因果关系

（1）技术驱动下的因果回路：技术进步→风电装备制造成本降低 & 风电弃电量降低 & 厂用电率和线损率降低→风电消纳量增加→风电消费占比提升→风电装备制造企业和风电运营企业经济效益提升→风电投资意愿提升→新增装机容量增加→规模效应→技术进步。

（2）政策驱动下的因果回路：风电装备制造业支持政策 & 风电项目建设鼓励政策 & 电力市场化政策 & 风电消纳促进政策→风电装备产业扩张 & 风电装机容量和发电量增加 & 风电消纳量增加→风电装备制造企业和风电运营企业经济效益提升→风电进入市场化发展→减少政策依赖。

（3）宏观形势驱动下的因果回路：原材料价格上涨→风电装备制造成本增加→风电装备制造企业经济效益下降→应对外界波动能力降低；气候变化→风电利用小时数降低→风电发电量减少→风电运营企业经济效益下降→应对外界波动能力降低；人口和经济增速趋缓→风电消纳量减少→风电运营企业经济效益下降→应对外界波动能力降低；能源转型节奏波动→风电投资市场波动→风电扩张秩序紊乱→应对外界波动能力降低。

5.2.3　系统流图构建

基于上述因果关系图，对模型与相关变量做进一步的细化和量化，构建WP-SD模型的存量流量图，如图5-3所示。具体内容如下。

（1）风电装备子系统。在风电装备制造产业链中，叶片是风电整机最基础的关键零部件，是影响风力发电效率的关键因素，而玻纤则是叶片最主要的原材料之一。因此，以玻纤企业、叶片企业以及风电整机企业的累计利润来衡量风电装备制造产业的经济效益。另外，陆上风电和海上风电的机组成本差异较大，故对其进行了区分。

（2）风电生产子系统。在风电生产子系统中，装机容量、发电量、上网电量是衡量风电发展技术潜力的重要指标。装机容量和利用小时数决定了发电量，上网电量由发电量、弃电量和厂用电量共同决定。由于风电具有随机性、波动性和不稳定性特征，需要借助电力灵活性技术降低弃风率，本章研究选取了分布于“源网荷储”端4种类型的灵活性技术代表，即调峰机组、跨区域输电、需求响应调节以及储能。

（3）风电消费子系统。风电消纳量占全社会用电量的比重即风电消费占比，是衡量风电发展技术潜力的另一个重要指标。GDP和人口共同决定了电力消费需求，随着经济社会的不断发展，居民和工业用电需求提升，全社会用电量增加，风电消费需求也会随之提升。

（4）风电运营子系统。采用投资回报率（ROI）这一经济性指标量化风电运营的经济效益情况。ROI由利润和资产总额决定，利润取决于风电运营企业的总收入和总成本。随着电力市场成熟度提升，风电不仅可以参与辅助服务，还可以通过参与绿证市场和碳市场交易获得外部收入。因此，风电运营收入主要包括售电收入、辅助服务收入、碳市场交易和绿证交易收入，成本主要由风电项目的建设安装成本、运维成本以及发电成本共同构成。同时，风电运营的投资回报率又决定了对风电投资的吸引力。随着风电项目经济性提升，投资吸引力增强，风电项目部署加快，从而带动下游的消费需求以及上游的装备制造业发展。

因此，基于上述子系统划分以及各产业链环节的关键变量设定，采用风电装备制造企业即风电玻纤企业、风电叶片企业、风电整机企业的利润和风电运营企业的ROI来衡量风电发展的经济效益，采用风电累计装机容量、发电量以及风电消费占比来衡量风电发展的技术潜力。

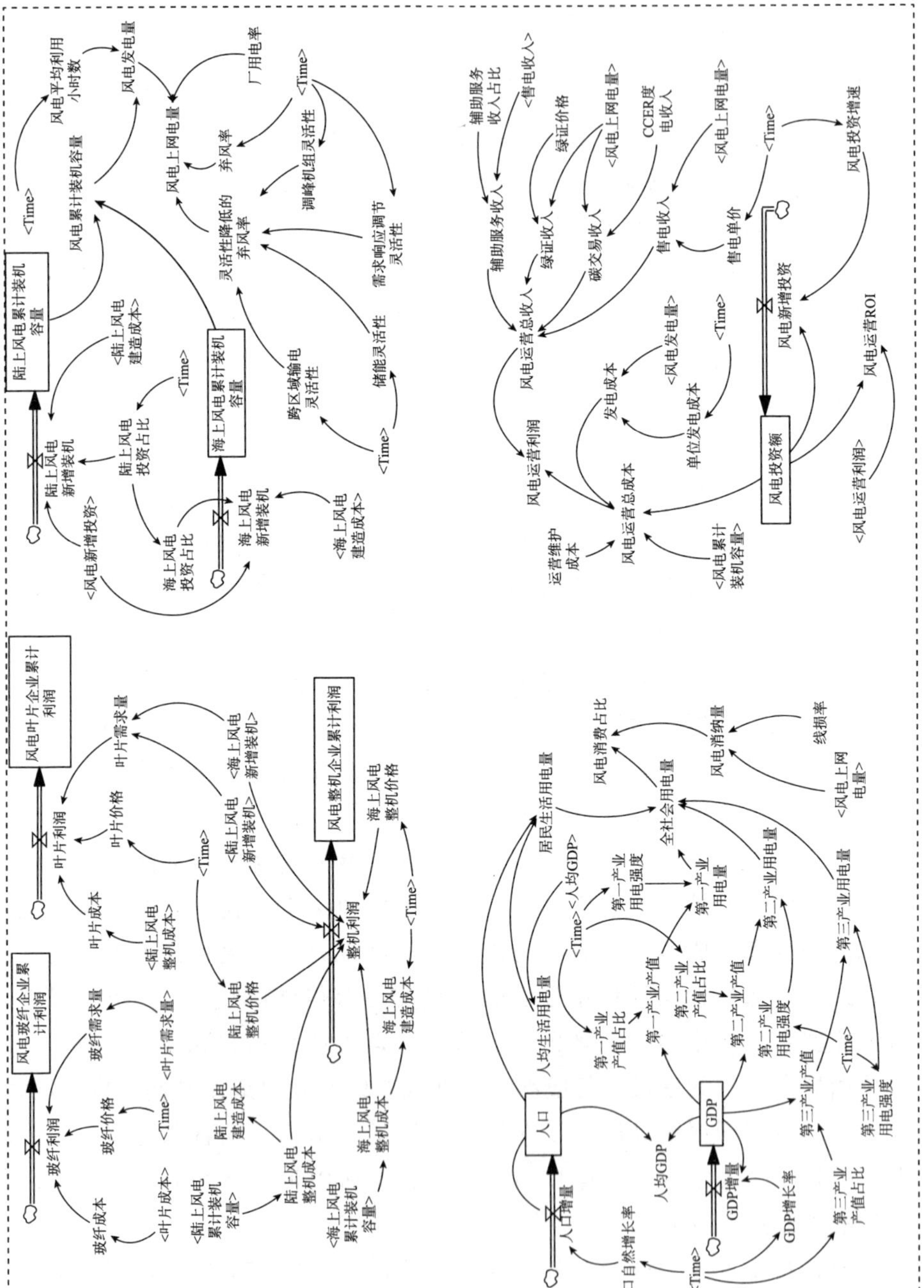

图 5.3　WP-SD 模型的存量流量图

5.3　参数设置及模型检验

5.3.1　变量方程及数据来源

5.3.1.1　模型变量

变量是系统动力学模型的关键组成要素，变量类型包括 4 种，即状态变量（Levels，L）、速率变量（Rates，R）、辅助变量（Auxiliary，A）和常量（Constants，C）。具体来说，L 代表系统中的储存量或累积量，是系统状态的核心部分，如人口总量；R 表示速率变量，代表状态变量之间的交互流动或变化速率，如人口自然增长率；A 表示辅助变量，用于辅助计算或表示模型中的其他关联变量，通常用于表示中间计算结果或模型中的中间步骤；C 表示常量，是模型中固定的参数或初始条件。常量不随时间变化，其值在模型运行期间保持不变，常用于表示模型中的固定参数、初始值、界限或限制条件等。表 5.1 中展示了系统动力学模型各子系统所涉及的变量，并介绍了变量名称、符号、单位及变量类型。总的来说，本章研究构建的 WP-SD 模型共涉及 8 个状态变量、8 个速率变量、50 个辅助变量以及 6 个常量。

表 5.1　WP-SD 模型的变量设计及说明

子系统	变量名称	符号	单位	变量类型
风电装备子系统	玻纤企业利润	$Profit_{fib}$	亿元	L
	叶片企业利润	$Profit_{bla}$	亿元	L
	整机企业利润	$Profit_{tur}$	亿元	L
	玻纤利润	$Profit_{fibgrow}$	亿元	R
	叶片利润	$Profit_{blagrow}$	亿元	R
	整机利润	$Profit_{turgrow}$	亿元	R
	玻纤成本	$Cost_{fib}$	元/吨	A
	叶片成本	$Cost_{bla}$	元/千瓦	A
	陆上风电整机成本	$Cost_{onshoretur}$	元/千瓦	A
	海上风电整机成本	$Cost_{offshoretur}$	元/千瓦	A
	玻纤需求量	$Quantity_{fib}$	吨	A
	叶片需求量	$Quantity_{bla}$	万千瓦	A

续表

子系统	变量名称	符号	单位	变量类型
风电装备子系统	玻纤价格	$Price_{fib}$	元/吨	A
	叶片价格	$Price_{bla}$	元/千瓦	A
	陆上风电整机价格	$Price_{onshoretur}$	元/千瓦	A
	海上风电整机价格	$Price_{offshoretur}$	元/千瓦	A
	陆上风电建造成本	$Cost_{onshore}$	元/千瓦	A
	海上风电建造成本	$Cost_{offshore}$	元/千瓦	A
风电生产子系统	陆上风电累计装机容量	$Capacity_{onshore}$	万千瓦	L
	陆上风电新增装机容量	$Capacity_{onshoregrowth}$	万千瓦	R
	海上风电累计装机容量	$Capacity_{offshore}$	万千瓦	L
	海上风电新增装机容量	$Capacity_{offshoregrowth}$	万千瓦	R
	陆上风电投资占比	$Rate_{onshore}$	—	A
	海上风电投资占比	$Rate_{offshore}$	—	A
	风电累计装机容量	$Capacity_{total}$	万千瓦	A
	风电平均利用小时数	Hour	小时	A
	风电发电量	$Power_{generating}$	亿千瓦时	A
	风电上网电量	$Power_{ongrid}$	亿千瓦时	A
	弃风率	$Power_{curtailment}$	%	A
	灵活性降低的弃风率	$flexibility_{factor}$	%	A
	跨区域输电灵活性	$transmission_{factor}$	—	A
	调峰机组灵活性	$adjustment_{factor}$	—	A
	需求响应调节灵活性	$Demand_{factor}$	—	A
	储能灵活性	$storage_{factor}$	—	A
	厂用电率	$selfuse_{factor}$	%	C
风电消费子系统	人口	$Population_{total}(t)$	亿人	L
	GDP	$Economic_{total}(t)$	亿元	L
	人口增量	$Population_{growth}$	亿人	R
	GDP 增量	$Economic_{growth}$	亿元	R
	人口自然增长率	$Rate_{pop}$	%	A
	GDP 增长率	$Rate_{eco}$	%	A
	人均 GDP	GDP_{per}	元/人	A
	第一/二/三产业产值占比	∂_i	—	A

续表

子系统	变量名称	符号	单位	变量类型
风电消费子系统	第一/二/三产业产值	$Industry_i$	亿元	A
	人均生活用电量	M_{res}	亿千瓦时	A
	第一/二/三产业用电强度	M_i	千瓦时/元	A
	居民生活用电量	$Powerconsump_{res}$	亿千瓦时	A
	第一/二/三产业用电量	$Powerconsump_i$	亿千瓦时	A
	全社会用电量	$Powerconsump_{total}$	亿千瓦时	A
	风电消纳量	$Powerconsump_{wind}$	亿千瓦时	A
	风电消费占比	$wind_{proportion}$	%	A
	线损率	$Lineloss_{factor}$	%	C
风电运营子系统	风电投资额	$Investment_{total}$	亿元	L
	风电新增投资	$Investment_{growth}$	亿元	R
	风电投资增速	$Rate_{investment}$	—	A
	风电运营 ROI	ROI	—	A
	风电运营利润	$Revenue_{net}$	亿元	A
	风电运营总收入	$Revenue_{total}$	亿元	A
	售电收入	$Revenue_{power}$	亿元	A
	绿证收入	$Revenue_{green}$	亿元	A
	碳交易收入	$Revenue_{carbon}$	亿元	A
	辅助服务收入	$Revenue_{ancillary}$	亿元	A
	单位售出价格	$Price_{ongrid}$	元/千瓦时	A
	绿证价格	GCP	元/千瓦时	C
	CCER 度电收入	$CCER$	元/千瓦时	C
	辅助服务收入占比	$Rate_{ancillary}$	—	C
	风电运营总成本	$Cost_{total}$	亿元	A
	发电成本	$Cost_{power}$	亿元	A
	单位发电成本	$Cost_{unitpower}$	元/千瓦时	A
	建造成本	$Cost_{construction}$	亿元	A
	运维成本	$Cost_{OM}$	亿元	A
	单位运维成本	$Cost_{unitOM}$	元/千瓦	C

注：L 表示状态变量，R 表示速率变量，A 表示辅助变量，C 表示常量，—表示单位无量纲。

5.3.1.2 方程设定

方程设定是建立系统动力学模型的关键步骤。在风电发展各子系统存量流量图的基础上（图 5.4 至图 5.7），确定各子系统中的行为关系和初始化条件，构造相关方程式来表示变量之间的函数关系。下面对主要方程的构建依据进行阐述。

（1）风电装备子系统的方程设定。

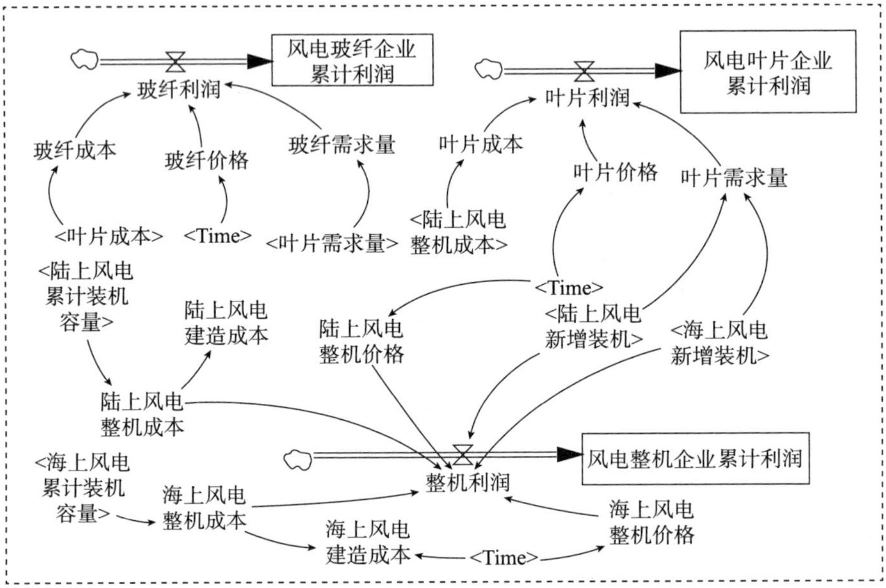

图 5.4　风电装备子系统存量流量图

图 5.4 展示了风电装备子系统的存量流量图。风电装备企业累计利润是重要的 3 个变量，由相应的价格和成本变量决定。其中，玻纤企业利润由玻纤成本、玻纤价格以及玻纤需求量 3 个变量共同决定，如式（5.1）所示；叶片企业利润和整机企业利润同理，如式（5.2）和式（5.3）所示。企业累计利润计算方法如式（5.4）~式（5.6）所示。陆上风机和海上风机的性能具有较大差异，故在整机企业利润构成中对二者的成本和价格做了区分。国际电力网和北极星电力网相关统计数据显示，风电装备制造链条间需求关系的具体情况为：风电整机需求量等于新增装机需求量，叶片需求量等于风电整机需求量，实现 1GW 风电装机需使用玻纤材料 1 万吨。根据行业统计情况和权

威报告，陆上风电建造成本中机组成本约占55%，海上风电建造成本中机组成本约占35%，如式（5.7）和式（5.8）所示。叶片占风电整机成本的20%，根据用量和玻纤价格，可通过叶片成本推算玻纤成本。基于以上统计数据和行业研究报告，设定相关成本和需求量之间的函数关系，价格数据则采用表函数来设定。另外，现有研究显示，风电机组成本符合学习曲线模型所描述的规律，即机组成本会随着装机规模的增长而降低，因此机组成本可以用装机规模的学习曲线函数表示，根据历史数据及回归检验，得到其计算公式，如式（5.9）和式（5.10）所示。

$$Profit_{fib} = 10\hat{}-8 \times (Price_{fib} - Cost_{fib}) \times Quantity_{fib} \tag{5.1}$$

$$Profit_{blagrow} = 10\hat{}-4 \times (Price_{bla} - Cost_{bla}) \times Quantity_{bla} \tag{5.2}$$

$$Profit_{turgrow} = 10\hat{}-4 \times (Price_{onshoretur} - Cost_{onshoretur}) \times Quantity_{onshoretur} + 10\hat{}-4 \times (Price_{offshoretur} - Cost_{offshoretur}) \times Quantity_{offshoretur} \tag{5.3}$$

$$Profit_{fib}(t) = \sum_{t=t_0}^{T} Profit_{fibgrow}(t) + Profit_{fib}(t_0) \tag{5.4}$$

$$Profit_{bla}(t) = \sum_{t=t_0}^{T} Profit_{blagrow}(t) + Profit_{bla}(t_0) \tag{5.5}$$

$$Profit_{tur}(t) = \sum_{t=t_0}^{T} Profit_{turgrow}(t) + Profit_{tur}(t_0) \tag{5.6}$$

$$Cost_{onshore} = Cost_{onshoretur}/55\% \tag{5.7}$$

$$Cost_{offshore} = Cost_{offshoretur}/35\% \tag{5.8}$$

$$Cost_{onshoretur} = 5600 \times (Capacity_{onshore}/100)\hat{}-0.2 \tag{5.9}$$

$$Cost_{offshoretur} = 7333.18 \times (Capacity_{offshore}/100)\hat{}-0.0987 \tag{5.10}$$

（2）风电生产子系统的方程设定。

风电生产子系统存量流量图如图5.5所示。新增和累计装机容量、风电发电量和上网电量等是构成风电生产子系统的关键变量。风电新增装机容量由风电新增投资和单位建造成本决定，如式（5.11）和式（5.12）所示。式（5.13）~式（5.15）展示了风电累计装机容量计算方式，其为陆上风电与海上风电累计装机容量之和。风电累计装机容量乘以风电平均利用小时数得到风电发电量，如式（5.16）所示。风电发电量减去弃风量和厂用电量得到风电上网电量，提升灵活性可以降低弃风率，此处考虑了“源网荷储”协同发展的灵活性，即跨区域输电灵活性、储能灵活性、调峰机组灵活性以及需求响应调节灵活性，如式（5.17）和式（5.18）所示。

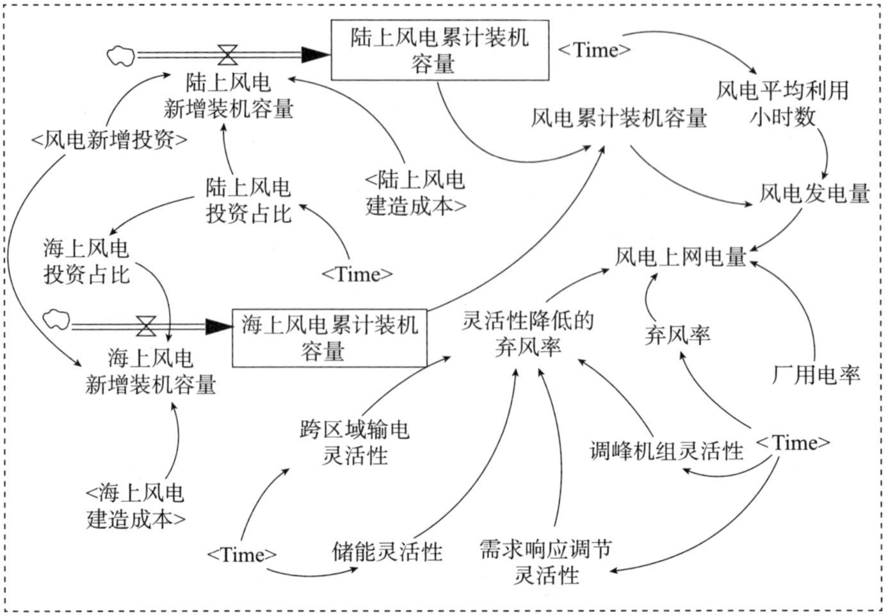

图 5.5 风电生产子系统存量流量图

$$Capacity_{onshoregrowth} = 10\hat{}-4\times(Investment\times Prop_{onshore})/Cost_{onshore} \tag{5.11}$$

$$Capacity_{offshoregrowth} = 10\hat{}-4\times(Investment\times Prop_{offshore})/Cost_{offshore} \tag{5.12}$$

$$Capacity_{onshore}(t) = \sum_{t=t_0}^{T} Capacity_{onshoregrowth}(t) + Capacity_{onshore}(t_0) \tag{5.13}$$

$$Capacity_{offshore}(t) = \sum_{t=t_0}^{T} Capacity_{offshoregrowth}(t) + Capacity_{offshore}(t_0) \tag{5.14}$$

$$Capacity_{total}(t) = Capacity_{onshore}(t) + Capacity_{offshore}(t) \tag{5.15}$$

$$Power_{generating} = 10\hat{}-4\times Capacity_{total}\times Hour \tag{5.16}$$

$$Power_{ongrid} = Power_{generating}\times(1-curtailment_{factor}-selfuse_{factor}+flexibility_{factor}) \tag{5.17}$$

$$flexibility_{factor} = adjustment_{factor}+transmission_{factor}+Demand_{factor}+storage_{factor} \tag{5.18}$$

（3）风电消费子系统的方程设定。

全社会用电量受人口增长、经济发展、产业结构以及用电强度等变量的影响。同时，电力消费需求增长也会带动风电需求。如图 5.6 所示，在风电消费子系统中，包括人口、GDP、全社会用电量以及风电消纳量等关键变量。其中，人口由初始人口和人口增量累计得到，人口增量为人口总量与人口自然增长率的乘积，计算方式如式（5.19）和式（5.20）所示；GDP 的计算方式同理，如式（5.21）和（5.22）所示。全社会用电量可分为工业用电量和居民用电量，居民用电量由人均生活用电量和人口共同决定，人均生活用电量由人均 GDP 统计回归得到。工业用电量由第一产业、第二产业和第三产业用电量共同组成，第一产业用电量由第一产业产值占比乘以第一产业用电强度得到，第二产业和第三产业用电量同理，如式（5.23）~式（5.26）所示。风电消纳量由风电上网电量减去线损电量得到，风电消纳量除以全社会用电量得到风电消费占比，如式（5.27）~式（5.29）所示。

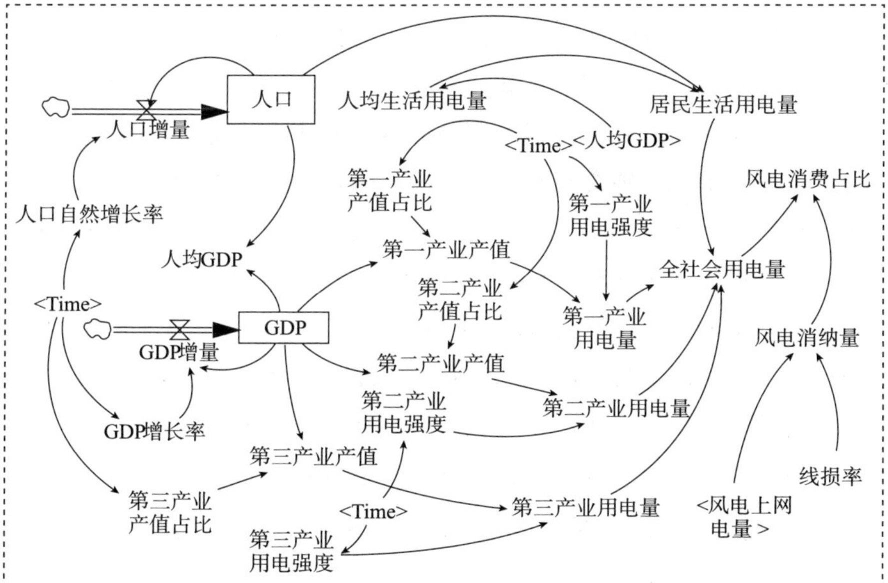

图 5.6　风电消费子系统存量流量图

$$Population_{total}(t) = \sum_{t=t_0}^{T} Population_{growth}(t) + Population_{total}(t_0) \quad (5.19)$$

$$Population_{growth} = Population_{total} \times Rate_{pop} \quad (5.20)$$

$$Economic_{total}(t) = \sum_{t=t_0}^{T} Economic_{growth}(t) + Economic_{total}(t_0) \quad (5.21)$$

$$Economic_{growth}=Econommic_{total}\times Rate_{eco} \tag{5.22}$$

$$Industr\ y_i=Econommic_{total}\times\partial_i,\quad i=1,\ 2,\ 3 \tag{5.23}$$

$$Powerconsump_i=M_i\times Industr\ y_i,\quad i=1,\ 2,\ 3 \tag{5.24}$$

$$Powerconsump_{res}=M_{res}\times Population_{total} \tag{5.25}$$

$$M_{res}=0.009\times GDP_{per}+76.04 \tag{5.26}$$

$$Powerconsump_{total}=\sum_{i=1}^{3}Powerconsump_i+Powerconsump_{res} \tag{5.27}$$

$$Powerconsump_{wind}=(1-Lineloss_{factor})\times Power_{ongrid} \tag{5.28}$$

$$wind_{proportion}=Powerconsump_{wind}/Powerconsump_{total} \tag{5.29}$$

（4）风电运营子系统的方程设定。

风电运营子系统的存量流量图如图 5.7 所示。在此子系统中，采用风电 ROI 衡量风电经济性，由风电运营净利润和风电平均投资额共同决定，风电运营的净利润为总收入减去总成本，其计算方式如式（5.30）所示。风电未来装机容量的增长由风电新增投资驱动，风电投资增速决定了风电新增投资和投资额，如式（5.31）~式（5.33）所示。风电运营总收入包括售电收入、碳交易收入、绿证收入和电力辅助服务收入，其中，售电收入为单位售出电价和上网电量的乘积，碳交易收入为 CCER 价格和上网电量的乘积，绿证收入为绿证价格与上网电量的乘积，电力辅助服务收入为电力辅助服务占比与售电收入的乘积，如式（5.34）~式（5.38）所示。运营成本包括建造成本、发电成本和运维成本，建造成本按照风电累计投资额按年均 3%折算，发电成本为风电单位发电成本与发电量的乘积，运维成本为单位容量运维成本与需维护机组容量的乘积，其计算方式如式（5.39）~式（5.41）所示。

$$ROI=(Revenue_{total}-Cost_{total})/Investment_{average} \tag{5.30}$$

$$Investment_{total}(t)=\sum_{t=t_0}^{T}Investment_{growth}(t)+Investment_{total}(t_0) \tag{5.31}$$

$$Investment_{average}=Investment_{total}(t)\times 3\% \tag{5.32}$$

$$Investment_{growth}=Rate_{investment}\times Investment_{total} \tag{5.33}$$

$$Revenue_{total}=Revenue_{power}+Revenue_{carbon}+Revenue_{green}+Revenue_{ancillary} \tag{5.34}$$

$$Revenue_{power}=Price_{ongrid}\times Power_{ongrid} \tag{5.35}$$

$$Revenue_{ancillary}=5\%\times Revenue_{power} \tag{5.36}$$

$$Revenue_{green}=GCP\times Power_{ongrid} \tag{5.37}$$

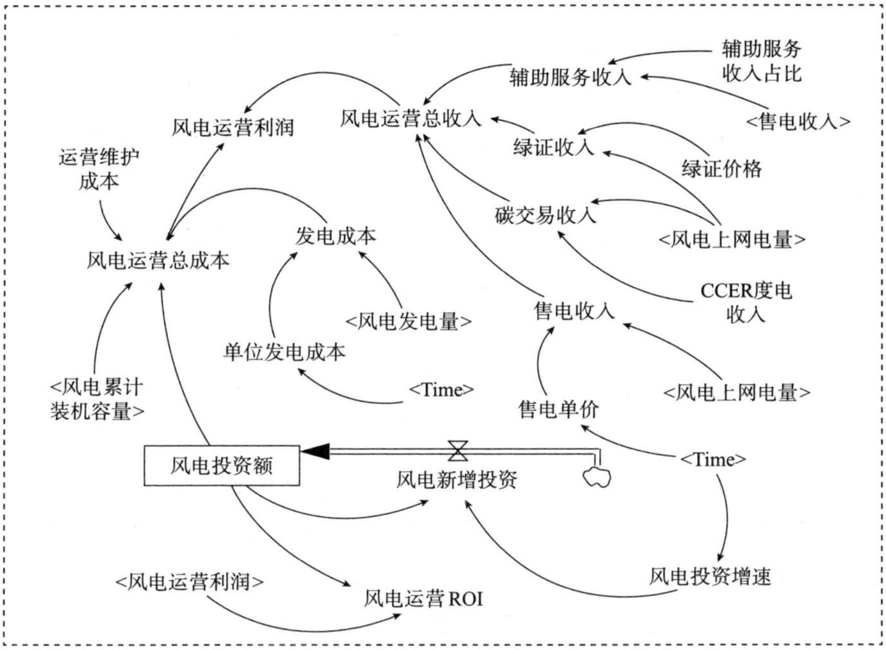

图 5.7　风电运营子系统存量流量图

$$Revenue_{carbon} = CCER \times Power_{ongrid} \tag{5.38}$$

$$Cost_{total} = Cost_{power} + Cost_{OM} + Cost_{construction} \tag{5.39}$$

$$Cost_{power} = Cost_{unitpower} \times Power_{generating} \tag{5.40}$$

$$Cost_{OM} = 10\hat{}-4 \times Cost_{unitOM} \times 15\% \times Capacity_{total}(t) \tag{5.41}$$

5.3.1.3　相关数据来源及参数设定

模型中变量的数据主要来自《中国统计年鉴》（2005—2021），《电力工业统计年鉴》（2005—2021）、Wind 数据库、国家能源局（http：//www. nea. gov. cn/）、国家统计局（http：//www. stats. gov. cn/）、中国电力企业联合会（CEC，https：//www. cec. org. cn/）、全球风能协会（GWEC，https：//gwec. net/）、风能专委会（CWEA，http：//www. cwea. org. cn/）、国际可再生能源委员会（IRENA，https：//www. irena. org/）、未来智库行业研究报告（https：//www. vzkoo. com/），以及风电装备制造相关的企业公开年报、中国绿色电力证书认购交易平台（http：//www. greenenergy. org. cn/）和碳排放交易等交易平台、中国减排量认证平台（https：//www. ccer. com. cn/）的公开数据。

对于参数的设定，主要采用算术平均法、统计回归法、趋势外推法、政策文件及相关学术文献的引用，基准参数设置及其数据来源展示在表 5. 4 中。

（1）算术平均法。算数平均法，是指利用历史数据的平均值对参数进行赋值，采用此方法确定的参数主要包括：线损率、厂用电率、辅助服务收入占比、单位运维成本、绿证价格、CCER 度电收入等。

（2）统计回归法。根据变量的属性和函数关系，借助 SPSS 软件进行回归确定参数，采用此方法确定的参数主要包括：平均利用小时数（以年份减去初始年取对数为自变量）、人均生活用电量（以人均 GDP 为自变量）、陆上风电和海上风电的整机成本（以装机规模为自变量的学习曲线模型）。

（3）趋势外推法。表函数的设定主要采用趋势外推法。以人口为例，历史数据（2005—2022 年）来源于相关的统计年鉴，未来的数据（2023—2050 年）参考国内外机构的权威预测结果并做小幅度修正，设定我国 2025 年、2030 年、2040 年、2050 年的人口总数分别为 14. 1672 亿、14. 1927 亿、13. 9869 亿、13. 4918 亿，以此来平均设定人口自然增长率。同样采用此方法设定的变量还包括：GDP 增长率、玻纤价格、叶片价格和整机价格、第一/二/三产业用电强度和产值占比、弃风率。

（4）政策文件及相关学术文献的引用。分段函数的参数设置主要参考相关文献和政策文件。以灵活性资源为例，《“十四五”现代能源体系规划》中提到 2050 年，灵活调节电源占比达到 24%左右，电力需求响应能力达到最大用电负荷的 3%~5%，以此平均推算 2030 年、2040 年和 2050 年的参数。采用此方法确定的参数主要包括：跨区域输电灵活性、需求响应调节灵活性、储能灵活性、调峰机组灵活性、陆上风电投资占比等。

5. 3. 2 模型检验

为了确保构建的模型能够科学合理地量化变量之间的关系，需要对 WP-SD 模型的合理性和有效性进行检验。该检验通常包括直接检验、运行检验和历史检验。

（1）直接检验是指模型结构及其因果反馈机制的合理性，故直接检验贯穿系统因果回路图和存量流量图构建的全过程。据此，通过对我国风电发展的系统因果回路和存量流量的分析构建，能够较好地反映关键要素的反馈机制，并对重要变量和参数进行完整界定。总的来说，模型具有良好的实际意义。

（2）运行检验是指对模型运行的正确性和量纲的一致性进行测试，模型运行借助 Vensim PLE 8.2.1 软件完成，通过“模型检验”（Model Check）和“单位检验”（Units Check）功能模块对构建的 SD 模型进行检验，模型能够正常运行，重要变量未遗漏且量纲一致。

（3）历史检验是指通过历史数据验证动态系统行为的真实性。选取系统内的关键变量，以 2005—2021 年的模拟数据（$Forcast_t$）和历史数据（$Actual_t$）进行比较并判断其误差，以此作为模型真实性检验的依据。参考以往文献的做法，选取 3 个典型的历史检验指标——平均绝对百分比误差（$MAPE$）、决定系数（R^2）和差异系数（U_0），其计算公式如式（5.42）~式（5.44）所示。

$$MAPE = \frac{1}{n}\sum \frac{|Actual_t - Forecast_t|}{Actual_t} \tag{5.42}$$

$$R^2 = \left(\frac{Cov(Forecast_t - Actual_t)}{\sigma Forecast_t \times \sigma Actual_t}\right)^2 \tag{5.43}$$

$$U_0 = \frac{\sqrt{\sum (Forecast_t - Actual_t)^2}}{\sqrt{\sum Forecast_t^2} + \sqrt{\sum Actual_t^2}} \tag{5.44}$$

$MAPE$ 是一种用于评估预测模型精度的指标，用来测量预测值与实际观测值之间的误差程度，并以百分比表示。$MAPE$ 的值越小，表明模拟值与实际值的偏差越小，其取值范围一般为 0~10%。R^2 是一种用于评估模型拟合程度的指标，反映模型解释因变量方差的比例，取值范围从 0 到 1。决定系数的值越接近 1，说明模型越能够较好地解释观测数据的变异，拟合程度越高。如果决定系数接近 0，则说明模型无法很好地拟合观测数据。U_0 是模型通过所有测试和评估程序后最好的“总结和报告工具”，用于衡量数据变异程度的指标，其系数范围从 0（表示良好的预测）到 1（表示较差的预测）。这 3 个指标的作用可互相补充，其综合运用可以更为全面地评估模型的真实性、准确性和拟合程度，从而作为模型是否需要进一步调整和优化的依据。

在本章研究中，选择了 4 个关键变量来验证模型的准确性，分别为风电累计装机容量、风电发电量、全社会用电量和风电新增投资，这些变量的模拟值和真实值及其相对误差的绝对值（ARE）如表 5.5 所示，3 个检验指标的检验结果展示如表 5.2 所示。可以看出，风电累计装机容量、风电发电量、全社会用电量和风电新增投资的 *MAPE* 均处于 10%以内，R^2 均在 0.99 左右，而 U_0 则从 0.029 到 0.039 不等，这些指标值验证了 WP-SD 模型的拟合性能在合理的范围标准内。

另外，针对表 5.5 中部分模拟值与真实值的 ARE 大于 10%这一结果，需要说明的是，由于系统动力学模型的本质目的不是对系统变量进行准确预测（预测研究领域中的点预测），而是探讨未来发展的时间序列走向（趋势预测）。在此，高 ARE 值（高于 10%的值）可能源于模型结构、参数或输入的不确定性，例如，模型假设未能捕捉到的不可预见的政策冲击或意外事件等。进一步来说，本章研究构建的 WP-SD 模型的主要目标是理解关键变量的动态发展和演变模式，而不是为其提供精确的数值预测。

综上所述，基于多个检验方法和多个检验指标，本章研究构建的 WP-SD 模型能较好地“复现”真实系统，可以用来模拟未来不同情景下我国风电发展的时序规模及发展趋势。

表 5.2　历史检验指标

变量	*MAPE*	R^2	U_0
风电累计装机容量	7.07%	0.9928	0.0300
风电发电量	7.23%	0.9991	0.0388
全社会用电量	4.50%	0.9908	0.0289
风电新增投资	7.05%	0.9985	0.0363

5.4　情景设置

风电的大规模发展伴随着能源转型，而能源转型本身是一种多维、非线性、复杂的长期结构性演变，其进程伴随着技术、经济、环境、社会和政治等多个系统的不确定性。不可避免地，风电发展也须涉及对未来技术、政策和经济社会变革的不确定性考虑。未来风电发展面临来自技术、政策和宏观环境波动多重不确定性因素，影响着我国风电发展的走向。具体来说，微观层面的技术利基如风电装备制造技术和电力灵活性技术等是风电发展的内在驱动力，中观层面的制度和政策的不稳定为技术创新提供了机会之窗，社会经济发展和气候变化等景观形势对风电发展产生压力，从而引发制度变革、加速技术创新。

在厘清技术进步、政策演化和宏观环境波动多重不确定性基础上，构建风电发展可能面临的优化情景。情景构建通常包括基准情景（BAU）和比较情景两大类。BAU 是基于中国风电当前的发展时序格局构建的，其参数设置参考当前的政府发展规划以及权威研究报告、专家意见设定。比较情景是相较于 BAU 而言的，考虑到官方规划之外的因素或其他关键不确定性因素的发展可能对系统的影响，并根据不同情景的内容和逻辑在 BAU 的基础上来设定或改变系统参数，以实现不同情景下风电发展的优化模拟。根据不同的技术政策情况和宏观形势发展，构建得到 1 个 BAU，3 个情景和 4 个组合优化情景，即①BAU，②技术进步（TC）情景，③政策演化（PE）情景，④宏观环境波动（LF）情景，⑤技术进步+政策演化（TC-PE）情景，⑥技术进步+宏观环境波动（TC-LF）情景，⑦政策演化+宏观环境波动（PE-LF）情景，⑧技术进步+政策演化+宏观环境波动（TC-PE-LF）情景，表 5.3 和表 5.6 分别介绍了相应的参数设置和情景构建的依据。

表 5.3　WP-SD 模型的情景描述及情景参数

情景类型	情景名称及代码	情景说明		参数设置
	BAU	基于中国风电当前的发展时序格局		见表 5.4
单一优化情景	技术进步（TC）情景	上游	风电装备制造技术进步	陆上/海上风电整机生产的学习率分别提升至 16%和 9%
		中游	风力发电技术进步	2050 年单位发电成本下调为 0.1 元/千瓦时，厂用电率降至 1.5%
		下游	电力输送技术进步	线损率下降至 3%，跨区域输电灵活性和调峰机组灵活性分别提升 5%
			储能技术进步	储能灵活性提升 5%
			需求响应技术进步	需求响应灵活性提升 5%

续表

情景类型	情景名称及代码	情景说明		参数设置
	BAU	基于中国风电当前的发展时序格局		见表 5.4
单一优化情景	政策演化（PE）情景	上游	风电装备产业支持政策	玻纤价格、叶片价格和整机价格以2.5%的速度下降
		中游	风电项目建设支持政策	陆上/海上风电整机成本占建造成本的比例下降至65%/45%；海上风电投资占比在2020年以后增加10%，在2040年后增加5%，在2050年后增加3%
			电力市场化建设政策	绿证价格提升为0.06元/千瓦时，CCER度电收入提升为0.035元/千瓦时，辅助服务收入占比提升至6%
		下游	可再生能源消纳政策	第一/二/三产业用电强度以10%的速率降低
	宏观环境波动（LF）情景	上游	材料价格波动	玻纤成本占叶片成本的比例提升为32%，叶片成本占整机成本的比例为30%
		中游	气候变化、能源转型力度加大	2050年风电平均利用小时数下降至2565小时；风电投资增速增加10%
		下游	经济波动、人口变化	GDP增长率在2030年为4.5%，2040年为2.5%，2050年为1.8%；人口自然增长率在2030年为-0.36%，2040年为-0.537%，2050年为-0.92%
组合优化情景	TC-PE 情景	上述单一情景的组合		单一情景相应的参数组合
	TC-LF 情景			
	PE-LF 情景			
	TC-PE-LF 情景			

表 5.4　WP-SD 模型的基准参数设置

变量名称	参数值	设定依据及数据来源
玻纤企业利润	IT = 1	《2005 年中国玻纤行业研究报告》（https：//www. charcoln. com）中指出，2005 年整体玻纤行业利润为 19. 5 亿元。根据当年玻纤在风电产业中的应用比例（0. 5%）推算 2005 年风电玻纤企业的利润为 1 亿元
叶片企业利润	IT = 17	数据来自《2009 年中国风机叶片行业市场分析及投资咨询报告》（https：//www. icandata. com/）
整机企业利润	IT = 35	数据来自《风电设备行业专题报告》（https：//www. vzkoo. com/）
陆上风电整机成本	$Cost_{oshoretur} = 5600 \times Capacity_{onshore}^{-0.2}$	统计回归法：参考王恰等的研究，构建学习曲线模型，以陆上风电装机容量为自变量，以陆上风电整机成本为因变量进行回归，计算出进步率为 87%，学习率为 13%
海上风电整机成本	$Cost_{offshoretur} = 7333.18 \times Capacity_{offshore}^{-0.0987}$	统计回归法：参考王恰等的研究，构建学习曲线模型，以海上风电装机容量为自变量，以海上风电整机成本为因变量进行回归，计算出进步率为 93%，学习率为 7%
玻纤价格	[6251，4365，2614，1565]	表函数：历史值来自中国巨石和泰山玻纤的玻纤产品历年销售价格（公开数据）的平均值，外推值按照上一年价格 5% 的比例递减推算得到
叶片价格	[578，404，300，285]	表函数：历史值来自中材科技公司年报中公开的历年叶片销售价格，外推值按照上一年价格 5% 的比例递减推算得到
陆上风电整机价格	[2900，1600，1500，1300]	表函数：历史值来自 GWEC 发布的《全球风能报告 2022》（https：//gwec. net/global-wind-report-2022/），外推值按照 IRENA 对 2030 年、2040 年、2050 年陆上风电整机价格预测数据进行设定，其余年份据此平均推算
海上风电整机价格	[6500，6000，4600，4000]	表函数：历史值来自 GWEC 发布的《全球风能报告 2022》（https：//gwec. net/global-wind-report-2022/），外推值按照 IRENA 对 2030 年、2040 年、2050 年海上风电整机价格预测数据进行设定，其余年份据此平均推算得到

续表

变量名称	参数值	设定依据及数据来源
陆上风电累计装机	IT = 104.5	数据来自 IRENA 数据库（https：//www.irena.org/Data）
海上风电累计装机	IT = 1.5	数据来自 IRENA 数据库（https：//www.irena.org/Data）
陆上风电投资占比	（2007：1，2015：0.95，2020：0.8，2030：0.3，2040：0.1，2050：0.05）	分段函数：历史值根据陆上风电和海上风电的装机比例推算得到，外推值根据国家发展改革委能源研究所发布的《中国风电发展路线图 2050》投资规模数据和全球能源互联网发展合作组织发布的《中国 2030 年能源电力发展规划研究及 2060 年展望》中风电装机规划数据推算得到
风电平均利用小时数	[2330，2550，2650，2850]	表函数：历史值来自国家能源局公开数据，外推值根据 Beiter 等设定 2050 年利用小时数为 2850 小时（相比 2021 年提升 25%），其余年份平均推算得到
弃风率	[0.03，0.028，0.026，0.02]	表函数：历史值来自国家能源局，外推值根据专家咨询和参考 Xu 等对 2030 年、2040 年、2050 年弃风率预测数据进行设定，其余年份据此平均推算得到
跨区域输电灵活性	（2010：0.06，2020：0.007，2030：0.008，2040：0.01，2050：0.015）	分段函数：根据国网能源研究院有限公司发布的《中国能源电力发展展望 2020》中预测的跨区域输电量与发电量的比值设定
调峰机组灵活性	（2010：0.0008，2020：0.001，2030：0.004，2040：0.006，2050：0.009）	分段函数：根据中电联发布的《煤电机组灵活性运行政策研究》报告和国家电网公开的煤电机组灵活性改造容量数据综合设定
需求响应调节灵活性	（2020：0，2030：0.006，2040：0.006，2050：0.015）	分段函数：根据国网能源研究院有限公司发布的《中国能源电力发展展望 2020》中预测的需求响应容量与装机容量的比值设定
储能灵活性	（2020：0，2030：0.007，2040：0.002，2050：0.025）	分段函数：根据国网能源研究院有限公司发布的《中国能源电力发展展望 2020》中预测的储能容量与装机容量的比值设定

续表

变量名称	参数值	设定依据及数据来源
厂用电率	0.025	根据历史数据的算术平均值设定，历史数据来自国家能源局公开数据
人口	IT=13.0756	《中国统计年鉴》
GDP	IT=187319	《中国统计年鉴》
人口自然增长率	[0.00052，-0.00038，-0.0021，-0.00496]	表函数：历史值来自《中国统计年鉴》，外推值参照国务院印发的《国家人口发展规划（2016—2030年）》和国家信息中心发布的《中国经济社会发展的中长期目标、战略与路径》报告中的数据进行综合修正设定，2030/2040/2050 年人口自然增长率数据分别为-0.00038/-0.0021/-0.00496
GDP 增长率	[0.008，0.05，0.03，0.02]	表函数：历史值来自《中国统计年鉴》，外推值设定参考 Xu 等和国家信息中心发布的《中国经济社会发展的中长期目标、战略与路径》报告进行综合修正设定，2030/2040/2050 年 GDP 增长率数据分别为 0.05/0.03/0.02，其余年份据此平均推算得到
第一/二/三产业产值占比	[0.067/0.376/0.5456，0.004/0.3/0.6406，0.04/0.2509/0.7091，0.025/0.2/0.775]	表函数：历史值数据来自国家统计局，外推值参考 Xu 等和国家信息中心发布的《中国经济社会发展的中长期目标、战略与路径》报告进行综合修正设定，设定 2050 年第一/二/三产业产值占比分别为 0.025/0.200/0.775，其余年份据此平均推算得到
第一/二/三产业用电强度	[0.0121/0.1225/0.0228，0.0113/0.1156/0.0208，0.0099/0.1057/0.0179，0.0083/0.0958/0.015]	表函数：历史值以第一/二/三产业用电量除以第一/二/三产业产值计算得到，用电量数据和产业产值数据来自国家统计局，用电量数据来自《电力工业统计资料汇编》；外推值参考 Xu 等设定
线损率	C=0.05	根据历史数据的算术平均值设定，历史数据来自《电力工业统计资料汇编》
风电投资额	IT=240	CEIC 数据库（https：//www.ceicdata.com/）
风电投资增速	[0.156，0.103，0.057，0.011]	表函数：历史值来自 CEIC 数据库（https：//www.ceicdata.com/），外推值综合国家发展改革委能源研究所发布的《中国 2030 年风电发展展望》报告以及 GWEC 发布的《全球风能报告 2022》中对 2050 年风电投资规模的预测，对投资增速进行平均推算

续表

变量名称	参数值	设定依据及数据来源
风电上网电价	[0.4264，0.3933，0.3603，0.3257]	表函数：历史值来自国家能源局和国家发展改革委公开数据，外推值参考 Xu 等设定 2050 年电价为 0.3 元/千瓦时，其余年份平均推算得到
绿证价格	0.05	数据来自中国绿色电力证书认购交易平台公开的历史价格数据（http：//www.greenenergy.org.cn/history/echarts.jhtml）
CCER 度电收入	0.025	数据来自招商证券研究报告公开数据（https：//finance.sina.com.cn/stock/marketresearch/2021-04-21/doc-ikmyaawc1045377.shtml）
辅助服务收入占比	5%	根据国家能源局公开新闻（http：//www.nea.gov.cn/2021-12/24/c_1310391334.htm）中提到"根据国际经验，电力辅助服务费用一般在全社会总电费的 3%以上，该比例随着新能源大规模接入还将不断增加"，参考彭光博等的研究结果，本章研究设定辅助服务占比为 5%
单位发电成本	[0.2508，0.2306，0.2066，0.1815]	表函数：历史值来自 IRENA，外推值的设定参考 IRENA 发布的报告 *Future of Wind*，2019（https：//www.irena.org/-/media/files/irena/agency/publication/2019/oct/irena_future_of_wind_2019.pdf）设定
单位运维成本	30	数据来自 Xu 等

表 5.5　模拟值与真实值的比较

年份	风电累计装机容量（万千瓦）			风电发电量（亿千瓦时）			全社会用电量（亿千瓦时）			风电新增投资（亿元）		
	真实值	模拟值	ARE（%）	真实值	模拟值	ARE（%）	真实值	模拟值	ARE（%）	真实值	模拟值	ARE（%）
2005	106	106	0	15.264	16	4.60	24533	24772	0.96	120	120	0.00
2006	224.899	207	8.65	30.0016	28	7.15	27663.3	28367.8849	2.48	140.04	140	0.03
2007	386.426	420	7.99	52.2834	57	8.27	30445.5	32458	6.20	210.017	185	13.52
2008	656.513	839	21.75	127.757	131	2.48	34427.5	34268	0.47	591.477	550	7.54
2009	1475.76	1760	16.15	281.428	276	1.97	38290.7	36598	4.63	806.951	750	7.59
2010	2783.88	2958	5.89	544.806	494	10.28	40771.7	41999	2.92	1119.61	1040	7.65
2011	4839.58	4623	4.68	779.173	741	5.15	45959.8	47022	2.26	968.427	900	7.60
2012	6819.32	6142	11.03	1125.19	1030	9.24	51651.3	49658	4.01	646.264	600	7.71
2013	8233.86	7652	7.60	1567.73	1383	13.36	55699.1	53423	4.26	687.675	640	7.45
2014	9796.62	9657	1.45	1727.14	1598	8.08	60092.4	56393	6.56	989.952	920	7.60
2015	12125.6	13075	7.26	1974.04	1856	6.36	60872.6	56373	7.98	1291.04	1200	7.59
2016	15294.6	14747	3.71	2603.14	2409	8.06	62833.9	59187	6.16	1031.11	960	7.41
2017	17609.2	16325	7.87	3254.17	3046	6.83	65779.2	63636	3.37	733.933	680	7.93
2018	19303.6	18427	4.76	3851.07	3658	5.28	72262.4	69404	4.12	689.508	640	7.74
2019	20924.6	20915	0.05	4356.5	4053	7.49	78178.6	72852	7.31	1868.41	1740	7.38
2020	25387.2	28165	9.86	5222.15	4665	11.94	83315.5	75110	10.92	2815.18	2618	7.53
2021	32370	32848	1.46	6946.6	6526	6.44	84641.7	83128	1.82	2556.38	2378	7.50

表 5.6 WP-SD 模型的情景构建依据

情景设置	情景代码	情景描述	情景设置依据	参数表征
基准情景	BAU	按照中国风电当前发展格局和趋势	《“十四五”可再生能源发展规划》《“十四五”现代能源体系规划》《中国“十四五”电力发展规划研究》等政策文件和研究报告中对风电发展战略规划的设定	结合历史数据的变化规律，以当前技术水平和国家风电发展规划对关键参数进行设置
技术进步	TC	风电装备制造技术进步	《国务院办公厅转发国家发展改革委、国家能源局关于促进新时代新能源高质量发展实施方案的通知》提出“推进先进风电设备等关键技术突破，加快推动关键基础材料、设备、零部件等技术升级”	风电整机制造生产学习率提升，整机成本降速加快： • 陆上风电整机成本 • 海上风电整机成本
		风力发电技术进步	据 Beiter 等的研究，随着涡轮机技术提升、轮毂尺寸增大，未来风力发电的效率会进一步提升	发电成本下降，发电效率提升： • 单位发电成本 • 厂用电率
		电力输送技术进步	据国网智能研究院，新型电力系统建设倒逼电网技术加快升级，国家电网正加快应用更先进的跨区域输电技术	输电损耗下降，跨区输电灵活性提升： • 线损率 • 跨区域输电灵活性
		电力灵活性技术进步	全球能源互联网发展合作组织发布的《中国2030年能源电力发展规划研究及2060年展望》中指出，未来电力系统灵活性资源由电源侧灵活性资源主导转变为源网荷储各环节灵活性资源协同优化	电力灵活性指标提升： • 储能灵活性 • 需求响应调节灵活性 • 调峰机组灵活性

续表

情景设置	情景代码	情景描述	情景设置依据	参数表征
政策演化	PE	风电装备产业支持政策	避免风电装备企业发生打“价格战”的恶性竞争行为，多地发布政策支持鼓励风电装备产业项目健康发展，如广东省先后出台《关于加快先进装备制造业发展的意见》《珠江西岸先进装备制造产业带布局和项目规划》等政策文件，设置专项价格补贴等奖补鼓励措施	风电玻纤、叶片和整机价格平稳下降，价格跌落速度减慢： • 玻纤价格 • 叶片价格 • 陆上/海上风电整机价格
		风电项目建设支持政策	国家能源局发布的《关于 2021 年风电、光伏发电开发建设有关事项的通知》提到“推动出台土地、财税和金融等支持政策，减轻新能源开发建设不合理负担，调动各类市场主体投资积极性”；国家能源局近期新闻发布，加快海上风电建设，可以缓解陆地用地压力和环保压力。未来将加强海上风电的技术研发和建设，拓展风电发展的新领域	风电项目建造成本下降，同时投资向海上风电倾斜： • 陆上/海上风电建造成本 • 海上风电投资比例
		可再生能源电力消纳保障及能效提升政策	《国家发展改革委　国家能源局关于建立健全可再生能源电力消纳保障机制的通知》提出按照省级行政区域对电力消费规定应达到的可再生能源电量比重的方式，促使各省级优先消纳可再生能源；国家电网发布电力消费侧能效提升行动计划	电力消费侧节能，主要体现为工业用电变化： • 工业用电强度下降
		电力市场化建设政策	相关政策以及研究报告《风电回顾与展望 2021》中指出，风电可以通过绿色电力交易试点以及全国碳市场交易进一步提高经济性	电力市场化政策为风电项目额外创收： • 绿证价格 • CCER 度电收入 • 辅助服务收入占比

续表

情景设置	情景代码	情景描述	情景设置依据	参数表征
宏观环境波动	LF	材料价格波动	IEA 发布的报告 *The Role of Critical Minerals in Clean Energy Transitions* 指出关键矿产资源在可再生能源发电技术发展中起着关键作用，未来几年可能面临供应紧张的局面，市场价格波动加剧的可能性提高	原材料价格上涨，带动风电装备各环节制造成本增加： • 玻纤成本占比 • 叶片成本占比
		气候变化	IPCC 发布的《气候变化 2021》指出，未来气候变化随着全球变暖程度增加而增大，而高度依赖天气变化的可再生能源，受天气影响更大、生产波动更为剧烈	风力资源利用率下降，体现为风电可利用小时数波动： • 风电平均利用小时数
		经济波动、人口变化	国家信息中心发布的《中国经济社会发展的中长期目标、战略与路径》报告中指出，中国经济将进入低速增长阶段，人口增速呈明显放缓趋势	经济与人口增速进一步放缓： • GDP 增速放缓 • 人口增速放缓
		能源转型力度加大	一些专家学者指出，按照当前能源转型节奏，中国在 2060 年实现碳中和目标“压力大、任务重、时间紧”，可再生能源发展需进一步提速	加快发展可再生能源，加大风电投资力度： • 风电投资增速

5.5　情景推演及优化路径分析

5.5.1　基准情景模拟结果

5.5.1.1　风电发展经济效益的时序规模

风电装备制造企业的累计销售利润如图 5.8（a）所示，可以看出，首先，就利润规模而言，到 2050 年风电整机企业的累计利润高于风电叶片企业和风电玻纤企业，分别为 1.7 万亿元、2000 亿元和 387 亿元，说明风电整机企业在风电装备制造环节中具有更高的产业价值。其次，就利润增速而言，风电装备制造业利润增速呈现出先快后慢的趋势，风电叶片企业利润在 2030 年之前呈高速增长趋势，增速显著高于风电整机企业和风电玻纤企业，这值得引起相关投资者的关注。最后，就发展趋势而言，2040 年以后风电玻纤企业和风电叶片企业利润提升空间极小，而风电整机企业的利润空间则一直相对稳定，这可能和未来风电装备市场竞争加剧有关，相对原材料生产和零部件制造环节，整机制造是风电装备产业链中的顶端环节，扮演着更为核心的角色，拥有更强的产业优势和技术壁垒，故其利润空间相对可观。

风电运营企业利润和 ROI 的模拟预测结果如图 5.8（b）所示，首先，就历史趋势来看，2005—2016 年风电运营企业 ROI 均为负值，即风电项目的运营成本高于收益，难以盈利；自 2017 年以来，随着风电装机规模的扩张以及电力市场成熟度的提高，风电项目开始逐渐盈利，风电运营企业 ROI 转负为正，这可能与近年来风力发电技术成熟度提升、市场需求增加以及政策的大力扶持有关。值得注意的是，风电运营企业 ROI 2020 年（2.4%）至 2021 年（6.4%）出现了显著提升，这可能与 2020 年中国提出双碳目标战略、对风电项目的支持政策力度加大有关。其次，就未来趋势而言，风电运营企业利润平稳提升，2050 年可达 8971 亿元。2022—2026 年，风电运营企业 ROI 维持在 7.0%；2027—2035 年，风电运营企业 ROI 维持在 6.0%；2036—2050 年，风电运营企业 ROI 稳定在 5.0%左右。就风电产业一般情况而言，风电项目的可行投资收益率为 6%~9%。这意味着，2035 年之前风电项目将处于持续稳定盈利的状态，但在 2035 年后，风电运营企业 ROI 可能会因市场竞争加剧和收入的回落影响而处于较低位。因此，电力市场的相关政策调整和鼓励措施是必要的。

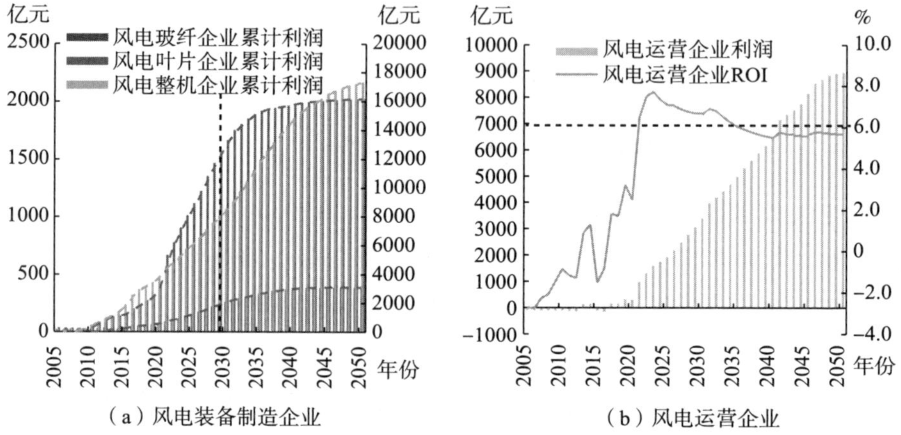

图 5.8　2005—2050 年风电发展经济效益的时序模拟结果

5.5.1.2　风电发展技术潜力的时序规模

风电累计装机容量和发电量是衡量风电供给能力的重要指标，分别如图 5.9（a）和图 5.9（b）所示。可以看出，首先，就装机情况而言，2022—2050 年装机规模持续扩大但增速趋缓。2030 年、2040 年、2050 年风电累计装机容量分别为 867 吉瓦、1659 吉瓦、2124 吉瓦①，分别是 2021 年装机容量的 2.7 倍、5.1 倍、6.5 倍，装机增长率在 2023—2030 年维持在 11%左右，2030—2040 年下降至 6.5%，2040—2050 年进一步下降在 2.5%左右。参考现有电力总装机容量预测相关的权威研究，预计到 2030 年，中国风电装机容量在电源结构中的比例为 23%~32%，预计到 2040 年将增至 34%左右，到 2050 年，风电装机比例预计为 34%~59%。其次，就发电量情况而言，风电发电量涨幅明显，2050 年风电发电量约为 6.05 万亿千瓦时，是 2021 年发电总量的 9.6 倍。

中国在 2021 年颁布的《“十四五”可再生能源发展规划》中指出“2030 年风电和太阳能发电总装机容量达到 12 亿千瓦以上；风电和太阳能发电量实现翻倍”。根据 BAU 情景下的模拟预测结果，2025 年风电发电量约为 1.22 万亿千瓦时，是 2021 年发电量（0.63 万亿千瓦时）的 1.9 倍。总的来说，《“十

① 1 吉瓦=100 万千瓦。

四五”可再生能源发展规划》中风电装机目标基本可以实现，然而离实现发电量翻倍的目标还有些许差距，这意味着“十四五”期间，为保证风电供给能力，需要发展更加先进的发电技术或实施更加有力的政策支持，以提升发电效率。

风电消纳情况如图 5. 9（c）所示。到 2050 年，全社会用电量约为 15. 60 万亿千瓦时，其中，风电消纳量约为 5. 69 万亿千瓦时，风电消费占比为 36. 40%。发改委能源研究所在 2021 年发布的《2020 年可再生能源报告》中指出，到 2050 年，中国风电将占到能源消费的 38. 5%，和本章研究的预测结果基本一致。另外，国家能源局发布的《关于 2021 年风电、光伏开发建设有关事项的通知》提出，到 2025 年，非化石能源消费占一次能源消费的比重达到 20%左右，风电、光伏发电量占比达到 16. 5%左右。根据本章研究预测结果，2025 年，风电消费比重约为 10%，加上光伏等其他可再生能源，在 BAU 情景下可以超额完成这一消纳目标。

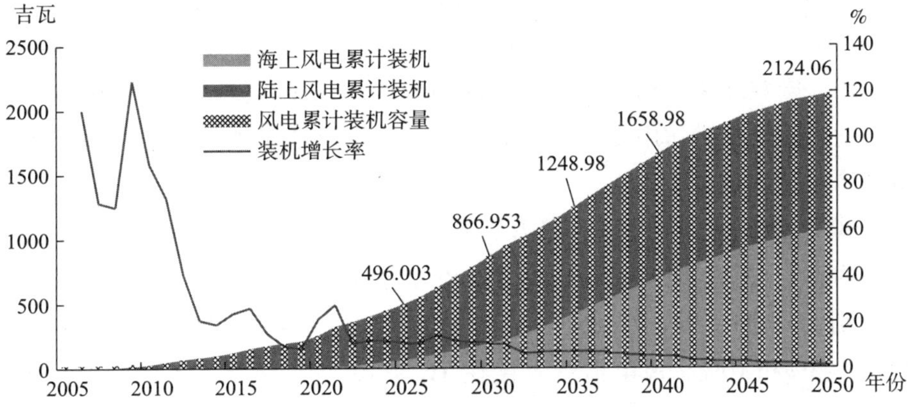

（a）风电装机

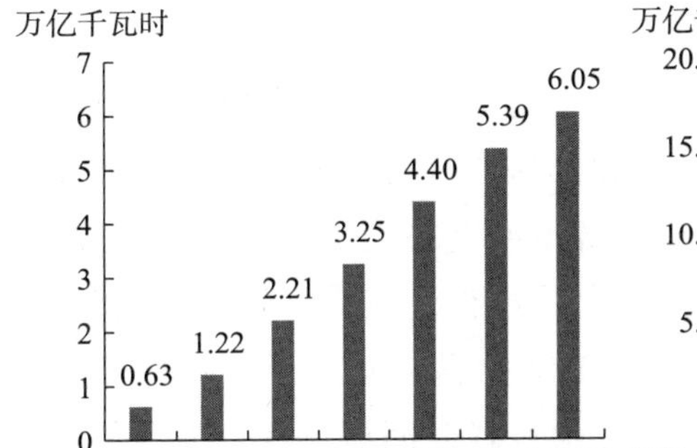

（b）风电生产

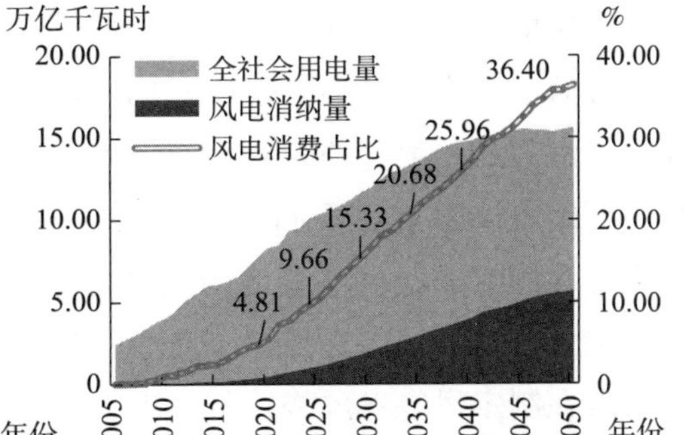

（c）风电消费

图 5. 9　风电发展技术潜力的时序模拟结果

5.5.2 单一优化情景的模拟结果

为全面评估技术、政策以及宏观环境波动等不同类型的不确定性及其之间的交互作用对风电发展的影响，分别对单一优化情景与组合优化情景下的经济效益和技术潜力进行了情景模拟，下面对其进行具体分析。

图 5.10 展示了在 BAU、TC、PE 以及 LF 四种情景下的预测结果，具体如下。

首先，TC 情景下的经济效益表现最优，较之 BAU 情景，TC 情景下的经济效益平均提升 120%。TC 情景下风电玻纤企业的累计利润规模最高，较之 BAU 情景，提升 110%，LF 情景下经济性表现最差；TC 情景和 PE 情景下整机企业的累计利润规模十分接近，较之 BAU 情景，提升 105%；2022—2050 年，TC 情景和 PE 情景的风电运营 ROI 高于 BAU 情景下的 ROI，并显著高于行业内的可行 ROI，而 LF 情景下的 ROI 则要低于 BAU 情景下的 ROI，更低于可行 ROI。这表明，技术进步和政策支持对风电发展的经济效益起到正面促进作用，宏观环境波动则具有一定的抑制作用，而且技术进步对风电产业链经济性提升的促进作用要高于政策支持，这也验证了加快技术发展是提升风电经济效益的最有效方式。

其次，TC 情景下的技术潜力最大，较之 BAU 情景，TC 情景下的技术潜力平均提升 42%。TC 情景、PE 情景和 LF 情景下，2050 年，风电累计装机容量分别为 2955 吉瓦、2606 吉瓦和 2329 吉瓦，相比 BAU 情景，分别提升 39%、23%和 10%，风电消费占比在 TC 情景、PE 情景和 LF 情景下分别为 54%、50%和 40%，说明技术进步、政策支持以及宏观环境波动均对风电装机容量和风电消纳具有促进作用。

最后，从发展趋势来看，时间段越远，不同情景下风电发展的经济效益和技术潜力的趋势异质性越显著，经济效益的差异性尤为明显。可能的原因是，不确定性因素在不同时期对风电发展路径影响的贡献不同。更具体地，不确定性因素在时间维度上具有积累和放大的过程，随着时间窗口的延长，不确定性信息表现出更强的波动性，对系统演变的影响也就更加显著。因此，决策者在制定风电发展战略规划时，需要谨慎选择时间窗口并合理预估未来形势的变化，以最小化不确定性导致的决策偏差成本。

5.5.3　组合优化情景的模拟结果

图 5.11 展示了 TC、PE 和 LF 组合优化情景下的预测结果，具体如下。

首先，风电发展的经济效益在 TC-PE 情景下表现最佳。到 2050 年，风电玻纤企业的累计利润规模可达 852 亿元，是 BAU 情景的 2.2 倍；风电整机企业的累计利润规模可达 57019 亿元，是 BAU 情景的 3 倍；风电运营 ROI 维持在 15%~16%，是 BAU 情景的 2.7 倍。这说明在当前发展趋势下，风电发展的整体经济效益仍有巨大的提升空间，但前提是需要积极有力的技术和政策支持。

其次，风电发展的技术潜力在 TC-PE-LF 情景下表现最佳。2050 年，风电装机容量在 TC-PE-LF 情景下可达 3486 吉瓦，是 BAU 情景的 1.6 倍，发电量达 92127 亿千瓦时，是 BAU 情景的 1.5 倍；风电消费占比最高可达 68%，较之 BAU 情景提升 31%。

基于经济效益和技术潜力在不同组合情景下的表现，可以揭示出技术进步、政策支持以及宏观环境波动对中国风电发展的作用机制。具体来说，即使得到技术和政策的双重支持，宏观环境的波动仍然可能会对风电发展的经济效益产生负面影响。然而，这种波动也可以在一定程度上激发风电发展的技术潜力。可能的原因是，企业经营等个体行为决策往往受宏观环境的波动影响较为直接且强烈，即使在技术进步和政策支持等乐观情景下，外部波动仍会对风电经济效益产生较强的威胁。例如，宏观经济环境的波动会影响到风电项目的融资成本、市场需求、价格等因素，从而影响到风电产业的盈利能力和 ROI。然而，风电供给和消纳等技术行为决策可以在政府的干预下提前布局或主动增强以抵御潜在风险。一个强有力的例子是，中国近期颁布的可再生能源发展相关政策规划均明确了对于装机、发电和消纳等目标的“硬约束”，然而，关于保障可再生能源产业盈收、提升产业经济性的相关政策措施却十分缺乏。这值得引起相关政策制定者的注意，以避免风电产业盲目扩张，重蹈煤炭行业盲目扩张导致产能过剩的覆辙。

5.5.4　优化策略讨论

根据上述模拟结果以及不同情景下的分析，可以得出中国风电发展时序路径优化的一些关键信息，具体如下。

首先，据 BAU 情景模拟，2035 年之后，风电玻纤和风电叶片制造商将面临更加激烈的市场竞争，可能导致其利润空间受到挤压。因此，风电玻纤和风电叶片制造商可以通过加大对技术创新和研发的投入，引入新材料、提升生产工艺和改进设计，提高风电玻璃纤维和风电叶片的品质与性能，降低生产成本，提高产品竞争力，使其在市场竞争中占据优势地位。另外，其可以与风电场开发商、风电整机制造商以及科研机构等建立紧密合作关系，实现资源共享和技术共进，共同推进技术创新和产品升级，提升企业整体竞争力。同时，这些企业还可以开展国际化战略，参与国际市场竞争，拓展海外市场，不仅能够降低对国内市场的依赖，还能够拓宽企业的业务领域，增加收入来源进而提升其产业价值。

其次，据 BAU 情景模拟，风电运营商的 ROI 呈现先升后降的趋势。随着新项目开发放缓以及风电市场趋于饱和，2035 年后风电运营公司的 ROI 可能会处于较低水平（低于 6%），但根据单一优化情景模拟，技术创新可以显著改变这一问题。具体来说，为了应对风电项目开发放缓以及风电市场趋于饱和的局面，风电运营商应积极进行技术创新和升级，引入新一代风力发电设备和高效风电叶片，提升发电效率和可靠性，进而提高 ROI。同时，政府和市场的支持也将起到关键推动作用，出台有利于风电发展的政策如提供税收优惠、补贴和奖励措施等，尽快推进全国统一的绿电交易机制和电力市场改革，发挥风电作为绿电的特殊属性，实现风电运营企业的收入来源多样化。

最后，就风电发展的技术潜力而言，组合优化情景的结果表明尽管宏观环境波动仍可能对风电发展的经济效益带来负面影响，但技术和政策的双重支持将在一定程度上激发其技术潜力。随着科技的不断进步和创新，风力发电设备的效率将逐步提高，风电场的发电容量和产能将持续增加，从而提高风电发展的经济效益和市场竞争力。储能技术的应用将成为风电发展的重要方向，储能等灵活性技术可以有效解决风电的间歇性和不稳定性问题，提高风电的可靠性和可调度性，进而增强风电的技术潜力。

5.5.5　与其他研究的比较

表 5.7　本章研究结果与其他研究结果的比较

参考文献	风电装机容量（吉瓦）	风电发电量（亿千瓦时）	风电消费占比（%）
文献［83］	1300	34500	/
文献［86］	1095	29300	/
文献［87］	2495	/	34
文献［89］	4710	97801	/
文献［171］	2000	/	30
文献［172］	1424.55	27194	31.14
文献［173］	2115.76	42750	30.2
本章研究结果	2124.06	59869	36.8

注：/表示文献中未涉及该指标。

在现有风电潜力研究中，相比风电 ROI 等经济效益指标，风电装机容量、发电量以及消费占比等技术潜力指标被赋予了更高的关注，且这些指标的研究结果会因为研究方法和研究视角的不同而存在一定的差异。表 5.7 对风电技术潜力相关的研究结果做了比较，以 2050 年风电装机容量为例，其结果从 1095 吉瓦到 4710 吉瓦不等。可以发现，除 Li 等和 Wang 等两项研究以外，本章研究预测结果均高于其余研究，主要是因为这些研究考虑设置了更多的外生性约束条件如土地使用限制等，而本章研究则考虑了更积极乐观的风电产业发展情景，即风电全产业链各环节的技术进步和各环节的市场化政策支持，这也在一定程度上意味着全产业链各维度的协同能够提升风电发展的技术潜力。另外，Li 等和 Wang 等的研究结果高于本章研究结果的原因可能是，Li 等考虑了促进可再生能源电力发展最具前瞻性的策略即全国电网互联，得到了更高的装机容量和消费占比；Wang 等是从区域层面出发，充分考虑了风力资源和风电成本的区域差异，并且将海上风电和陆上风电区分计算，得到了更高的预测结果。因此可以总结，当预测推演模型中直接设置严格的土地使用限制条件时，可能会低估风电的技术潜力，而并网等电力灵活性技术导致的差异进一步说明，系统全面的技术和政策假设对于获得更准确的风电技术潜力结果具有重要意义。

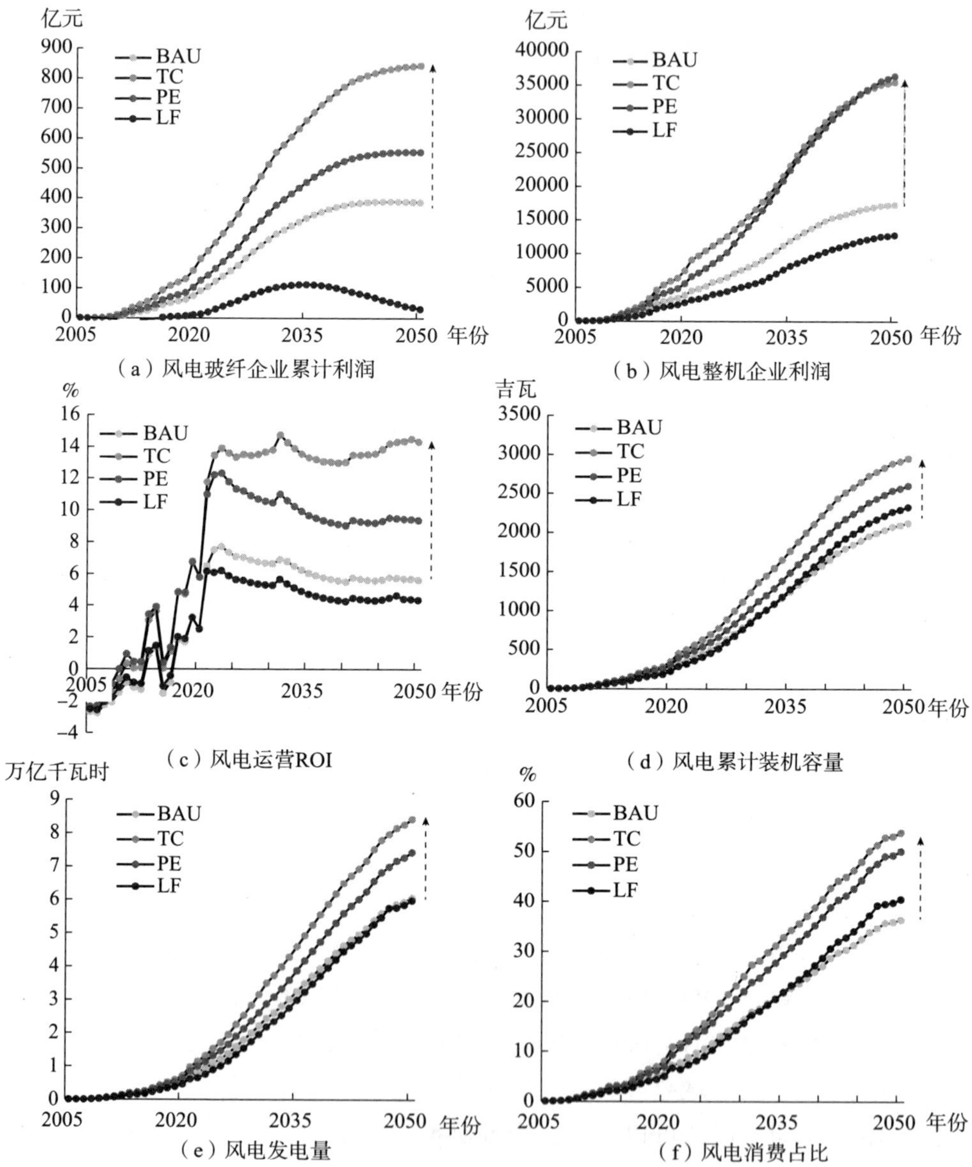

图 5.10　单一优化情景的模拟结果

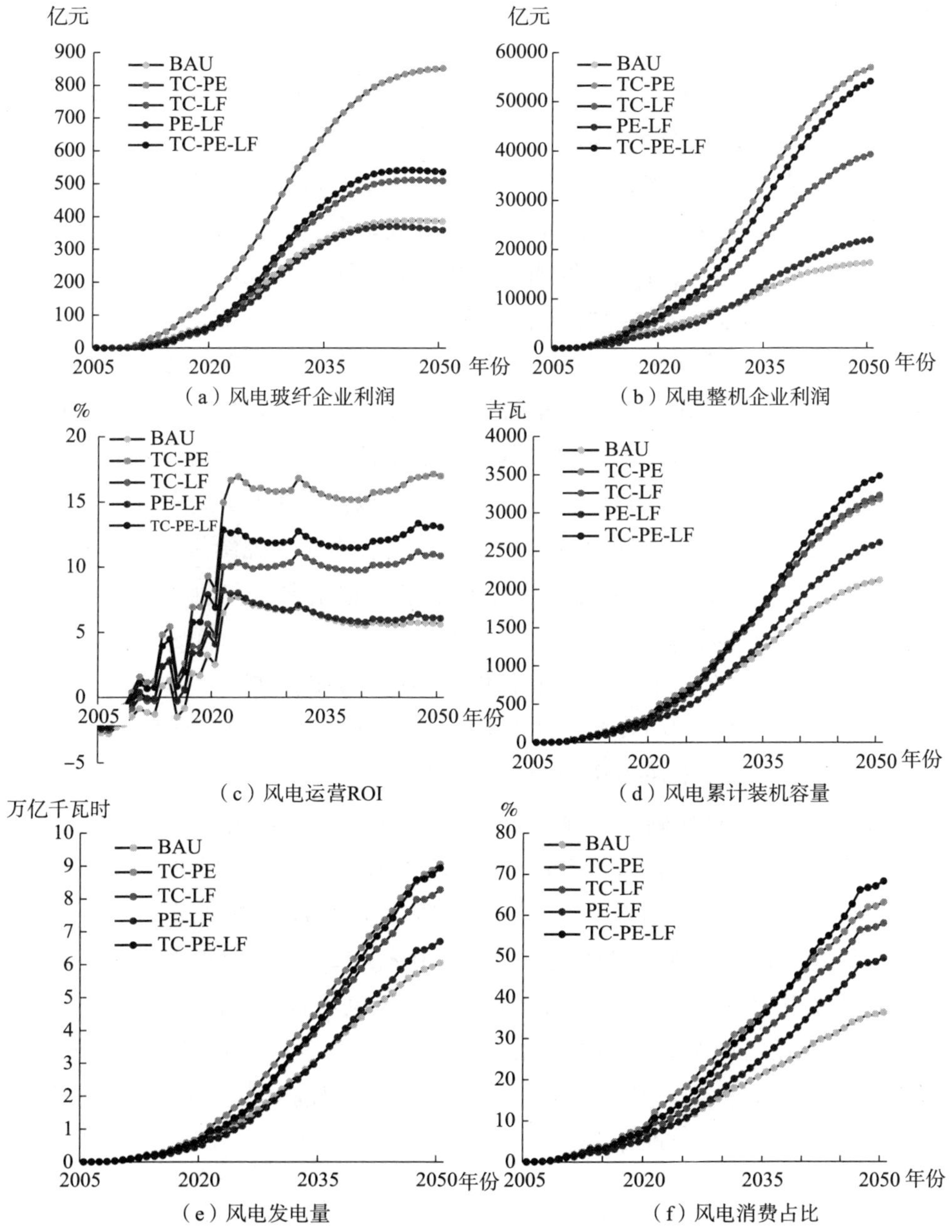

图 5.11　组合优化情景的模拟结果

5.6 敏感性分析

由于情景推演是面向未来的，相关参数的设置不可避免地具有一定的主观性，但借助敏感性分析可以进一步探讨情景模拟结果对关键参数变化的反应程度并验证模型的灵敏性。一般情况下，某个变量值的改变会引起模型运行结果的变化，但不会突然改变结果的趋势或走向。如果出现模拟结果的趋势大幅改变或者方向突变，则说明该参数的设置可能存在问题。本章研究提出的 WP-SD 模型涉及的参数主要包括 3 种：一是基本的技术经济参数如线损率、厂用电率、单位运维成本等，二是宏观的社会经济参数如人口自然增长率、GDP 增长率、产业结构、风电投资增速等，三是根据历史数据估算的参数如风电建造成本和人均用电量。其中，第一种参数是相对确定的；第二种参数根据情景进行相应调整，在上述多情景模拟预测时对其进行了分析；相对来说，第三种参数具有很大的不确定性，更容易对研究结果产生影响。因此，为检验本章研究参数集的可靠性和情景模拟结果的稳健性，有必要对 WP-SD 模型涉及的不确定性参数进行敏感性分析。

风电建造成本是影响风电投资者投资兴趣的关键变量，也是风电技术进步的直接体现，可以同时反映风电发展的经济效益和技术潜力的变化。故在此选取风电建造成本对风电企业运营 ROI 和风电消费占比的影响进行敏感分析。在 BAU 情景的基础上，设置风电建造成本和人均用电量的变化情况为：-20%，-15%，-10%，-5%，+5%，+10%，+15%，+20%，观察比较风电 ROI 和风电消费占比的相应变化，相应的敏感性分析结果如图 5.12 所示，可以看出，随着风电建造成本在［+20%，-20%］区间内的递减变化，风电运营企业 ROI 由 4.41%递增至 8.93%，风电消费占比由 30.28%递增至 48.76%，变化趋势未出现大幅波动或者方向突变，且符合实际。上述分析结果表明，WP-SD 模型对参数变化的敏感性处在合理范围内，变量数据不会因为参数的微小变化而出现异常波动。

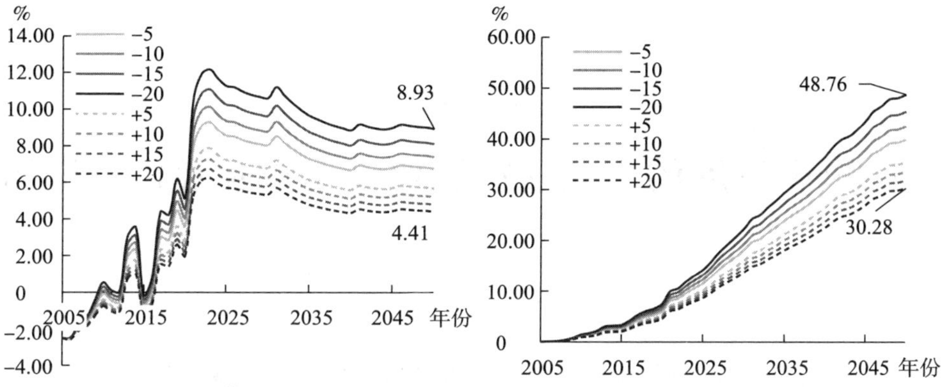

（a）风电运营ROI　　（b）风电消费占比

图 5.12　WP-SD 模型的敏感性分析结果

5.7　本章小结

本章研究首先在梳理产业上下游反馈风电发展的因果循环和流量存量关系的基础上，借助系统动力学方法构建了中国风电发展的时序规模优化模型；其次对 2022—2050 年风电发展的经济效益以及技术潜力进行了预测模拟，并基于技术驱动、政策驱动以及宏观环境驱动等多个情景推演结果，比较分析了风电发展的时序路径及目标规模。研究结果不仅完善了风电全链路时序规划的决策建模方法，还为中国风电发展时序目标规划决策提供了科学依据。

本章主要研究发现如下。（1）按照当前风电发展的时序格局，2050 年之前，风电装备制造企业利润增长呈先快后慢的趋势，风电运营的 ROI 为 5%～7%，略低于行业可行 ROI（6%～9%）；2050 年，风电装机容量、发电量分别增长至 2124 吉瓦和 6.05 万亿千瓦时，分别是 2021 年规模的 6.5 倍和 9.6 倍，风电消费占比提升至 36.4%。（2）技术进步是驱动中国风电发展规模扩张最有效的方式。经济效益和技术潜力在技术驱动情景下依次优于政策驱动情景和宏观环境驱动情景。较之 BAU 情景，技术驱动情景下经济效益平均提升 120%，技术潜力平均提升 43%。（3）即使在技术和政策的双重支持下，宏观环境波动仍会对风电发展的经济效益产生负面影响，但这种波动可以在一定程度上激发风电发展技术潜力的提升。

第 6 章

中国风电发展的空间配置优化模型构建及情景推演

风电投资装机的科学布局对于资源高效利用和产业可持续发展至关重要。风电省际容量配置既要充分考虑区域间的多维因素差异，也要统筹兼顾多主体的利益目标诉求，因此，有必要对风电发展的空间配置路径进行多约束统筹和多目标优化。基于能源三元目标理论，本章立足风电全产业链的空间链维度与价值链维度，借助多目标优化方法创新构建中国风电发展的空间配置优化模型，考虑风电扩展三元目标下政府的异质性偏好进行情景构建及参数设计，借助智能求解算法求解不同偏好情景下风电在省级层面的装机配置优化方案，对 2022—2050 年风电装机的空间部署路径进行模拟讨论和情景推演。本章研究以期丰富风电空间规划的决策建模方法，同时为中国风电发展空间布局决策提供方案参考。

6.1　问题描述及建模框架

6.1.1　问题描述

我国幅员辽阔，地域差异明显，各地风电发展在资源禀赋、技术成熟度、政策支持以及电力需求等多个方面存在差异，不能采取均一化和同质化的开发布局方案。同时，风电开发也不能囿于满足电力需求的开发策略，还应统筹考虑风电投资者的投资回报以及风电作为绿色电力的“减排担当”。通过梳理国家在 2022 年陆续出台的《“十四五”现代能源体系规划》《“十四五”可再生能源规划》《关于促进新时代新能源高质量发展的实施方案》等系列政策发现，政策文件中均提到了“要坚持全国一盘棋”“通盘谋划”“因地制宜”“统筹优化可再生能源开发布局”等要求。因此，双碳目标为战略引领，风电的空间开发配置应充分发挥我国的制度优势，以全国“一盘棋”的战略高度统筹调节全国各省份风电发展规划，满足电力需求的同时，最大化风电开发布局的经济效益以及减排潜力，实现各省份的优势互补和战略协同。

根据第 3 章和第 4 章的研究结果，风电的研发创新布局、生产能力、消纳潜力等在不同区域存在较强的异质性。例如，西北地区具有较强的风力资源禀赋和生产能力，但该地区的技术研发能力和消纳水平均处于弱势地位，且随着相应影响因素的时空演变，这种差异未来可能会更加突出。故风电的装机部署应在充分考虑区域差异和多重约束条件的基础上，均衡自然资源最大化利用、电力稳定供应和经济社会发展等多重诉求，对风电的装机部署路径进行科学决策。总的来说，如何实现风电的科学开发和装机部署，以突破风电发展过程面临的经济效率、电力供给安全和清洁环保的三难困境，是一个复杂系统工程，且是一个值得探讨的问题。鉴于此，提出本章研究要解决的核心问题，即为满足风电发展的经济效益回报、电力供给安全和碳减排等多重目标，如何在全国不同省份进行风电的装机配置优化，其目标收益如何？不同目标偏好情景下的空间配置方案有何区别？

6.1.2　建模框架

为顺利实现风电装机的时序目标，并考虑到各省份风电发展在资源、技术、政策等方面的异质性，基于多目标优化方法构建风电在省级层面的空间配置优化（WP-MLP）模型，以期模拟得到 2022—2050 年风电在省级层面的最优装机配置路径和不同目标偏好情景下的优化方案。WP-MLP 模型由目标函数、约束条件构成，目标函数包括风电的经济性、安全性和清洁性，约束条件包括规划目标约束、开发潜力约束、装机能力约束和风电消纳约束。以 2022—2050 年作为规划期，基于 WP-MLP 模型对规划期内的 31 个省份的风电装机决策变量进行系统优化，旨在为我国风电在省级层面的装机部署和投资规划提供决策工具与科学依据。WP-MLP 模型的建模框架和具体流程如图 6.1 所示。

为了简化模型，使优化问题易于处理，参考已有相关文献并依托现实背景提出以下假设。

（1）WP-MLP 模型是基于中央政府作为政策制定者和规划者的角度提出的，故省级层面的风电装机部署和投资决策兼顾追求产业价值链最大化（具体体现为风电的经济性和电力能源安全）和碳减排目标。

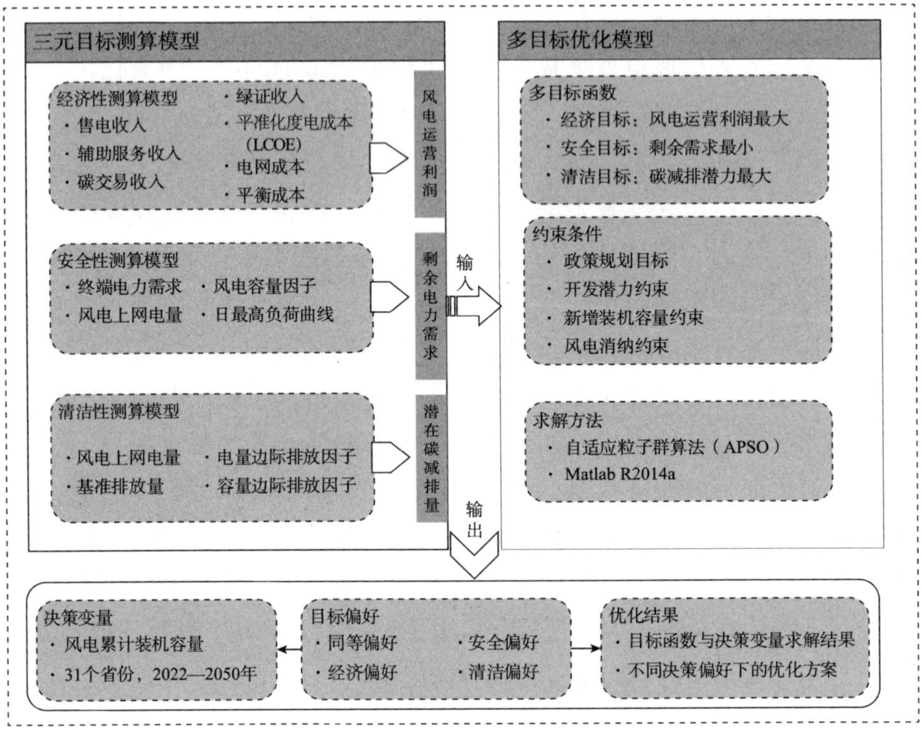

图 6.1　WP-MLP 模型的建模框架和具体流程

（2）WP-MLP 模型是由省一级制定的，故将每个省视为一个整体单元，并将一省的风电项目合并为一个整体项目。

（3）没有考虑风电设备的退役，即假设已有装机容量在规划期内没有发生变化，故折旧费用不计入成本。

（4）为突出主要研究目标即风电的空间装机部署规划，未将发电传输损失和区域间传输限制的因素纳入模型。

6.2　风电发展的空间配置优化模型构建

6.2.1　目标测算模型构建

6.2.1.1　经济性目标测算模型

从微观经济效益来看，风电运营的经济性即风电项目的盈利情况是影响风电投资吸引力的关键因素。换言之，无论是从政府还是从风电运营商的角度来看，其目标诉求均包含风电项目盈利最大化。其于前者而言是企业经营的主要财务目标，于后者而言是社会福利提升的体现。因此，采用 2022—2050 年风电项目运营的累计净利润来衡量风电在省级层面装机部署的经济性。更具体地，累计利润为风电的收入减去成本，将利润求和并贴现到 2021 年，其计算方法如式（6.1）至式（6.8）所示：

$$NP_{r,t}=\frac{Reve_{r,t}-Cost_{r,t}}{(1+d)^{t-2021}} \tag{6.1}$$

$$Cost_{r,t}=SLCOE_{r,t}\times GP_{r,t} \tag{6.2}$$

$$Reve_{r,t}=Reve\_1_{r,t}+Reve\_2_{r,t}+Reve\_3_{r,t}+Reve\_4_{r,t} \tag{6.3}$$

$$Reve\_1_{r,t}=P\_og_{r,t}\times GP_{r,t}\times(1-Prop\_cur_{r,t}) \tag{6.4}$$

$$Reve\_2_{r,t}=\theta_{r,t}\times Reve\_1_{r,t} \tag{6.5}$$

$$Reve\_3_{r,t}=P\_car_{r,t}\times GP_{r,t}\times(1-Prop\_cur_{r,t})\times EF_r \tag{6.6}$$

$$Reve\_4_{r,t}=P\_gc_t\times GP_{r,t}\times(1-Prop\_cur_{r,t})\times Prop\_gc_{r,t} \tag{6.7}$$

$$GP_{r,t}=Cap_{r,t}\times CF_{r,t}\times 8760 \tag{6.8}$$

其中，$NP_{r,t}$代表 r 省在第 t 年的风电项目的运营利润，d 为贴现率；$Reve_{r,t}$代表风电项目运营的收入；$Cost_{r,t}$为风电项目运营的成本，由系统平准化度电成本 $SLCOE_{r,t}$与风电发电量 $GP_{r,t}$共同决定；$Reve_{r,t}$主要包括 4 个部分，即出售并网风电的售电收入 $Reve\_1_{r,t}$、参与电力辅助服务市场的收入 $Reve\_2_{r,t}$、参与 CCER 的碳交易收入 $Reve\_3_{r,t}$，以及参与绿证交易平台获取的绿证收入 $Reve\_4_{r,t}$，其中，$P_og_{r,t}$为风电平价上网电价，$P_car_{r,t}$为碳价格，EF_r 为碳排放因子，$P_gc_{r,t}$为风电参与绿证交易的单位收入，$Prop_gc_{r,t}$为风电项目在绿证平台交易的参与率；随着电力市场的成熟，风电还可以通过参与电力辅助服务市场交易获得收入，$\theta_{r,t}$为电力辅助服务占售电收入的比例；$GP_{r,t}$为风电发电量，由装机容量 $Cap_{r,t}$和风电容量因子 $CF_{r,t}$共同决定，$Prop_cur_{r,t}$为弃风比例。

风电的系统平准化度电成本（SLCOE）是在传统 LCOE 的基础上增加的集成成本，即电网接入成本与系统平衡成本。在现有研究中，LCOE 是比较不同电源技术成本最广泛使用的指标，其计算方法为建设和运营发电项目相关的总成本除以整个生命周期的总电力输出。LCOE 也可以被视为出售电力的最低成本，以便在发电项目的整个生命周期内实现收支平衡。然而，与燃煤发电等传统电力不同，风电具有间歇性和随机性等固有特性，需要额外的电网配套和平衡设施，故相较于煤电，这些额外的支持设施增加了风电的单位发电成本。传统 LCOE 仅考虑发电站内部的发电成本，即初始投资成本和运维成本，忽略了应对风电的不确定性与间歇性等特征所产生的电网接入成本和系统平衡成本。因此，本章研究采用 SLCOE 能够更为全面和真实地表征风电项目的发电成本。在传统 LCOE 的计算方式基础上，参考 Chen 等的做法，构建 SLCOE 的计算模型如下：

$$SLCOE = \frac{\sum_{n}^{N}\frac{I_n + OM_n}{(1+d)^n} + \sum_{n}^{N}\frac{GFC_n}{(1+d)^n} + \sum_{n}^{N}\frac{BC_n}{(1+d)^n}}{\sum_{n}^{N}\frac{GP_n}{(1+d)^n}} \tag{6.9}$$

其中，n 表示风电项目的服役年限；N 表示最大服役年限；d 表示贴现率；I_n 表示风电项目的一次性初始投资成本；OM_n 表示风电设备服役年限内的年度运维成本，运维成本主要包括维护费、材料费、员工工资福利、保险等；GFC_n、BC_n 分别表示电网接入成本和系统平衡成本。

6.2.1.2 安全性目标测算模型

采用剩余需求（Residual Demand）来衡量风电供给的安全性。一般而言，剩余需求也被称为“剩余负荷”（Residual Load），指电力系统中未被满足的电力需求量。在本章研究中，剩余需求是指总电力需求与风电供给能力之间的差异，当剩余需求为正时，表示当前电力需求需要补充其他电源如煤电机组或备用机组等来满足，以保证电力供应安全，这会产生相应的燃料成本或调度成本。当剩余需求为负时，表明电力供给有剩余，会产生弃电或调动储能，这将产生一定的经济损失或储能成本。因此，最小化剩余需求是优化风电配置的重要目标之一。剩余需求的计算方式如式（6.10）所示：

$$RL_{r,t} = Dem_{r,t} - OGP_{r,t} \tag{6.10}$$

其中，$RL_{r,t}$表示剩余需求，$Dem_{r,t}$表示总的电力需求，$OGP_{r,t}$表示风电上网电量。考虑到用电负荷具有一定的季节性，故将电力需求和风电供给细化到日度数据来进行比较，以求得更贴近电力系统运行实际的剩余需求。2020 年 10 月，国家发展改革委和国家能源局联合发布了《关于做好 2021 年电力中长期合同签订工作的通知》，其中提供了全国 34 个省级电网的全年日最高负荷曲线。据此可以计算出每日负荷占全年总负荷的比例 $LP_{r,d}$，进而，结合每个省份的年度总电力需求预测量 $TDEM_{r,y}$ 可以求得每日最大可能电力需求 $DEM_{r,d}$。

$$DEM_{r,d} = TDEM_{r,y} \times LP_{r,d} \quad (6.11)$$

同时，风力发电受风速、风向以及温度等因素的影响，故不同地区的风力发电能力也表现出一定的季节性。参考 Zhang 等的研究，采用风电容量因子来描述风电的季节性变化特征。容量因子定义为特定时间段内风电机组的平均功率输出与额定容量之比。故每日风电发电量可以表示为：

$$GP_{r,d} = \sum_{r} Cap_{r,d} \times CF_{r,d} \times 24 \quad (6.12)$$

将每日剩余负荷求和得到一年的剩余负荷，即

$$RL_{r,t} = \sum_{r,d} (DEM_{r,d} - OGP_{r,d}),\ d = 1,\ 2,\ \cdots,\ 365 \quad (6.13)$$

6.2.1.3　清洁性目标测算模型

风电的清洁性可以用潜在碳减排量表示。根据生态环境部制定的碳减排量计算方法，可再生能源发电的潜在减排量等于基准排放量减去项目排放量和泄漏量，如下所示：

$$CM_{r,t} = CO2_{base,r,t} - CO2_{self,r,t} - CO2_{leakage,r,t} \quad (6.14)$$

其中，$CM_{r,t}$ 表示 r 省在第 t 年风电的减排量，$CO2_{base,r,t}$ 表示基准排放量，$CO2_{self,r,t}$ 表示风电项目在发电时的排放量，$CO2_{leakage,r,t}$ 表示泄露量。根据风电的清洁特性，发电排放量和泄漏量均为零。因此，可以用基准排放量 $CO2_{base,r,t}$ 来表示风电碳减排量 $CM_{r,t}$。基准排放量可根据区域电网基准线排放因子 EF_r 与风电上网电量 $OG_{r,t}$ 的乘积计算得到，如下所示：

$$CM_{r,t} = CO2_{base,r,t} = GP_{r,t} \times EF_r \quad (6.15)$$

电网基准线排放因子主要用于风电项目参与 CCER 或 CDM 时计算减排量，严格来说，其是用于计算基准线情景和项目情景下的电力间接排放量，进而计算减排量。根据生态环境部应对气候变化司研究发布的计算方法，基准线排放因子包括 2 种，即电量边际排放因子（Operating Margin，OM）、容量边际排放因子（Build Margin，BM）。由于可再生能源发电的减排量与这 2 种排放因子均有关，在实际减排量计算中，电网排放因子通常设置为 OM 和 BM 两种排放因子的加权平均组合。参考 Han 等和 Wang 等的研究，考虑到风电的波动性和间歇性，设置 OM 和 BM 的权重分别为 0.75 和 0.25。故

$$EF_r = 0.75 \times OM_r + 0.25 \times BM_r \quad (6.16)$$

6.2.2 目标函数及约束条件

基于上述风电的经济性模型、安全性模型及清洁性目标测算模型，设置多目标优化模型的决策变量、目标函数和约束条件如下。

（1）决策变量。

决策变量为31个省份在2022—2050年规划期内每年的风电累计装机容量$Cap_{r,t}$，r表示省份（$r=1$，2，…，31），t表示年份（$t=2022$，2023，…，2050）。

（2）目标函数。

设定WP-MLP模型的优化目标为风电运营利润最大化、剩余需求最小化和碳减排潜力最大化，其目标函数分别如式（6.17）、式（6.18）和式（6.19）所示。

①经济目标：风电运营利润最大化。其计算方式为将31个省份在规划期内（29年）的风电运营利润进行累计求和：

$$F_1 = \max \sum_{r=1}^{31} \sum_{t=2022}^{2050} NP_{r,t} \tag{6.17}$$

②安全目标：剩余需求最小化。其计算方式为将31个省份在规划期内的剩余需求进行累计求和：

$$F_2 = \min \sum_{r=1}^{31} \sum_{t=2022}^{2050} RL_{r,t} \tag{6.18}$$

③清洁目标：碳减排潜力最大化。其计算方式为将31个省份在规划期内的潜在碳减排量进行累计求和：

$$F_3 = \max \sum_{r=1}^{31} \sum_{t=2022}^{2050} CM_{r,t} \tag{6.19}$$

（3）约束条件。

①累计装机目标：Cap_{total}代表2050年全国风电总装机目标。根据第5章研究结果，预计到2050年中国风电累计装机容量在2124吉瓦~3186吉瓦，本章选择了2500吉瓦的风电装机容量作为2050年风电累计装机目标，需要说明的是，此目标可根据决策者的计划进行调整，故在此仅选择2500吉瓦作为参考值。

$$\sum_{r=1}^{31} Cap_{r,t} = Cap_{total} \tag{6.20}$$

②开发潜力约束：风力资源虽然具有可持续性，但受到气候、土地、技术等条件的限制，各省份的风电装机容量必须在可开发潜力范围内。因此，

设定 $Cap_{r,t}$ 高于 2021 年的装机规模，低于最大可开发潜力。设置风电开发潜力约束如下：

$$Cap\_min_r \leqslant Cap_{r,t} \leqslant Cap\_max_r \tag{6.21}$$

③新增装机容量约束：受限于劳动力、资金和设备产能等其他因素的影响，风电每年的新建产能也存在上限，且在不考虑退役的情况下，风电每年的新增装机容量具有非负性质。因此，设置风电新增装机容量约束如下：

$$0 \leqslant \sum_{r=1}^{31} Cap_{r,t} - \sum_{r=1}^{31} Cap_{r,t-1} \leqslant NCap\_max \tag{6.22}$$

④风电消纳约束：为了降低弃风率，积极促进消费端对风电的消纳利用，我国出台相应的政策，如可再生能源配额制（RPS），对各省份的可再生能源电力消纳责任权重进行明确的考核要求，故设置风电最低消纳约束条件如下：

$$\frac{\sum_{r=1}^{31}(Dem_{r,t} - RL_{r,t})}{\sum_{r=1}^{31} Dem_{r,t}} \geqslant Prop\_con_{r,t} \tag{6.23}$$

6.2.3　模型求解方法

为求解上述 WP-MLP 模型，结合模型特征及求解复杂程度，选取自适应粒子群智能优化算法（Adaptive Particle Swarm Optimization，APSO）作为模型的求解算法。APSO 基于粒子群优化算法（Particle Swarm Optimization，PSO）改进而来，用于解决多目标优化问题。在传统的 PSO 中，每个粒子都只有一个位置和速度，用于搜索单个目标函数的最优解。然而，在多目标优化问题中，存在多个相互竞争的目标函数，无法简单地使用单个粒子来搜索。因此，APSO 引入了一种自适应机制，在标准粒子群算法基础上引入随机惯性权重与惩罚函数，通过惩罚函数规避遇到的错误解，能够以更快的收敛速度对整个空间进行全局搜索。

APSO 的基本思想是，在每次迭代过程中，根据粒子的当前位置和速度信息，通过一定的策略选择适应度较好的粒子作为个体最优解，并结合群体中的最优解来更新粒子的速度和位置。该算法的流程如图 6.2 所示，其中 i 表示第 i 个粒子，N 表示粒子群规模，g 表示当前进化的迭代代数，G 表示预订最大迭代次数，Xmin 和 Xmax 表示粒子位置范围的上下限。

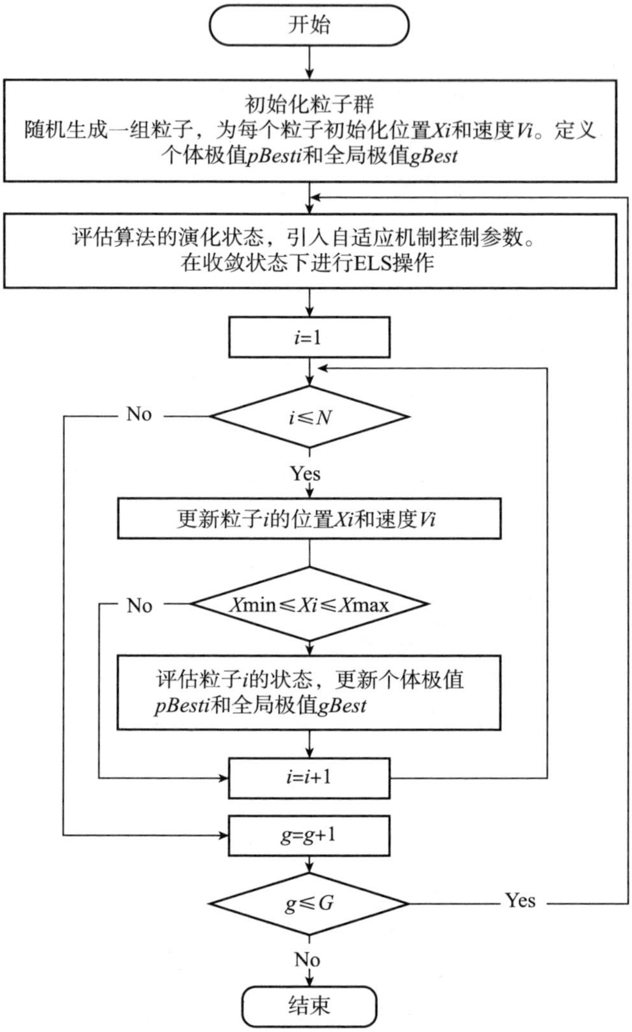

图 6.2　APSO 流程

6.3　参数设置及数据来源

6.3.1　目标函数的参数设置

WP-MLP 模型中目标函数涉及的参数可以分为两类：一类为固定参数，主要包括贴现率、碳排放因子、基准上网电价和风电容量因子 4 个参数，其数据来源和计算方式参考现有文献或权威的公开数据进行设定，具体如表 6.1 所示；另一类为变动参数，主要包括系统平准化度电成本、弃风率、碳价、辅助服务收入占比、绿证交易参与率、绿证价格和年度电力需求 7 个参数，这些参数的设定参考现有文献或者根据历史数据进行预测设定，具体如表 6.2 所示。

表 6.1　WP-MLP 模型的固定参数设置

参数	符号	参数值	数据来源或设置依据
贴现率	d	6.5%	现有文献通常将贴现率设置为 5%~10%。考虑到中国风电行业实际情况，参考一般计算方式，本章研究设置风电项目运营的贴现率为 6.5%
碳减排因子	EF_r	省级面板数据见表 6.3	生态环境部应对气候变化司发布的《2019 年度减排项目中国区域电网基准线排放因子》
基准上网电价	$P\_og_{r,t}$	省级面板数据见表 6.3	国家发展改革委在 2019 年发布的各地燃煤基准电价
风电容量因子	CF_r	省级面板数据见表 6.3	数据提取自文献［100］

表 6.2　WP-MLP 模型的可变参数设置

参数	符号	可变参数设置依据/数据来源
系统平准化度电成本	$SLCOE_{r,t}$	历史年数据取自王恰，参考文献 Beiter 等设定到 2025 年下降 12%，2035 年下降 27%，2050 年下降 37%，其他年份进行平均推算
弃风率	$Prop\_cur_{r,t}$	基准年数据取自国家能源局，参考 Xu 等设定 2025 年下降 3%，2030 年下降 8%，2040 年下降 18%，2050 年下降 28%，其余年份进行平均推算
碳价	P_car_t	根据《2022 年中国碳价调查》，2022 年全国碳市场价格为 49 元/吨，2025 年升至 87 元/吨，2030 年为 139 元/吨，2040 年为 169 元/吨，2050 年为 199 元/吨，其余年份进行平均推算
辅助服务收入占比	$\theta_{r,t}$	基于第 5 章研究对该参数的趋势设定，辅助服务收入占比 2025 年为 3%，2030 年为 4%，2035 年为 5%，2040 年为 8%，2050 年为 10%
绿证交易参与率	$Prop\_gc_{r,t}$	基准年数据根据绿证认购平台数据进行测算，根据政策趋势，2025 年前的绿证交易率参照 2021 年不变，2030 年前提升 5%，2040 年前提升 10%，2050 年前提升 20%
绿证价格	$P\_gc_{r,t}$	基准年数据来源于绿证认购平台，根据市场趋势，2025 年绿证价格（50 元/兆瓦时）保持不变，2026—2030 年下降至 45 元/兆瓦时，2031—2035 年下降至 43 元/兆瓦时，2040—2045 年为 41 元/兆瓦时，2045—2050 年下降至 40 元/兆瓦时

续表

参数	符号	可变参数设置依据/数据来源
年度电力需求	$Dem_{r,t}$	参考 Liu 等的做法，通过基准年份和年增长率计算得到每个省份的实际电力需求。增长率取自中国能源研究院的报告，该数据综合考虑了经济增长率、碳排放、人口规模、技术成本和环境保护等影响电力需求预测的因素

表 6.3 碳减排因子、风电容量因子和基准上网电价参数设置

省份	碳减排因子	风电容量因子	基准上网电价
北京	0.8269	0.2938	0.3598
福建	0.6908	0.2079	0.3932
广东	0.6565	0.2079	0.463
海南	0.6565	0.2079	0.4298
河北	0.8269	0.2938	0.3399
江苏	0.6908	0.2038	0.391
山东	0.8269	0.2938	0.3949
上海	0.6908	0.2038	0.4155
天津	0.8269	0.2938	0.3655
浙江	0.6908	0.2079	0.4153
安徽	0.6908	0.2038	0.3844
河南	0.7154	0.2488	0.3779
湖北	0.7154	0.2038	0.4161
湖南	0.7154	0.2058	0.45
江西	0.7154	0.2038	0.4143
山西	0.8269	0.2938	0.332
甘肃	0.7793	0.2403	0.3078
广西	0.6565	0.2079	0.4207
内蒙古	0.8269	0.2734	0.2932
贵州	0.6565	0.2038	0.3515
宁夏	0.7793	0.2403	0.2595
青海	0.7793	0.2483	0.3247
陕西	0.7793	0.2938	0.3555

续表

省份	碳减排因子	风电容量因子	基准上网电价
四川	0.7154	0.2563	0.4012
西藏	0.6031	0.2563	0.4993
新疆	0.7793	0.2288	0.25
云南	0.6565	0.2563	0.3358
重庆	0.7154	0.2038	0.3964
辽宁	0.8719	0.2938	0.3749
吉林	0.8719	0.2861	0.3731
黑龙江	0.8719	0.2861	0.374

6.3.2　约束条件的参数设置

约束条件共涉及 5 个参数，即 2050 年风电累计装机容量，年新增装机容量上限，累计装机上下限和风电最低消纳比例。根据第 5 章研究结果，预计到 2050 年中国风电累计装机容量为 2124～3186 吉瓦，本章研究选择了 2500 吉瓦的风电装机容量作为 2050 年风电累计装机目标；受限于资金、技术和土地可利用性，风电年度新增装机容量具有上限，参考 Cheng 等将年新增装机容量的上限设为 200 吉瓦，参考 Zhang 等将 2021 年风电累计装机容量设为累计装机下限，将风电最大资源潜力设为累计装机上限，其中 2021 年风电累计装机容量取自《中国电力统计年鉴》，各省风电资源潜力取自 Liu 等和 Deng 等的平均值；最低风电消纳比例根据第 5 章 BAU 情景模拟结果中 2021 年风电消费占比数据得到。

6.3.3　算法的参数设置

模型求解借助 Matlab R2014a 软件完成，算法参数设置如表 6.4 所示，N、G 和 Gama 三个参数取值经过多次实验和调整，观察其适应度函数进行设置，alpha 和 beta 两个参数参考以往文献取常用值。具体来说，在 APSO 中，粒子数 N 表示在优化过程中使用的粒子（也可以理解为解的候选个体）数量，每个粒子代表问题空间中的一个潜在解，具有位置和速度两个属性；粒子数的选择会影响算法的搜索能力和收敛速度；迭代次数 G 表示算法进行迭代优化的总次数，在每次迭代中，粒子根据当前的位置和速度更新自身，并更新全局最优解；自适应策略用于调整粒子速度的步长，通过调整自适应策略的值，可以控制粒子在搜索空间中的探索能力和收敛速度；粒子随机缩减因子与收敛速度是用于调节算法的收敛性能和搜索能力的两个重要参数。

表 6.4　APSO 参数设置

参数名称	粒子数（N）	迭代次数（G）	自适应策略（Gama）	粒子随机缩减因子（alpha）	收敛速度（beta）
参数取值	40	200	0.95	0.2	0.5

6.4　情景设置

基于风电扩展规划的三元目标，构建风电发展的空间配置优化情景，分别为经济目标偏好情景、安全目标偏好情景、清洁目标偏好情景以及目标同等偏好情景，这四种优化情景的设置基于对风电发展的不同重点和优先考虑因素。每种情景代表了一种不同的目标偏好，以满足不同方面的需求和目标。决策者基于不同的出发点可能会有不同的偏好，为了使优化结果更加合理，设置了 4 种有代表性的偏好组合，分别为对三个目标的同等偏好、经济偏好、安全偏好和清洁偏好，参考 Zhang 等的权重设置方法，偏好目标的权重设置为 0.8，另外两个目标的权重均设置为 0.1，在同等偏好下，三个目标的权重均设置为 0.33，如表 6.5 所示。

（1）经济目标偏好情景。

经济目标偏好情景优先考虑的是风电项目的经济效益和利润最大化。这意味着在选址和配置风电项目时，会更加关注成本效益，寻找利润最高的机会。经济目标偏好情景适用于风电在市场经济环境下的发展，即实现可持续盈利和投资回报。

（2）安全目标偏好情景。

安全目标偏好情景主要关注的是确保电力供应的安全和可靠性，以满足电力需求。这意味着在选址和配置风电项目时，会更加关注风能资源的可靠性和稳定性，以确保电网稳定运行。安全目标偏好情景适用于电力供应紧张的形势，强调满足基本的能源需求。

（3）清洁目标偏好情景。

清洁目标偏好情景重点放在最大化碳减排量和环保效益上，这意味着在选址和配置风电项目时，会优先考虑减少化石燃料的使用，从而降低温室气体排放。清洁偏好情景适用于追求可持续发展和减少环境影响的地区，强调减少碳排放。

（4）目标同等偏好情景。

目标同等偏好情景考虑了经济效益、电力供应的安全性以及环境影响等多个方面的因素，并试图在这些目标之间找到平衡。这意味着在选址和配置风电项目时，会综合考虑经济、安全和环境等多个目标的权衡。

设置这些优化情景的依据和必要性在于，不同省份面临着不同的能源和环境挑战以及不同的经济和社会背景，通过针对异质性目标偏好设置不同情景，可以更好地满足风电发展因地制宜的战略需求和不同区域优先考虑的因素，进而可以从全局视角对风电发展的空间配置路径进行优化。另外，可以根据不同决策偏好下的情景设置对目标函数的权重进行赋值。本章建立的 WP-MLP 模型包括 3 个优化目标（最大化风电运营利润 F_1、最小化剩余需求 F_2 和最大化碳减排潜力 F_3）。

表 6.5　WP-MLP 模型的情景设置

情景	权重设置	说明
目标同等偏好	(0.33，0.33，0.33)	所有的目标同等重要
经济目标偏好	(0.8，0.1，0.1)	在规划期内，优先考虑获得最大的风电运营利润，故给予 F_1 较高的权重，其余两个目标权重相同
安全目标偏好	(0.1，0.8，0.1)	在规划期内，优先考虑获得最小的电力剩余需求，故给予 F_2 较高的权重，其余两个目标权重相同
清洁目标偏好	(0.1，0.1，0.8)	在规划期内，优先考虑获得最大的潜在碳减排量，故给予 F_3 较高的权重，其余两个目标权重相同

6.5　情景推演及优化路径分析

6.5.1　目标函数求解结果

在不同的决策偏好下，对构建的 WP-MLP 模型进行求解得到优化后的目标函数值如表 6.6 所示，下面对优化结果进行分析。

表 6.6 不同情景下的目标函数值

优化情景	目标权重	F_1（亿元）	F_2（亿吉瓦时）	F_3（亿吨）
目标同等偏好	（0.33，0.33，0.33）	24615.890 （7.666%）	1.280 （57.19%）	514.799
经济目标偏好	（0.8，0.1，0.1）	25047.012 （7.801%）	1.277 （57.29%）	510.559
安全目标偏好	（0.1，0.8，0.1）	24798.021 （7.722%）	1.076 （64.01%）	515.105
清洁目标偏好	（0.1，0.1，0.8）	24493.850 （7.628%）	1.282 （57.12%）	518.152

注：F_1 列括号内的数值为 2022—2050 年风电运营的平均 ROI，F_2 列括号内的数值为 2022—2050 年风电可满足的电力需求总比例。

第一，风电运营利润为 24615 亿~25047 亿元，这反映了在不同决策偏好下，风电项目的经济效益存在一定的差异，风电运营 ROI 约在 7%左右。更具体地，经济目标偏好下的风电运营利润最佳，这可能是因为政府和企业更加注重风电项目的盈利性和财务可行性，从而提供了更多的支持和激励措施；剩余需求为 1.076 亿~1.282 亿吉瓦时。安全目标偏好下的剩余需求最小为 1.076 亿吉瓦时，风电发电量可满足 64.01%的电力需求，相比其他决策偏好约提升了 7%；潜在碳减排量为 510 亿~518 亿吨，代表了风电替代传统煤电的潜在碳减排量。清洁目标偏好下的潜在碳减排量最大，这可能是因为社会和政府更加关注环境保护和碳排放强约束，从而会为碳减排潜力较大的省份如山西、河北等提供更多的优惠措施，以支持和鼓励风电等清洁能源发展。

第二，根据相关研究提供的 2050 年前电力总需求的预测（2.02 亿吉瓦时）和电力行业碳排放预算（1020 亿吨），风电最大可以满足 64%的电力需求，且因风电替代煤电而减少的碳排放占据电力行业碳排放总预算的 50%。这突出了风电作为清洁能源的重要作用，能够显著减少碳排放并为实现碳中和目标做出贡献。

第三，对比发现，风电运营利润在经济目标偏好下表现最佳，剩余需求在安全目标偏好下最小，潜在碳减排量在清洁目标偏好下最大。目标同等偏好下的风电运营利润和剩余电力需求表现居中，潜在碳减排量最低，优化结果符合模型优化的逻辑，验证了模型设置的合理性和有效性。

6.5.2　决策变量求解结果

根据对不同决策偏好下决策变量的求解结果，将其以热力图的形式展示，得到规划期内（2022—2050 年）31 个省份的风电装机时序与布局，如图 6.3 所示，具体如下。

第一，风电装机布局仍表现出随风力资源禀赋的空间集聚格局。以目标同等偏好为例，风力发电装机集聚发展较为突出的第一梯队（累计装机超 500 吉瓦）包括内蒙古和新疆 2 个省份，第二梯队（累计装机超 100 吉瓦）包括甘肃、西藏、青海和黑龙江 4 个省份，第三梯队（累计装机超 35 吉瓦）包括辽宁、山东、吉林、广东、河北和江苏 6 个省份。在第一梯队和第二梯队中，装机规模与这些省份具有丰富的风能资源和土地资源密不可分，内蒙古、新疆、甘肃、青海和西藏这些省份拥有广阔的土地面积与丰富的风能资源，具备较大的装机规模和发展潜力，使得在这些地区建设风电场更为有利。在第三梯队中，广东、江苏和山东具有丰富的海上风电开发潜力，是海上风电开发的重要省份。随着技术的进步和政策的支持，海上风电也是未来风电装机部署的重要工作。辽宁、吉林和河北具有成熟的陆上风电开发经验与基础，对其土地资源和风能资源进行合理开发，可实现进一步扩张发展。

第二，不同偏好下的装机时序略有差异，这种差异显著集中在第一梯队省份里，即新疆和内蒙古装机部署的时序上，在目标同等偏好和安全目标偏好下，内蒙古和新疆的风电装机主要集中在后期（2040 年后）；经济目标偏好下的装机规模扩张从中期（2030 年）开始，并以内蒙古为主要增长地区；清洁目标偏好下内蒙古和新疆的装机规模扩张从初期开始，并以新疆为主。另外，不同偏好间的发展趋势也呈现一定的相似性。目标同等偏好和安全目标偏好的发展趋势较为相似，经济目标偏好和清洁目标偏好的发展趋势较为相似。这说明，均衡决策目标与安全导向的决策目标的装机时序布局方案趋同，经济目标与清洁目标下的装机时序方案较为接近。

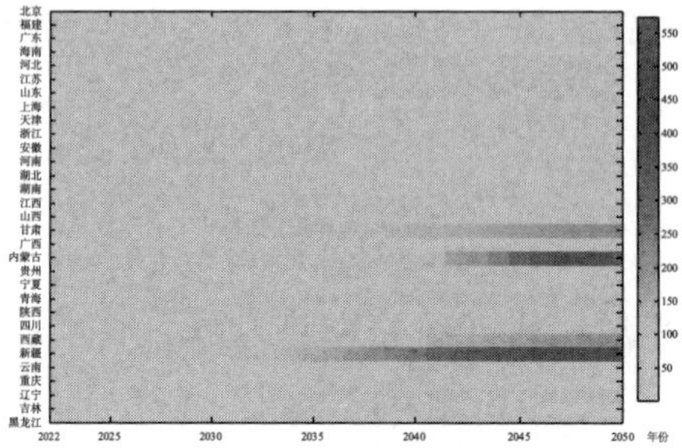

（a）目标同等偏好情景

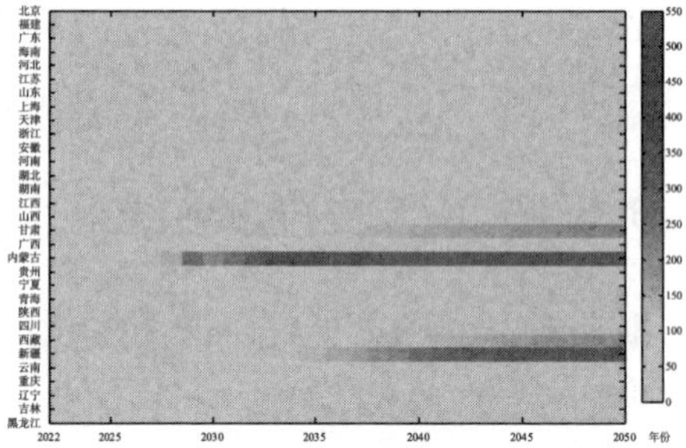

（b）经济目标偏好情景

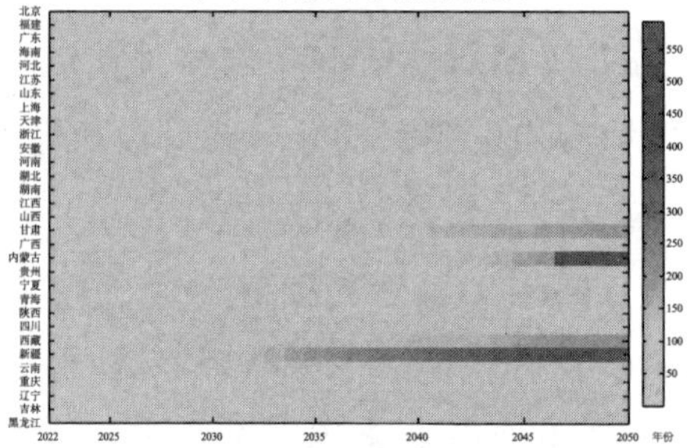

（c）安全目标偏好情景

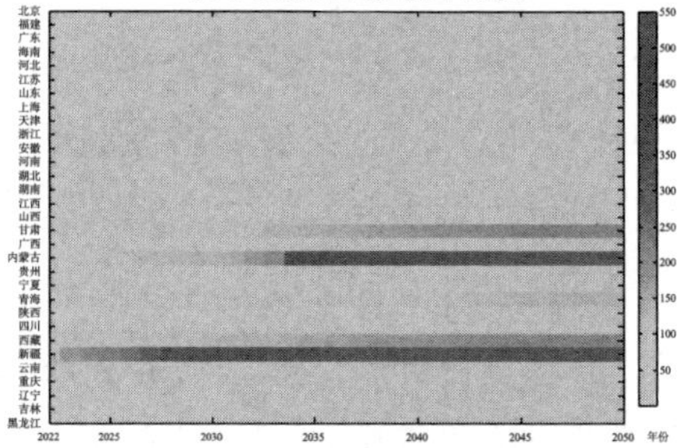

（d）清洁目标偏好情景

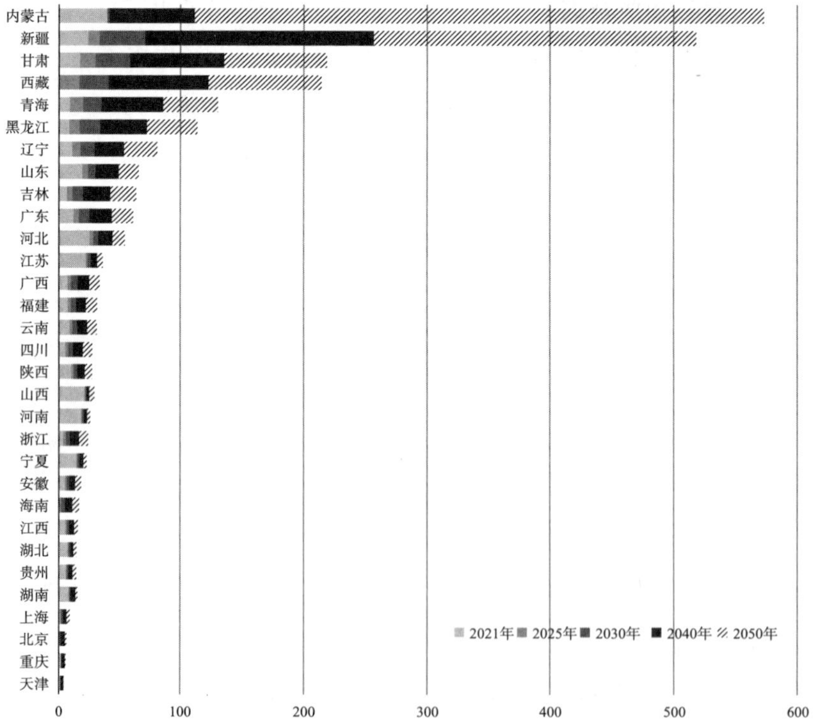

（e）目标同等偏好情景下各省份装机规模

图 6.3　不同情景下风电装机时序与布局

第三，根据图 6.3（e），在目标同等偏好下，短期内（2025 年前）风电发展的主要省份包括新疆、甘肃、西藏、青海和黑龙江 5 个，这些省份拥有丰富的风能资源和较大的装机潜力，在这些地区集中部署风电项目能够快速增加风电装机容量，以满足预期的能源需求和清洁能源发展目标；中期内（2040 年前），除内蒙古外，其余省份均有一定程度的部署扩张，这表明随着技术进步和市场发展，风电装机规模逐渐向更多的省份扩散，特别是新疆，预计在中期内将经历大规模的风电增长，其装机规模将进一步扩大；长期内（2041—2050 年），风电增长的主要省份为内蒙古（累计装机 578 吉瓦）和新疆（累计装机 518 吉瓦），说明从长期来看，为了完成可再生能源电力扩张目标并兼顾经济性、安全性和清洁性目标，内蒙古和新疆的风电开发值得重点关注，这需要中央政府、地方政府和风电投资运营商对其进行提前谋划和部署。这既包括制定有利于风电发展的支持政策（如绿色金融政策）和标准规则（如土地利用审批），又包括为电网建设、储能配置等灵活性设施提供投资和资金支持等。同时，还需要刺激地方风电企业加强技术研发和创新，提高风机设备的发电效率、增强风电项目建设可靠性。

6.5.3　不同情景下的优化方案演变

6.5.3.1　优化方案的时间演变

为进一步探讨风电装机的发展趋势，从时间演变来比较不同偏好下的新增装机和累计装机的发展趋势，如图 6.4 所示。

不同偏好下风电新增装机部署的扩张期如图 6.4（a）所示。经济目标偏好下，风电装机呈现出较为均匀的发展趋势，其新增装机的部署集中在 2028—2038 年，政府和相关市场参与主体可能更加注重风电产业的可持续发展，力求在清洁能源扩张和市场化发展之间取得平衡；清洁目标偏好下风电装机呈现出先快后慢的趋势，其新增装机部署主要集中在 2022—2027 年，这意味着在碳达峰战略引导下，为了快速推动清洁能源转型、减少对传统能源的依赖，需要就近加快对风电的部署。而在目标同等偏好和安全目标偏好下，风电装机呈现出先慢后快的发展趋势，其新增装机部署集中在 2039—2050 年，这可能是由于存在一些灵活性技术挑战和市场机制不成熟的障碍，风电装机容量增长较为缓慢。然而，随着时间的推移，风电技术尤其是灵活性技术可能得到进一步改进和成熟，相关市场机制的完善如建立全国统一的电力市场体系和完善电力辅助服务市场等，逐渐为风电发展需求提供了完备的环境。因此，在目标同等偏好和安全目标偏好下，风电装机容量在 2039—2050 年可能会迎来较快的增长。

风电累计装机发展趋势如图 6.4（b）所示。通过对比，目标同等偏好下的发展趋势折线较为平滑，说明其发展趋势总体稳定，而其他偏好呈现小幅的波动。就实际情况而言，在目标同等偏好下，政府需要权衡考虑多方面因素，如经济增长、能源安全和碳减排目标等。在这种均衡多种目标和因素的决策偏好下，政府在制定政策时会相对保守和稳定，以为风电发展提供持续的支持。同时，投资者与开发商也能够更好地规划和布局风电项目，减少不必要的波动，故目标同等偏好下的累计装机趋势保持相对均衡稳定的增长。在其他偏好下，政策、市场或技术等方面的变化可能导致风电装机趋势的波动。例如，清洁目标偏好下可能出现政策调整或补贴政策的变化，经济目标偏好下可能受到宏观经济环境的影响，安全目标偏好下可能面临技术或环境风险的考虑。这些因素的变动可能导致风电装机容量的小幅波动，使风电累计装机发展趋势呈现出一定的波动性。

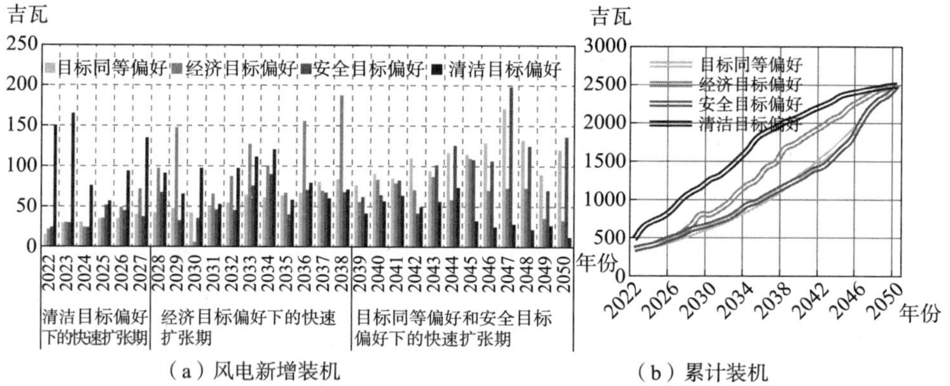

（a）风电新增装机　　　　（b）累计装机

图 6.4　不同情景下风电新增装机和累计装机的发展趋势

6.5.3.2　优化方案的空间演变

为厘清优化方案在各区域的装机情况，对我国六大区域[①]的风电装机配置比例进行计算，以当前风电发展的空间格局即 2021 年风电装机的区域配置比

① 西北地区包括陕西、甘肃、青海、宁夏、新疆 5 个省份，东北地区包括辽宁、黑龙江、吉林 3 个省份，华北地区包括北京、天津、河北、山西、内蒙古 5 个省份，华东地区包括山东、江苏、安徽、浙江、福建、江西、上海 7 个省份，中南地区包括河南、湖北、湖南、广东、海南、广西 6 个省份，西南地区包括四川、贵州、云南、西藏、重庆 5 个省份。

例作为 BAU 方案，比较分析未来不同决策偏好下的方案，结果如图 6.5 所示。需要说明的是，在 2021 年 BAU 装机配置现状下，华北地区和西北地区是风电装机的两大主要区域，分别占据 28.48%和 25.44%的比例；其次是华东地区，装机配置比例为 17.24%。下面对 2030 年、2040 年和 2050 年的区域风电装机配置比例进行分析。

第一，在目标同等偏好下，2030 年，西北地区的配置比例显著增加，较 2021 年提升约 5%，华北地区和华东地区配置比例较 2021 年均有所下降，分别为 15.6%和 15.54%，其余三个区域即中南地区、西南地区和东北地区的配置比例较为均衡，较 2021 年增长至 13%左右；2040 年，西北地区配置比例进一步提升至 38.93%，华北地区和华东地区配置比例分别为 13.91%和 11.46%，中南地区配置比例最低，为 9.55%；2050 年，华北地区配置比例提升至 26.44%，西北地区配置比例降至 36.74%，形成了以西北地区和华北地区为主要装机区域的空间格局，西南和东北地区的配置比例在 10%左右，华东地区和中南地区的配置比例分别在 8%和 6%左右。然而，要促进西北地区和华北地区风电装机部署的快速扩张，未来需有效应对就地并网消纳和远距离输电方面的技术挑战。

第二，在目标同等偏好下，相较于 2021 年的配置比例而言，到 2050 年，西北地区的配置比例提升了 11%，西南地区和东北地区的配置比例略微提升，华北地区、华东地区和中南地区均呈现下降。究其原因：西北地区拥有丰富的风能资源，叠加国家对西部发展可再生能源的政策支持优势，未来西北地区将继续发展和充分利用区域内的风能资源，实现风电装机配置比例的提升；西南地区和东北地区的配置比例提升得益于区域内风能资源禀赋和良好的开发条件基础，东北地区是我国风光资源最为富集的地区之一，同时具备大电网平台优势，西南地区多为高海拔，风电利用小时数均高于 2500 小时，故这些地区应重视和加强对地区内风能资源的开发利用，并提供更多的技术支持和投资来推动风电装机部署；华北地区的配置比例下降可能是该地区风能资源如风速的局限性或者其他因素如土地利用限制或能源政策调整等导致风电投资者减少在该地区的投资选择，并将资源转移至其他更具潜力的地区。华东地区和中南地区的配置比例下降可能是人口密集、土地利用压力和生态保护等因素导致这些区域的风电配套资源开发受限。

年份	决策偏好	华东地区	中南地区	华北地区	西北地区	西南地区	东北地区
2021	BAU	17.24%	11.76%	28.48%	25.44%	7.79%	9.30%
2030	目标同等偏好	15.54%	13.30%	15.60%	30.56%	12.08%	12.92%
	经济目标偏好	12.13%	10.84%	33.37%	24.52%	7.82%	11.32%
	安全目标偏好	14.82%	13.34%	14.47%	34.26%	11.95%	11.16%
	清洁目标偏好	7.94%	6.87%	15.33%	49.18%	12.57%	8.11%
2040	目标同等偏好	11.46%	9.55%	13.91%	38.93%	13.52%	12.63%
	经济目标偏好	7.95%	7.42%	36.49%	29.42%	9.20%	9.53%
	安全目标偏好	12.29%	9.88%	10.14%	40.98%	14.63%	12.08%
	清洁目标偏好	7.54%	5.86%	25.71%	40.91%	11.14%	8.83%
2050	目标同等偏好	8.11%	6.67%	26.44%	36.74%	11.67%	10.37%
	经济目标偏好	8.17%	6.68%	34.94%	28.62%	11.08%	10.51%
	安全目标偏好	8.15%	6.63%	27.11%	36.80%	11.44%	9.87%
	清洁目标偏好	8.11%	6.66%	25.57%	37.53%	11.76%	10.38%

图 6.5 不同情景下风电装机的区域配置比例

第三，在目标同等偏好优化方案的基础上，对比经济目标、安全目标和清洁目标偏好下的优化方案，可以看出：到 2050 年，经济目标偏好倾向于在华北地区配置更多的风电项目，配置比例在 35%左右，比 2021 年该区域的配置比例提升了约 6.5%，这可能是由于华北地区具有相对发达的电网接纳能力和平衡设施，避免了远距离输电，发电成本和集成成本均较低，将风电场集中在该地区有助于提升风电运营的经济盈收；安全目标偏好和清洁目标偏好下的风电装机则更倾向于在风能资源更丰富的西北地区，配置比例分别为 36.8%和 37.53%，比 2021 年该区域的配置比例提升了约 11%。安全目标偏好和清洁目标偏好是构建以可再生能源电力为主的电力系统这一战略下的优先方案选择，这也意味着，西北地区对于实现该战略目标具有重要的支撑作用。此外，清洁目标偏好下，风电利用小时数较高的西南地区也被视为重要的风电装机配置区域，配置比例约为 11%。

6.5.4 优化策略讨论

不同目标偏好下的优化方案反映了决策者在考虑不同决策偏好时的权衡

取舍和目标优先级，为我国未来风电的空间配置和布局规划提供了新的思考路径和决策方案参考。分析不同目标偏好下的优化策略，有助于加快构建兼顾持续性、经济性和环保性的风电发展新格局，具体如下。

第一，不同目标偏好下空间配置优化方案的侧重点有所不同。经济偏好下的优化配置方案侧重降低风电生产、传输和消纳的成本，以提高风电发展的经济收益和投资吸引力，这可以通过采用高效的风电装备制造和发电技术、智能化电网、需求侧响应等技术措施加以解决，还可以通过大规模风电基地建设以实现规模经济效应、降低风电项目的运营和维护成本，最终提升风电项目的投资回报水平。安全目标偏好下的优化配置方案着重于确保电力供应的稳定性和安全性，这可以通过构建多元化的电力供应体系、加强备用电源和灵活性电源等措施以提升电力系统的灵活性和调节能力，减少对单一能源的依赖，尤其是在不利的气象条件下降低电力供应中断的风险。另外，还可以通过强化电力市场监管，维护电力市场的公平竞争环境，提高风电供电的可靠性。清洁偏好下的优化配置方案注重实现电力能源的清洁可持续发展，以减少碳排放对生态环境的负面影响，这可以通过风电装备绿色制造、风电场的智能化运营、引入统一交易的碳排放市场等手段推动风电全产业链尽早实现零碳排放，加快实现双碳目标。

第二，综合考虑技术驱动、政策引导以及宏观形势推动等多方面的策略，确保在多元目标权衡的情况下实现风电发展空间配置路径。综合来看，优化配置方案下亟须应对电网接纳能力和远距离输电方面的严峻挑战。为此，可以采取包括技术提升（“源网荷储”端技术协同配合）、政策转变（高耗能产业向西北地区转移增加提升风电就地消纳率）、优化市场机制（建设全国统一的电力市场和利于跨省交易的绿电交易平台）等手段来解决。更具体地，在创新方面，强化国际合作和信息交流，通过与国际社区的合作，共享成功经验和前沿技术，以推动风电产业的持续创新；在投资方面，加大绿色金融的支持力度，包括发行绿色债券和设立可再生能源基金，以促进风电项目的投融资；在发电方面，提升风资源利用的多元化，包括陆地、近岸和海上风电等，以减少对特定地区的依赖，增强电力系统的稳健性；在电力消纳方面，改进电网和负荷侧的灵活性技术，如储能和需求响应技术，确保风电波动的平稳吸收，提高电网的稳定性以适应电力需求波动。

总的来说，多元目标权衡下风电发展的空间布局面临诸多挑战。应对这些挑战需要综合运用技术创新升级、政策转型引导、产业链合作、国际合作等多种策略，以确保中国风电的空间布局规划能够在可持续性、经济性和环保性的基础上实现均衡发展，为未来的清洁能源供应和能源转型提供坚实支持。

6.5.5 与其他研究的比较

现有的一些研究从不同视角、借助不同的方法模型对风电省际装机容量进行了探讨，将本章研究结果与其进行对比，发现这些研究中得到的省级配置方案在具体的容量配置上存在一定差异，这可能是模型中假设条件和情景参数的设置依据不同所致。但总体而言，现有的研究观点基本趋同，即内蒙古、新疆和东三省是未来陆上风电装机扩展的主要部署区域，江苏、山东等沿海省份是海上风电的主要部署区域。例如，李政等的研究通过构建高时空分辨率和高技术准确度的电力系统规划与运行联合优化模型得到了风光扩张的省际装机容量。以 1.5 摄氏度情景为例，未来大部分风电项目将建设在内蒙古、新疆、东三省等风力资源富集地区，这些区域在 2050 年的风电装机容量分别达到 2020 年装机容量的 54 倍、20 倍和 13 倍。王恰的研究则指出，到 2060 年，江苏、内蒙古、河北、广东、山东和山西 6 个省份的累计风电装机规模均在 1 亿千瓦以上，新疆、云南、宁夏、河南、甘肃、辽宁和福建的累计装机规模在 5000 万~9999 万千瓦，其他地区的累计风电装机规模普遍在 500 千瓦至 4999 千瓦之间。另外，2050—2060 年，海上风电将处于蓬勃发展的状态，沿海地区成为海上风电装机规模最大的地区。Yu 等的研究表明，我国陆上风电技术开发区域的 70%以上位于北方，其次是沿海省份，可开发面积相对丰富的省份为新疆、内蒙古、甘肃、青海、陕西。Zhuo 等的研究表明，陆上风电装机规模较大的区域主要包括甘肃、新疆、内蒙古等省份，少量分布在东北和沿海省份，海上风电则集中在山东、长三角、广东三大沿海负荷中心。与这些研究相比，本章研究的主要贡献体现在将政府的异质性决策偏好考虑在内，据此得到了不同目标偏好下的风电装机配置方案，并测算对比了不同方案的效益，相关决策参考依据更具灵活性和多元性。

与此同时，这些研究还具备一个共同的观点，即上述主要装机区域的跨区域输电设施建设尤为重要。李政等认为，为实现空间上的电力供需匹配，最大化风电利用效率，需要建设更大的跨区域输电容量和远距离输电通道来传输清洁电力。到 2030 年，跨区域输电容量需要达到当前的 2～3 倍。2030 年后，需要将重点转移至西北地区配套的远距离输电通道建设上。Zhang 等认为，需要加快电网建设以配合风电的顺利扩张和部署，特别是东北地区和新疆至东部沿海省份的特高压输电线路建设。同时，“三北”地区的大型风电基地在风电生产与风电高效利用之间的平衡发展中发挥着重要作用。

总的来说，在空间层面上，风电的开发布局主要集中于西北和东北等风力资源富集区，但实现这一目标行动的前提是区域间输电通道建设和灵活性资源提升，以确保风电从西北等主要生产基地转移至东南沿海高电力需求区，确保风电顺利且低成本地传输消纳。

6.6　敏感性分析

为了探讨参数不确定性对求解结果的影响，以目标同等偏好为例，采用单因素敏感性分析法进行参数敏感性分析，对比目标同等偏好下的原目标函数值，揭示优化目标对参数变动的敏感程度。考虑到本章研究的优化目标为风电空间配置的经济性、安全性和清洁性，选取可能对这些目标具有较大影响的三个关键参数，且这三个关键参数在技术进步、政策演变和气候变化等外部因素影响下，其未来的数值具有一定的不确定性。具体而言，SLCOE 中的平衡成本可能因电网接纳能力、储能等灵活性技术的进步突破而大幅降低，风电容量因子（CF）会受风速、风向、温度等的影响，气候变化会引起这些因素发生变化，从而导致 CF 发生变化。碳减排因子（EF）则可能会因为碳排放核算规则的变化而产生波动。因此，选取 SLCOE、CF 和 EF 三个具有代表性的关键参数进行敏感性分析，评估各参数在［-10%，10%］的区间内调整后优化目标的变动情况，敏感性分析结果如图 6.6 所示。可以看出，相较于安全目标，经济目标和清洁目标对参数的变动更为敏感。对比三个参数的敏感性分析结果，经济目标和清洁目标的变动范围要高于安全目标的变动范围，这意味着当决策者或政策制定者更偏向于经济目标和清洁目标时，要关注相关参数的变动对优化方案的影响，并谨慎考虑在关键参数不确定性程度增加时优化方案的稳健性。下面对三个参数的敏感性分析结果分别进行讨论。

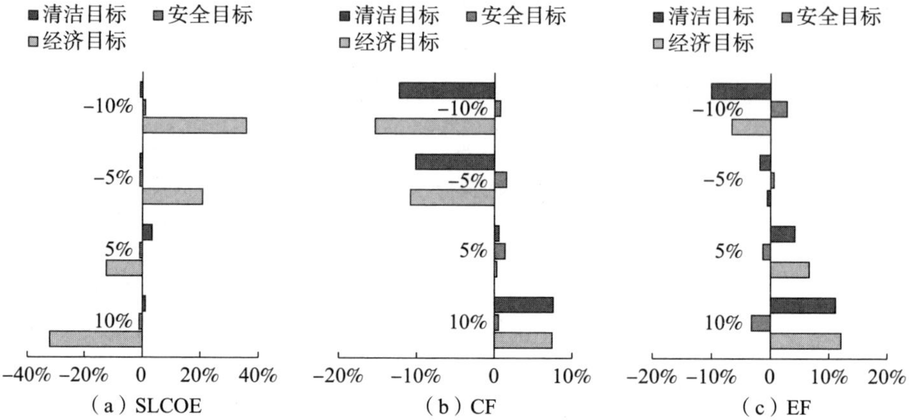

图 6.6 WP-MLP 模型的敏感性分析

第一，随着 SLCOE 在［-10%，10%］的区间内变化，除经济目标值发生了显著的变化外，安全目标值和清洁目标值的变化不明显，说明剩余需求和潜在碳减排量对 SLCOE 的变动并不敏感。对于经济目标，当 SLCOE 参数提升 10%时，经济目标即风电运营利润下降约 30%；当 SLCOE 降低 10%时，经济目标可提升约 40%。

第二，随着 CF 在［-10%，10%］的区间内变化，经济目标值和清洁目标值发生了较为显著的变化，且二者变动范围基本一致。当 CF 提升 10%时，风电运营利润可提升约 7%，潜在碳减排量可提升约 8%，而安全目标值则只有不到 1%的变化。当 CF 降低 10%时，经济目标和清洁目标的变动范围均高于 10%，略高于 CF 增加 10%的变动范围，说明经济目标和清洁目标在 CF 变动下的敏感性结果呈现为非线性。此外，值得注意的是，无论 CF 是降低还是提升，安全目标即剩余需求均呈现略微增加趋势，说明安全目标对 CF 的变化并不敏感。

第三，随着 EF 在［-10%，10%］的区间内变化，经济目标和清洁目标发生了较为显著的变化，安全目标出现了小范围的变动。当 EF 提升 10%时，清洁目标和经济目标可提升 11%~13%，安全目标降低 3%左右；当 EF 降低 10%时，清洁目标和经济目标的变动均小于 10%，安全目标提升约 3%，说明风电运营利润和潜在减排量对于 EF 的提升更为敏感，剩余需求受 EF 变动的影响较小。这意味着在追求经济效益和减少碳排放的过程中，随着 EF 的增大（减小），风电项目的经济运营利润和潜在碳减排效果也会随之增强（减弱）。

6.7　本章小结

本章研究首先在分析风电高质量发展目标新特征的基础上，建立风电发展经济目标、安全目标和清洁目标测算模型，运用多目标优化方法创新构建了中国风电发展的空间配置优化模型；其次运用改进的粒子群智能算法对2022—2050 年风电在 31 个省份的装机配置容量进行方案求解，比较分析了不同目标偏好情景下风电装机配置方案及目标收益，讨论了省级层面的风电建设时序与空间部署的优化路径。研究结果不仅丰富了风电空间布局投资规划的决策建模方法，还为中国风电发展空间布局决策提供了科学有效的方案参考。

本章主要研究发现：（1）优化方案下，风电运营利润为 24615 亿～25047 亿元，ROI 约为 7%，剩余需求为 1.076 亿～1.282 亿吉瓦时，风电发电量可满足 57%～64%的电力需求，潜在碳减排量在 510 亿～518 亿吨，年均碳减排贡献量约为 17.5 亿吨；（2）风电装机表现出随风资源禀赋的空间集聚格局，第一梯队（累计装机超 500 吉瓦）包括内蒙古和新疆 2 个省份，第二梯队（累计装机超 100 吉瓦）包括甘肃、青海、西藏和黑龙江 4 个省份，第三梯队（累计装机超 35 吉瓦）包括吉林、辽宁、河北、广东、山东和江苏 6 个省份；（3）清洁目标偏好下风电装机的快速扩张期将在 2028 年之前，经济目标偏好下风电装机的快速扩张期将分布在 2028—2038 年，而目标同等偏好和安全目标偏好下快速扩张期则位于 2039—2050 年；（4）经济目标偏好倾向于在华北地区配置更多的风电项目，安全目标偏好与清洁目标偏好则更倾向于配置在风能资源更丰富的西北地区和利用小时数较高的西南地区。

第 7 章

中国风电发展路径优化的政策建议

风电发展需要在历史规律的指引下，结合我国现实需求及目标情境科学设定时间表和路线图。本章在前述研究的基础上，提出风电发展路径优化的政策建议，以期推动风电发展实现经济、社会和生态的多重效益。具体来说，本章建构提出了中国风电发展时空路径优化的政策建议框架。该框架包括四个相互补充的要素，即指导思想、发展目标、时间和空间优化准则，为风电产业及相关部门的政策制定和决策优化提供了有价值的见解参考；同时，分别从时序层面和空间层面提出具体的政策建议，为风电产业实施更加科学有序的战略规划和更加高效的资源配置提供启示与参考。

7.1 政策建议框架

7.1.1 指导思想和发展目标

为尽快推动中国风电实现“大规模、高比例、市场化、可持续高质量”发展，设定风电发展时空路径优化的指导思想为“统筹谋划、创新引领、科学有序、因地制宜”。

（1）统筹谋划。

构建新发展格局是中国风电高质量发展的重要前提，这需要坚持系统性思维和长期性思维，对风电发展进行统筹谋划，设定科学有序的发展节奏、合理规划开发利用规模和空间布局。基于不同层级政府统筹谋划下的风电发展规划，考虑不同时期、不同产业环节以及不同主体的发展规律并将其应用于政策制定，能够为风电产业提供明确的发展方向，为企业和投资者提供稳定的政策环境，同时能够更好地满足社会对清洁电力能源的需求。

（2）创新引领。

创新是驱动中国风电高质量发展的关键力量，这包括技术创新、模式创新以及机制创新。技术创新有助于降低风电产业各环节的成本、提高风电全产业链的效率和可靠性；模式创新有助于提升风电的投资吸引力，改善风电产业的经济效益；机制创新能够在政策环境和市场机制方面发挥作用，确保风电产业的规范和可持续发展。多个方面的创新相互协同，可以为中国风电高质量发展提供全方位的支持。另外，基于创新引领下的风电发展规划设定，可以帮助风电产业更好地应对未来多方面的不确定性挑战。

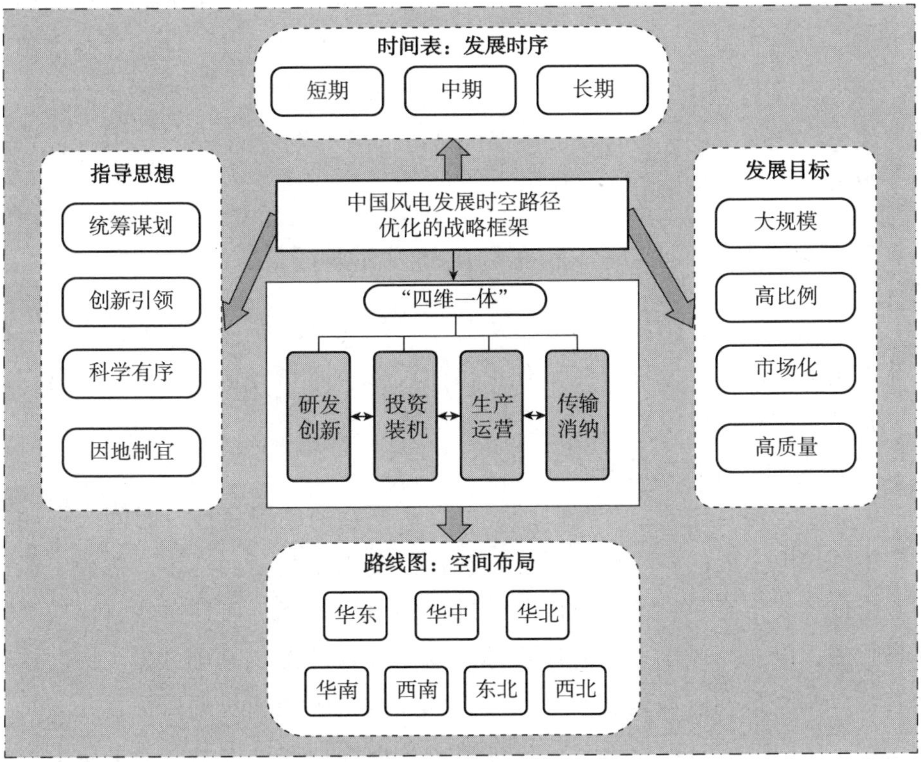

图 7.1　中国风电发展时空路径优化的政策建议框架

（3）科学有序。

科学有序推动中国风电可持续发展，需要破除发展制约障碍，同时避免无序扩张。这一指导思想着眼于确保风电产业在技术、资源、生产、消费等各个发展维度的有序推进，涵盖风电装备制造、风电场建设、电力输送到电力消费等多个产业环节。同时，需要政府、产业和社会主体各方的共同努力，以确保风电产业在各个环节的协调发展和有序推进。风电产业链相关企业和利益方应积极参与制定风电发展的技术路线图，明确风电的发展节奏和目标以及实施这些目标所需的关键步骤，提高全产业链的资源配置效率，防止风电产业出现无序竞争、重复建设和产能过剩的现象。

（4）因地制宜。

坚持因地制宜的发展理念是促进中国风电可持续发展和资源高效利用的必要条件。这一指导思想强调根据不同地区的资源禀赋特点和市场需求采取灵活的、个性化的风电发展策略，以避免风电在全国范围内的同质化和均一化发展。因地制宜发展风电，应考虑地理因素、技术因素、社会和经济因素的差异性，并基于这些差异性因素灵活调整区域风电政策和管理机制，以实现对风电资源潜力的充分利用，确保区域层面风电发展的可行性和经济效益，最大限度减少社会影响和生态影响。

7.1.2 发展时序及空间布局的优化准则

受前述章节研究结果的启发，从时序目标和空间布局两个方面提出一些优化准则为中国风电发展路径优化提供建议参考及指导依据，从而完善双碳目标背景下中国风电发展的时间表和路线图。

（1）发展时序优化的基本准则。

第一，设定具体的、分阶段的、可灵活调整的发展目标。时间表应明确设定中国风电发展的各项具体目标，包括但不限于装备制造生产规模、经济效益指标、装机容量、发电量以及碳排放约束等指标，而且这些目标应当是可量化的，以便为风电发展时序目标的监测和评估提供基础数据。同时，时间表可以按照不同阶段进行目标划分，如短期、中期和长期目标，并为每个阶段设定区间性的目标任务，这将有助于合理规划和推进全产业链条下风电的发展进程。同时，在每个阶段，对时序目标的达成情况进行必要评估和适度调整，以确保风电发展的节奏在可持续路径上保持前进。

第二，综合考虑技术可行性、资源可用性以及市场需求变化等多方面因素。时间表应建立在对可再生能源技术的当前状态以及未来演进趋势进行全面评估的基础上，保持技术预见的准确性与灵敏性以提升风电发展的目标设定在技术方面的可行性；同时，借助智能技术充分评估各地区的资源分布情况，包括风能资源和土地利用情况等，确保在实现风电项目科学布局的同时提升资源的利用效率。此外，时间表应紧密结合电力需求变化以及电力市场形势演变，灵活调整风电的发展规模及策略，提升对外部市场条件变化的适应性。

第三，统筹兼顾政策演变、经济社会发展以及国际承诺。时间表应关注政策支持的力度与方向以及不同类型政策的效力与效应，提升不同类型政策间的协同度和互济性，进而提升风电发展所需的长期投资可预见性。同时，时间表应确保风电产业发展与国家整体发展战略协调一致，与经济社会发展目标相一致，从而实现气候治理与经济发展双赢的局面。此外，我国在国际气候变化协议中做出了重要的减排承诺，时间表的设计也应考虑到相应的时间节点，确保中国风电发展在全球气候治理中发挥积极引领作用。

第四，加强对风电发展时序目标的风险管理和监测预警。时间表的制定应考虑到可能面临的技术风险、政策风险和市场风险等，并提前设立相应的风险管理措施，例如，建立应急预案和风险分担机制等，以确保中国风电发展在面对各种不确定性挑战时能够灵活应对。同时，监测预警评估也是不可或缺的一环，定期监测和评估风电各产业环节时序目标的执行与完成情况，以便及时发现存在的问题并采取相应的纠正措施，最终确保风电全产业链发展时序目标顺利实现。

（2）空间布局优化的基本准则。

第一，充分利用地区优势差异化发展。风电产业的空间布局应根据各地的特征优势差异化发展。一方面，在资源丰富的地区，可以加大风电装机容量的建设，充分利用风能资源提高电力产能。同时，这些地区还可以发展风电配套产业（如风电装备制造和运维服务产业）以及引入高载能企业（如大数据超算中心），形成完整的产业生态系统，将风电的价格优势转变为其他产业发展的价值高地。另一方面，在资源相对有限的地区，可以选择发展其他形式的可再生能源，如太阳能或水能，以实现能源供应体系的多元化，中东南部地区可协调土地开发约束，发展分散式风电。此外，在电网设施完善的地区也可以进行跨区域电力输送，将可再生能源电力从丰富资源地区输送到需求较高的负荷中心地区，最大限度地发挥不同地区的资源潜力，实现资源的高效配置和利用。

第二，区域间积极合作协同发展。为提升风电发展集聚模式的效率和质量，各省份之间需加强协同合作，加速形成区域性的产业集聚和配套体系，避免风电产业各环节产能的重复建设，提高产业链的完整性和协同性。例如，在风电装备制造环节，各省份可以根据自身特点分工合作形成全国性的供应链，提高装备制造的质量和竞争力。同时，不同省份的电力需求也存在差异，协同发展有助于跨区域电力输送和交易，充分利用可再生能源电力资源。此外，地方政府在协同发展中扮演关键角色，应根据不同区域合作发展模式，制定更具针对性和适用性的支持引导政策，带动区域间产业协作以发挥规模效应。

第三，兼顾经济社会效益与生态环境的可持续性。风电项目的建设和运营需要考虑生态环境保护、经济效益和社会效益的权衡。在风电项目选址时应进行系统性的生态评估，合理规划风电场的布局，减少对当地生态系统的破坏；同时，要考虑项目对当地经济社会发展的带动效应，包括就业机会、经济发展和社会稳定等，以确保风电产业发展在生态保护与社会效益之间有效权衡。另外，在风电项目全生命周期中，不同目标效益间的权衡需要建立健全的监测和评估机制，以便及时发现在权衡不同发展导向时可能产生的问题，确保区域发展和风电产业可持续发展目标的协调与契合。

第四，产业链多元化发展布局。空间布局应当考虑促进风电全产业链条的发展，包括但不限于风电装备制造和风电的“发输储用”等环节，在提高风电产业综合竞争力的同时降低产业链风险。当某一区域过度依赖风电发电时，可能会使整个产业链在面临市场波动或技术变革时更加脆弱，通过在风电装备制造、储能等领域的业务拓展，可以分散风险并降低产业链的不稳定性，确保其在复杂的市场条件下能够保持较强的韧性和恢复力。同时，多元化的发展通常意味着多样性的技术研发创新以及多样性的人才需求，这将创造更多的就业机会，在提高产业技术创新水平的同时改善区域内劳动力结构。

7.2 时序层面的政策建议

基于第 3 章时空格局演变特征解析和第 5 章中国风电发展的时序目标优化研究结果，不同阶段下风电发展面临的不确定性形势和挑战有所不同。同时，风电产业的经济效益和技术潜力的规模、增速及趋势等也会随着时间的演变而表现出不同的状态和机制。因此，有必要从短期、中期和长期等不同时间维度对中国风电发展的时序路径进行优化，以推动和保障中国风电产业朝着有序与可持续发展的目标迈进。本章研究依托第 2 章的多层次视角框架理论，分别从短期的政策行动、中期的制度变革和长期的愿景规划提出相应的政策建议。

7.2.1　短期政策建议

短期（2025 年之前）的政策行动应在保持现有管理制度下重点改善产业政策，以确保中国风电由大规模发展向高质量发展的平稳过渡和跃迁。短期内，这些行动措施包括以下几点。

第一，加强技术创新，提升风力发电的效率、可靠性及灵活性。积极利用当前宏观环境的机会，集中精力提升风电技术的可靠性和灵活性，有助于应对电力需求波动和气候变化带来的挑战，增强电力供应的安全性。具体来说，加大对风力发电技术的研发投入，特别是提高风机等关键装备的可靠性和功率性能，减少维护成本，以确保风电项目的稳定运营和经济效益。同时，鼓励开发更高效的风力转换设备，如大型轻量化风机、智能风电预测系统、储能设施等，提高其在复杂气象条件下的运行稳定性，确保风电生产系统能够持续可靠地接入电网。另外，还需尽快完善电网端和负荷端的灵活性技术，推动升级和扩展电力输电网络，特别是将风电产区与用电高峰区连接起来，以实现风电的远程跨区域输送和分布式风电联动。

第二，强化市场导向型政策，包括但不限于整合市场工具，如绿证交易机制、绿电交易机制、绿电消纳保障市场机制、碳交易体系等。这些政策工具可以发挥风电作为绿电的属性优势，创造更有利于风电发展的市场环境，提高风电产业的投资吸引力，从而在短期内快速推动风电的大规模发展和高比例应用。在绿证交易机制方面，建立完善的绿证市场并鼓励风电项目参与，提高风电运营商的经济激励。此外，还可以建立绿电交易机制，为消费者提供绿色电力选择，鼓励清洁能源的使用，刺激风电市场需求。在绿电消纳保障市场机制方面，建立保障机制，确保风电项目的电力能够被充分消纳，减少弃风现象的发生。这可以通过加强政府和电力企业的合作来实现，提供稳定的电力购买合同，确保风电的长期稳定收购。同时，建立完善碳信用交易市场，将碳排放权纳入风电项目的经济考虑因素，提高可再生能源电力的经济性和竞争力。

总的来说，这些短期行动将有助于确保风电产业在相对稳定的政策支持环境下稳步前进，为达成可再生能源在“十四五”期间的规划目标打下坚实基础。

7.2.2 中期政策建议

中期（2025—2030年）的战略举措重点在于深化行业制度变革，提升风电产业的经济效益和可持续性，推动风电产业各环节全面实现可持续增长。在这一时期，建议采取的关键举措包括以下几点。

第一，强化风电的市场地位。将风电产业明确定位为电力现货市场的关键参与者，以确保其在市场竞争中具有更大的主动权。同时，通过建立适当的电价定价机制，鼓励风电项目参与电力辅助服务市场，如容量市场和调频市场，以提高其经济效益。这些措施将有助于风电企业更好地应对电力市场的波动性，提高风电项目的投资可行性和ROI。

第二，提高市场准入门槛。通过提高市场准入门槛和强化市场监管，可以有效减少风电开发的低水平竞争和无序竞争，提高风电产业发展的质量和效益。这包括制定更为严格的电力市场参与条件，以筛选出具备竞争力的项目，确保市场资源得以最佳配置；建立完善的监管体系，强化对风电市场的监督管理，防止不正当竞争和市场操纵行为，保障市场公平竞争。此外，还应建立市场价格调节机制，确保风电项目建设相关的定价机制合理以及市场供需平衡。

第三，建立技术激励体系。为加快风电相关技术创新和升级，需建立完善的技术激励体系，促使风电制造商与运营商采用更先进的技术和工艺。这可以通过提供技术研发资金、税收优惠、知识产权保护、技术合作与转移等激励措施来实现。特别是，重点关注技术密集型企业的基础研究、关键技术攻关、新材料开发、风储集成、智能运营等方面。另外，还可以通过开展国际技术合作项目、吸引外资等方式引进国际先进的风电技术和经验，加速风电产业的技术创新发展。

第四，绿色金融工具的应用推广。借助绿色金融工具，提升风电产业的投资吸引力。这包括绿色债券发行、绿色信贷政策、绿色基金设立、可再生能源证券化项目等，这些工具可以为风电项目建设提供投融资支持，促进产业规模扩大发展。具体来说，鼓励风电项目发行绿色债券，以筹集资金支持项目建设和运营；银行和金融机构可以制定绿色信贷政策，为符合条件的风电项目提供低息贷款和信用支持；政府和金融机构可以联合设立绿色基金、提供绿色投资咨询服务等，用于支持初创企业的示范项目建设和新技术开发者的创新动力，帮助投资者把握风电产业的发展前景并提供投资参考。

总的来说，这些战略举措有助于促进风电技术进步，优化风电产业的运作机制，提高其经济效益和可持续性，凸显风电作为可再生能源主力军的价值贡献，推动面向高比例可再生能源的现代能源体系发展。

7.2.3　长期政策建议

长期（2031—2050 年）的政策愿景旨在构建全新的风电发展格局，届时风电将成为高比例可再生能源系统的中坚力量，同时在国际市场上发挥引领示范作用。实现这一长期发展愿景的关键举措包括以下几点。

第一，培育知识共享生态系统。为促进风电技术的研究、探索、突破和示范，建立风电技术知识共享生态系统。这可能包括：建立国家级风电研究中心，集聚国内外顶尖风电专家，共同开展前沿技术研究，为风电技术创新提供驱动力；建立开放的风电知识数据共享平台，允许不同机构和企业共享数据、研究及实践成果，促进信息要素的流通；鼓励和资助风电示范项目，包括风电场建设、智能化电网、风电一体化系统等先进项目，为技术验证和实践提供平台支持，为风电产业的健康持续发展提供实践基础。

第二，建成全国统一的电力市场。一个良好运作的电力市场可以在全国范围内促进资源的高效利用，充分发挥风电的商品属性价值，从而最大限度地提高风电企业运营的经济效益。同时，协调改进输电价格机制以促进风电的跨区域流通和交易，允许不同地区之间更灵活地共享清洁能源，实现风电资源的高效配置和流动分布。另外，电力行业规划要坚持以市场为核心，在规划过程中应以国家政策目标为导向并考虑现有市场的设计，为电力市场的运作提供框架指导，避免行政在指导投资和电力系统运行方面发挥主导作用，从而减少行政过度干预而可能导致的次优投资决策和产能过剩。

第三，搭建绿色产业链供应链生态系统。鼓励风电产业链上下游间积极合作与协同发展，包括风力发电机组材料供应商、风电设备制造商、储能技术提供商以及电力需求响应服务提供商等。积极构建绿色供应链生态系统，促进资源整合与技术创新，强化风电产业链韧性。可能的措施包括：鼓励不同环节企业建立战略合作伙伴关系，共同开发、生产与供应可再生能源相关的产品和服务，提高供应链效率；制定统一的技术标准和质量认证体系，确保供应链中的各个环节都能够满足高质量和高可靠性的要求，提升风电系统的可靠性；积极推动储能技术与风电系统的集成，以平衡风能的波动性。同时，倡导智能化技术在供应链管理中的应用，提高产业链供应链的灵活性和响应速度。

第四，平衡生态环境保护和经济社会效益。在长期发展愿景中，继续加强对风电项目建设过程中的生态环境保护，尽可能降低项目建设和运营对当地生态系统的影响。通过采用先进的环保技术和可持续的运营实践，实现风电产业发展与自然环境保护的和谐统一。同时，注重风电产业对当地社会的影响，通过提供更多的就业机会、促进经济发展、提升社会稳定性等确保风电产业对经济社会发展的积极贡献。

总的来说，这些长期愿景举措将促使中国风电产业迈向成为综合能源和智慧能源的发展阶段，实现经济效益、社会效益和生态环境效益的和谐统一。同时，通过知识共享和统一电力市场的建设，中国将在全球可再生能源领域发挥更大的领导作用，为国际社会应对气候变化提供示范参考。

7.3 空间层面的政策建议

基于第 3 章时空格局演变特征解析和第 6 章中国风电发展的空间布局优化研究结果，中国风电发展具有强烈的空间路径优化需求。同时，各省份在政策支持、经济社会发展、区域资源禀赋以及技术创新基础等多个方面存在较大差异，并且政府也会随着宏观形势变化做出目标取舍，进而表现出权衡不同目标的异质性决策偏好。因此，有必要综合考虑中国各省份的基础特征以及政府的不同目标偏好，对中国风电发展的空间路径进行优化，推动和保障中国风电产业朝着科学布局与高质量发展的目标迈进。本章研究依托第 2 章的能源三元目标权衡理论，分别从省份规划预警、开发“风光水火储一体化”项目、高载能产业转移、发展海上风电、拓展应用场景等五个方面提出相应的政策建议。

7.3.1 实施省份风电规划建设风险预警优化产能布局

在未来风电规模不断增加的形势下，各省份尤其是内蒙古、新疆、甘肃等需要更加谨慎地管理新项目的规划和建设，最大限度地降低潜在风险并优化产能布局。一方面，通过建立风电开发监测预警体系优化产业布局，具体可以从风电建设充裕度预警指标、资源约束指标、碳减排约束指标、风电建设的经济性预警指标等多个维度构建风电规划建设风险预警的指标体系，从而评估各省份风电规划建设的风险等级，合理引导风电项目的投资布局，促进行业监管和引导机制的完善；另一方面，通过建立信息管理和监测体系加强对风电项目建设运行的监管，实现对风电项目从规划、建设到运行以及补贴资金利用的“事中”和“事后”等全过程监管，为提升政府对风电投资规划的决策和管理水平提供有力支持，进而形成最优产能布局策略，平衡各地区风电发展。同时，风电项目的布局也应考虑电力输送和储能设施建设，以保障电力供应的可靠性。另外，地方政府、企业以及社会公共组织也应积极参与风电项目的风险管理和产能布局优化，加强风电建设规划决策相关者与当地居民等利益相关者的密切沟通合作，以确保项目实施过程中社会和环境的可持续性。

7.3.2　因地制宜开发建设“风光水火储一体化”项目

未来风电的空间规划需遵循因地制宜的原则，以“风光水火储一体化”建设为着力点优化风电的空间布局。一方面，将开发重点放在电源侧，坚持“集中与分散并举”的开发模式。根据各地区的资源禀赋特点采用多种不同类型的能源，包括风能、太阳能、水能和煤炭，并利用多种能源介质相互补充的方式发电，提升电力供应的稳定性与可靠性。同时，适当增加配套储能设施的比例，并因地制宜推进“风光水储一体化”、稳健推进“风光火储一体化”等措施。另一方面，保障可再生能源发展的合理空间需求，包括土地需求和并网传输需求。于前者，应出台和完善更具弹性与兼容性的土地政策，提高国土空间资源利用效率；于后者，应优化存量输电通道，如淮东—皖南、锡盟—江苏等，协调其传统电源输送与风电等清洁电源的比重，改善增量输电通道，如陇东—山东，最大化提升风电等清洁电源的输送占比。

7.3.3　通过高载能产业转移实现“三北”地区风电就地消纳

风电作为清洁、经济的能源之一，可以吸引对低成本和清洁电力需求大的产业向风电生产富集的“三北”地区转移，这将使风电从零排放、成本低廉的“价格洼地”转变为工业企业的“价值高地”。“三北”地区拥有丰富的风能资源，风速相对较高，具有价格优势，该区域的风电成本甚至低于传统火电，适宜进行大规模的集中开发。然而，随着装机规模的不断增加，仅依赖于特高压输电进行电力外送难以迅速解决风电的消纳问题，故可以考虑在“三北”地区设定税收优惠、电价优惠和土地政策等激励措施，并结合“沙戈荒”新能源大基地建设，鼓励和引导高载能产业向新能源富集的西部和北部地区有序转移，尤其是能够更充分利用风电的产业如大型制造业和数据中心等。经此措施，优化产业布局的同时能够提升风电的就地消纳水平。另外，风电项目的建设、安装和运维等一系列活动还有助于增加本地的就业机会，吸纳更多的专业技术人才。

7.3.4 发展海上风电满足东南沿海地区高电力需求

我国拥有发展海上风电的独特优势。从资源角度来看，广阔的海域和丰富的海洋风能资源蕴藏着巨大的风能潜力，为发展海上风电提供资源基础；从发展条件来看，相较于陆上风电，海上风电受到的限制较少，其不受土地占用和噪声污染等问题困扰。同时，我国的海上风电资源主要分布在东南部沿海，距离电力需求中心较近，便于传输供电。总的来说，海上风电具有资源充沛、运行高效、发电稳定、潜在电力消纳能力大以及电网接入方便等多重优势，因此有望迅速扩大市场份额。然而，目前我国海上风电尚未实现平价上网，仍需提供适度的支持。例如，国家和各沿海省份加强统筹规划，实现集中连片开发；统一规划和建设电力输送工程，并将成本合理地纳入输配电价格中；设立海上风电发展促进基金，为项目提供资金支持，助力海上风电项目开发建设。

7.3.5 拓展“风电+”应用场景提升风电价值

拓展风电的应用场景有助于提升风电企业的发展机遇和市场价值。作为高端装备制造业，未来风电可以与新材料、物联网、区块链、人工智能等先进技术深度融合，与储能、绿氢、绿氨、绿醇、冶炼、生物合成等领域协同发展，将会创造更多“风电+”应用场景。具体来说，在风电等新能源丰富的地区，可以与地方政府、工业园区、高耗能产业等建立广泛的合作关系，共同打造零碳电力基地，吸引出口产业园区和高载能工业区等向内陆地区转移，有效推动内陆区域的产业升级和经济发展，为东北振兴和西部大开发提供有力支持；在中东部电力负荷中心地带，将风电与绿色消费政策相融合，创建绿色园区、绿色工厂、绿色产品和绿色社区，为推动建设 100%可再生能源示范城市贡献力量，为当地提供零碳发展的资源和机会，促进经济绿色增长。总的来说，拓展更加广泛的“风电+”应用场景将为风电产业带来更大的市场前景和经济效益。

7.4　本章小结

本章首先构建提出了中国风电发展路径优化的政策建议框架，包括指导思想、发展目标、发展时序以及空间布局优化的基本准则；其次，立足不同发展阶段，从短期、中期和长期分别提出了中国风电发展时序路径优化的政策建议；最后，考虑区域发展基础的异质性特征，从省份规划预警、开发“风光水火储一体化”项目、高载能产业转移、发展海上风电、拓展应用场景等五个方面提出了中国风电发展空间路径优化的政策建议。这些政策建议旨在为加强和完善风电发展的规划引导与政策支持提供有价值的见解及参考。

第 8 章

研究结论及展望

8.1 主要研究结论

在积极稳妥推进双碳目标的战略要求和推动可再生能源高质量发展的目标引领下，坚持系统观念，厘清新形势下风电发展的概念内涵，揭示风电发展的时空格局演变及形成机制，从而实现风电发展的时空路径优化，对推动中国风电发展实现整体性推进、全局性谋划和战略性布局具有重要意义。本研究遵循“发现→解释→预测→推演→优化”的思路，运用文献计量、空间数据分析、系统仿真、运筹优化等多种模型方法，立足全产业链视角，围绕中国风电发展的时空格局解析、形成机制揭示、时序目标优化和空间布局优化等主要内容展开了较为全面深入的研究。

（1）通过对中国风电发展的时空格局及演变特征研究，得到主要研究结论如下。

第一，风电发展存在显著的时空分异特征。从时间分异来看，风电发展整体呈现“高速增长—增速减缓—平稳增长”的趋势，创新活动前期较为活跃，近期动力不足，投资装机节奏波动剧烈、缺乏科学有序规划，大规模风电装机规模虽使得我国风电具备显著的生产设施基础优势，但风电在负荷端的占比仍处于较低位；从空间分异来看，风电发展整体呈现分布不均衡的区位特征，且不同发展维度在空间上存在“错位”现象，总体表现出“沿海创新、禀赋投资、三北生产、东部消纳”的空间发展格局，这种错位现象需要相应的技术设施和政策机制加以协调改进。

第二，风电发展的空间差异和集聚程度整体上呈现减缓的趋势。2005—2021 年，风电新增装机的空间差异和空间集聚程度呈现“U 形”波动下降的趋势，风电发电呈现“倒 U 形”下降趋势。2010 年后，风电累计装机的空间差异和空间集聚表现为平稳下降。2018—2021 年，风电创新的空间差异程度和空间集聚程度呈现出小幅波动提升。总的来说，我国风电发展的空间差异和集聚程度在近年来虽有所减缓，但这种差异与集聚格局仍需关注，以进一步优化风电发展的空间布局。

第三，风电发展在全域分布上表现出显著的正相关特征，在局域分布上表现出显著的集聚分布和同质性分布特征。在全局上，风电生产活动表现出的集聚程度最强，其次是创新和投资活动的集聚，而消费活动的集聚现象较弱；在局部上，风电发展主要呈现出“高高集聚”和“低低集聚”的分布特征，即我国风电发展在区域集聚模式上以“高效型的互相带动”与“低效型的彼此滞缓”为主导。

（2）通过对中国风电发展时空格局演变的形成机制研究，得到主要研究结论如下。

第一，揭示了影响因素对风电发展的时间作用机制，部分影响因素的作用机制表现出较强的时间异质性。RD 投入和环境规制对创新的影响程度分别呈现增强和减弱的趋势；经济政策不确定性对投资的影响越来越强，风力资源禀赋的影响则较为稳定；风力资源禀赋和能源消费强度对风电生产的影响逐渐增强，人均 GDP 和 RD 投入的影响逐渐减弱；能源消费强度和城市化水平对风电消费的影响力度持续增强，电力传输设施、碳排放强度和电源结构的影响力度逐渐减弱。

第二，揭示了影响因素对风电发展的空间作用机制，部分影响因素的作用机制表现出较强的空间异质性。环境规制和绿色金融水平对于区域层面的风电创新尤为重要；东部地区风电投资主要受城市化水平和风力资源禀赋影响，西部地区风电投资主要受风力资源禀赋和能源消费强度影响，中部地区和东北地区风电投资主要受城市化水平和 RD 投入影响；东中部地区和东北地区的风电生产主要受电源结构和城市化水平影响，西部地区主要受电源结构和能源消费强度影响；东部地区风电消费主要受城市化水平和人均 GDP 影响，西部地区主要受能源消费强度和城市化水平影响，中部地区和东北地区主要受电源结构和电力传输设施影响。

第三，揭示了影响因素对风电发展的交互作用机制，多种因素的良性互动更有助于推动风电高质量发展。在创新维度，绿色金融水平与其他因素的共同作用有助于提升风电创新能力；在投资维度，各因素之间的正向交互作用表明，综合考虑政策、技术和经济等多方面因素，对提升风电投资决策的科学性至关重要；在生产维度，环境规制与电力传输的共同作用，可以通过促进电网设施升级提高风力发电的利用效率；在消费维度，城市化水平较高的地区更应积极发展绿色金融，这有助于提升风电消纳的积极性。

第四，风电发展时空格局是在多种类型因素的共同影响和作用下，逐渐形成的时空范畴上的状态表现。从因素类型来看，自然与环境因素框定了风电发展时空演化的格局，社会因素改变了时空格局的基本形态，并进一步强化了基本格局的不平衡性，政治与制度因素是推动时空格局迁移转变的外生驱动力，技术、基础设施与创新因素是推动时空格局迁移转变的内生驱动力；从具体因素来看，经济水平主要决定了风电创新的空间集聚特征和时间演变趋势，环境规制主要决定了风电投资的速度进程，风力资源禀赋主要决定了风电投资的空间分布，能源消费和传统电源结构主要决定了风电生产的空间分布，输电设施主要决定了风电生产的规模节奏，经济水平与电源结构同时决定了风电消纳的时间演化和空间格局特征。另外，不同影响因素之间交互影响，进一步增强了风电发展时空格局形成机制的复杂性。

（3）通过中国风电发展的时序规模优化研究，得到主要研究结论如下。

第一，按照当前发展格局，未来风电项目投资回报并不理想，风力发电的生产效率仍需提升。就经济效益而言，风电项目运营的投资回报率维持在5%~7%，略低于行业可行 ROI（6%~9%），风电整机、风电叶片、风电玻纤企业的利润规模到 2050 年分别可达到 17000 亿元、2000 亿元、387 亿元左右，利润增速呈现出先快后慢的趋势。风电整机企业在风电装备制造环节中产业价值最高，2040 年以后风电玻纤企业和风电叶片企业利润提升空间极小。就技术潜力而言，时序规模持续扩大但增速趋缓，到 2050 年风电装机容量、风电发电量分别为 2124 吉瓦、6.05 万亿千瓦时，风电消费占比提升至 36.4%。“十四五”期间的风电装机总量目标可以实现，但距离实现发电量翻一番的目标还有一定差距，有必要进一步提高风电的发电效率。

第二，技术进步是驱动中国风电实现高质量发展最有效的方式，政府应该以更加坚定的态度加快可再生能源技术创新。单一优化情景下，风电发展的经济效益和技术潜力表现为：技术驱动情景优于政策驱动情景、优于宏观环境驱动情景。较之基准情景，技术驱动情景下风电的经济效益规模平均提升 120%，技术潜力规模平均提升 42%。更具体地，在技术驱动下，风电项目

ROI 提升至 14%，显著高于行业可行 ROI，风电消费占比增长至 54%，风电在电力消费端的渗透率大幅提升。

第三，宏观环境波动对中国风电可持续发展的长期影响值得关注。风电发展在技术和政策共同驱动下取得最佳经济效益，而技术潜力则在技术、政策和宏观环境波动的综合驱动下达到最优。这表明即便受到技术和政策双重支持，宏观环境的波动仍可能对风电发展的经济效益带来负面影响，然而其可以在一定程度上激发风电发展的技术潜力。在促进风电实现高质量和可持续发展过程中，应考虑合理借助宏观形势来推动风电发展技术潜力的强劲增长。

（4）通过中国风电发展的空间配置优化研究，得到主要研究结论如下。

第一，优化方案较好地满足了风电发展在经济性、安全性和清洁性多重目标间的权衡。较之当前空间格局，优化方案下风电发展的经济效益和技术潜力有所提升。风电运营 ROI 高于 7%，高于行业可行的 ROI；2023—2050 年，风电运营的利润规模为 24615 亿~25047 亿元，风电发电量可满足 57%~64%的电力需求，电力剩余需求在 1.076 亿吉瓦时~1.282 亿吉瓦时，潜在碳减排量在 510 亿吨~518 亿吨，年均碳减排贡献量约为 17.5 亿吨。总体而言，兼顾多重目标并考虑区域差异约束的风电装机配置方案更有助于推动风电实现全方位高质量发展。

第二，多目标优化下的风电发展空间配置方案仍表现出依赖资源禀赋集聚的空间分布格局。同等目标偏好下，第一梯队（2050 年累计装机超 500 吉瓦）装机区域包括内蒙古和新疆 2 个省份，第二梯队（累计装机超 100 吉瓦）装机区域包括甘肃、青海、西藏和黑龙江 4 个省份，第三梯队（累计装机超 35 吉瓦）装机区域包括吉林、辽宁、河北、广东、山东和江苏 6 个省份。这些省份具有丰富的风能资源或土地资源，亦或具备成熟的风电开发经验；其余省份的累计装机规模均低于 35 吉瓦。

第三，不同目标偏好下风电发展空间配置方案的装机时序和空间布局存在显著差异。就装机时序而言，清洁目标偏好下风电装机的快速扩张期在 2028 年之前，经济目标偏好下风电装机的快速扩张期分布在 2028—2038 年，而目标同等偏好和安全目标偏好下快速扩张期则处于 2039—2050 年；就空间布局而言，经济偏好方案倾向于在华北地区配置更多的风电项目，安全偏好和清洁偏好方案则更倾向于配置在风能资源禀赋更加丰富的西北地区和利用小时数较高的西南地区。这些优化方案反映了决策者在不同决策偏好下的目标优先级及权衡取舍，为中国风电发展的统筹规划和区域布局提供了新的视角与决策参考。

8.2 未来研究展望

本书立足全产业链视角，对中国风电发展的时空格局演变机制及路径优化展开了一系列研究，获得了一定的阶段性成果和创新性发现。然而，目前的研究仍具有改进和提升的可能性。在未来的研究中，以下方面的局限性需进一步探讨完善。

第一，研究问题的视角和维度可以进一步扩展和深入。虽然本研究已经从全产业链的视角对风电发展进行了针对性探讨，但未来研究可以考虑进一步扩展研究问题的视角，例如，基于全生命周期视角将风电设备的退役回收环节考虑在内、将风电项目建设环节引发的生态损失转换为可量化的经济成本等。此外，还可以将研究维度进一步扩展至全球视角和国际层面，探讨中国风电发展与全球能源格局的关系，从全球能源安全和可持续发展的角度来审视中国风电在国际舞台上的地位和作用。

第二，模型构建的尺度及粒度可以进一步完善和细化。尽管本研究在中国风电发展的时空路径优化模型构建等方面取得了一定进展，但在建模时，研究尺度和要素粒度的选择仍可能对研究结果的准确性和研究结论的适用性产生影响。未来的研究可以考虑将尺度进一步细分，如更精细的区域划分和更详细的产业链环节分析，以便更加准确地捕捉不同区域和产业环节之间的异质性和相互作用。此外，随着数据采集和处理技术的不断发展，未来可以利用遥感数据、人工智能等技术，实现更精确的时空数据分析和预测推演，从而提升优化模型的性能。

第三，模型假设和数据参数可以进一步更新和校准。随着中国风电产业的快速发展、核心技术的突破和政策环境的变化，模型假设和数据参数可能会逐渐偏离实际情况。为了保持模型的准确性和适用性，未来的研究可以定期对模型的假设和参数进行更新、校准与动态调整，以反映产业实际发展趋势和政策形势变化，为决策者提供可靠的信息支持。此外，下一步研究还可以根据宏观形势的变化对情景推演进行丰富扩展。例如，在国际合作的背景下，探讨风电全球供应链和价值链建设对中国以及其他主要国家风电发展的影响，在帮助中国成为风电领军国家的道路上提供更为科学有效的决策支持。

参 考 文 献

[1] LIU Z, ESPINOSA P. Tackling climate change to accelerate sustainable development[J]. Nature climate change, 2019, 9(7): 494-496.

[2] FLORIDES G A, CHRISTODOULIDES P. Global warming and carbon dioxide through sciences[J]. Environment international, 2009, 35(2): 390-401.

[3] EDENHOFER O. Climate change 2014: Mitigation of climate change[M]. Cambridge: Cambridge University Press, 2015.

[4] IEA. World Energy Outlook 2022[R]. International Energy Agency, Paris, 2022.

[5] 新华社．习近平在第七十五届联合国大会一般性辩论上的讲话(全文)[EB/OL].(2020-09-22)[2023-08-25]. http://www.xinhuanet.com/world/2020-09/22/c_1126527652.htm.

[6] IEA. Net zero by 2050: A roadmap for the global energy sector[R]. International Energy Agency, Paris, 2021.

[7] ESCAP. Coal Phase out and Energy Transition Pathways for Asia and the Pacific[R]. Economic and Social Commission for Asia and the Pacific, Bangkok, 2021.

[8] 范英，衣博文．能源转型的规律，驱动机制与中国路径[J]. 管理世界，2021，37(8)：95-105.

[9] IRENA. Renewable Power Generation Costs in 2021[R]. International Renewable Energy Agency, Abu Dhabi, 2021.

[10] 国家统计局能源统计司．中国能源统计年鉴[M]. 北京：中国统计出版社，2020.

[11] 国家能源局．我国可再生能源装机超过煤电[EB/OL].(2023-08-04)[2023-08-25]. http://www.nea.gov.cn/2023-08/04/c_1310735564.htm.

[12] 国家发展和改革委员会等．关于印发"十四五"可再生能源发展规划

的通知[EB/OL].（2022-06-01）[2023-08-25]. https：//www. ndrc. gov. cn/xwdt/tzgg/202206/t20220601_1326720. html.

[13]中国政府网．关于促进新时代新能源高质量发展的实施方案[EB/OL].（2022-05-30）[2023-08-25]. https：//www. gov. cn/zhengce/content/2022-05/30/content_5693013. htm.

[14]杨力俊，王冠然，田文旭，等．发展可再生能源助力碳中和：复杂系统分析[J]. 信息与管理研究，2021，6(6)：21.

[15]HE G，LIN J，SIFUENTES F，et al. Rapid cost decrease of renewables and storage accelerates the decarbonization of China's power system[J]. Nature communications，2020，11(1)：2486.

[16]CHEN Y，LIN H. Overview of the development of offshore wind power generation in China[J]. Sustainable energy technologies and assessments，2022(53)：102766.

[17]国家能源局．"十四五"现代能源体系规划[EB/OL].（2022-01-29）[2023-08-25]. http：//www. nea. gov. cn/1310524241_16479412513081n. pdf.

[18]CHEN K，REN Z，MU S，et al. Integrating the Delphi survey into scenario planning for China's renewable energy development strategy towards 2030[J]. Technological forecasting and social change，2020(158)：120157.

[19]XU B. Exploring the sustainable growth pathway of wind power in China：Using the semiparametric regression model[J]. Energy policy，2023(183)：113845.

[20]WANG Y，MAO J，CHEN F，et al. Uncovering the dynamics and uncertainties of substituting coal power with renewable energy resources[J]. Renewable energy，2022(193)：669-686.

[21]LIU D，LIU Y，SUN K. Policy impact of cancellation of wind and photovoltaic subsidy on power generation companies in China[J]. Renewable energy，2021(177)：134-147.

[22]CEEP-BIT. 2022年中国能源经济指数研究[R]. 北京：北京理工大学能源与环境政策研究中心，2023.

[23]ALIZADEH R，LUND P D，BEYNAGHI A，et al. An integrated scenario-based robust planning approach for foresight and strategic management with application to energy industry[J]. Technological forecasting and social change，2016

(104): 162-171.

[24]YU S, GUI H, YANG J. China's provincial wind power potential assessment and its potential contributions to the "dual carbon" targets[J]. Environmental science and pollution research, 2023, 30(5): 13094-13117.

[25]ZHANG S, WEI J, CHEN X, et al. China in global wind power development: Role, status and impact[J]. Renewable and sustainable energy reviews, 2020(127): 109881.

[26]LI J, CHEN S, WU Y, et al. How to make better use of intermittent and variable energy? A review of wind and photovoltaic power consumption in China[J]. Renewable and sustainable energy reviews, 2021(137): 110626.

[27]CHEN H, CHEN J, HAN G, et al. Winding down the wind power curtailment in China: What made the difference? [J]. Renewable and sustainable energy reviews, 2022(167): 112725.

[28]LIU Y, REN L, LI Y, et al. The industrial performance of wind power industry in China[J]. Renewable and sustainable energy reviews, 2015(43): 644-655.

[29]程婉静，莫东序，李俊杰，等. 中国新能源行业高质量发展内涵解析及综合评价指标体系构建[J]. 能源科技，2020，18(8)：68-73+76.

[30] ZHANG S, ANSER M K, PENG M Y P, et al. Visualizing the sustainable development goals and natural resource utilization for green economic recovery after COVID-19 pandemic[J]. Resources policy, 2023(80): 103182.

[31]ZHOU X, LIN J, WANG L, et al. Wind power resources and China's sustainable development roadmap: Evidence from China[J]. Resources policy, 2022(79): 103015.

[32]IRFAN M, ZHAO Z Y, AHMAD M, et al. Critical factors influencing wind power industry: A diamond model based study of India[J]. Energy reports, 2019(5): 1222-1235.

[33]张文佳，张永战. 中国风电的时空分布特征和发展趋势[J]. 自然资源学报，2007，22(4)：585-595.

[34]ZHAO Z, CHANG R, CHEN Y L. What hinder the further development of wind power in China?: A socio-technical barrier study[J]. Energy policy,

2016(88)：465-476.

[35]FAN X，WANG W，SHI R，et al. Analysis and countermeasures of wind power curtailment in China [J]. Renewable and sustainable energy reviews，2015(52)：1429-1436.

[36] DAI J，YANG X，WEN L. Development of wind power industry in China：A comprehensive assessment [J]. Renewable and sustainable energy reviews，2018(97)：156-164.

[37] COSTOYA X，DECASTRO M，CARVALHO D，et al. Climate change impacts on the future offshore wind energy resource in China [J]. Renewable energy，2021(175)：731-747.

[38]ZHAO Z，HU J，ZUO J. Performance of wind power industry development in China：A DiamondModel study [J]. Renewable energy，2009，34 (12)：2883-2891.

[39]ZHAO Z，TIAN Y，ZILLANTE G. Modeling and evaluation of the wind power industry chain：A China study [J]. Renewable and sustainable energy reviews，2014(31)：397-406.

[40]LI C B，CHEN H Y，ZHU J，et al. Comprehensive assessment of flexibility of the wind power industry chain [J]. Renewable energy，2015 (74)：18-26.

[41]DONG F，LI W. Research on the coupling coordination degree of "upstream-midstream-downstream" of China's wind power industry chain[J]. Journal of cleaner production，2021(283)：124633.

[42]MOGRE R，TALLURI S，D'AMICO F. A decision framework to mitigate supply chain risks：an application in the offshore-wind industry[J]. IEEE Transactions on engineering management，2016，63(3)：316-325.

[43]王兵，吴英东，刘朋帅，等. 可再生能源发展影响因素区域异质性研究：基于生产—输送—消费全产业链视角[J]. 北京理工大学学报(社会科学版)，2021，24(1)：39-50.

[44]HUSSAIN J，ZHOU K，MUHAMMAD F，et al. Renewable energy investment and governance in countries along the belt & Road Initiative：Does trade openness matter? [J]. Renewable energy，2021(180)：1278-1289.

[45]张丽虹，何凌云，钟章奇．可再生能源投资及其影响因素：一个理论分析框架[J]．西安财经学院学报，2019，32(6)：66-73.

[46] HAO F，SHAO W. What really drives the deployment of renewable energy? A global assessment of 118 countries[J]. Energy research & social science，2021(72)：101880.

[47]ZHANG M，ZHANG S，LEE C C，et al. Effects of trade openness on renewable energy consumption in OECD countries：New insights from panel smooth transition regression modelling[J]. Energy economics，2021(104)：105649.

[48]UZAR U. Is income inequality a driver for renewable energy consumption? [J]. Journal of cleaner production，2020(255)：120287.

[49]RADPOUR S，GEMECHU E，AHIDUZZAMAN MD，et al. Developing a framework to assess the long-term adoption of renewable energy technologies in the electric power sector：The effects of carbon price and economic incentives[J]. Renewable and sustainable energy reviews，2021(152)：111663.

[50]LIN B，CHEN Y. Does electricity price matter for innovation in renewable energy technologies in China? [J]. Energy economics，2019(78)：259-266.

[51]夏晨霞，王子龙．基于BP结构突变的中国能源强度及因素分解研究[J]．中国人口资源与环境，2018，28(2)：28-35.

[52]DING H，ZHOU D，ZHOU P. Optimal policy supports for renewable energy technology development：A dynamic programming model [J]. Energy economics，2020(92)：104765.

[53]XU X，WEI Z，JI Q，et al. Global renewable energy development：Influencing factors，trend predictions and countermeasures[J]. Resources policy，2019(63)：101470.

[54]YANG F，CHENG Y，YAO X. Influencing factors of energy technical innovation in China：Evidence from fossil energy and renewable energy[J]. Journal of cleaner production，2019(232)：57-66.

[55]XU J，LV T，HOU X，et al. Spatiotemporal characteristics and influencing factors of renewable energy production in China：A spatial econometric analysis [J]. Energy economics，2022(116)：106399.

[56]ŞENER Ş E C，SHARP J L，ANCTIL A. Factors impacting diverging

paths of renewable energy: A review[J]. Renewable and sustainable energy reviews, 2018(81): 2335-2342.

[57]BOURCET C. Empirical determinants of renewable energy deployment: A systematic literature review[J]. Energy economics, 2020(85): 104563.

[58]NJOH A J. A systematic review of environmental determinants of renewable energy performance in Ethiopia: A PESTECH analysis[J]. Renewable and sustainable energy reviews, 2021(147): 111243.

[59]DARMANI A, ARVIDSSON N, HIDALGO A, et al. What drives the development of renewable energy technologies? Toward a typology for the systemic drivers [J]. Renewable and sustainable energy reviews, 2014(38): 834-847.

[60]SALIM R A, RAFIQ S. Why do some emerging economies proactively accelerate the adoption of renewable energy? [J]. Energy economics, 2012, 34 (4): 1051-1057.

[61]张宇，杨松．FDI 对可再生能源产业全球价值链地位非线性作用研究：基于研发投入门槛效应视角[J]．软科学，2020，34(3)：12-17.

[62]IBRAHIEM D M, HANAFY S A. Do energy security and environmental quality contribute to renewable energy? The role of trade openness and energy use in North African countries[J]. Renewable energy, 2021(179): 667-678.

[63]AGUIRRE M, IBIKUNLE G. Determinants of renewable energy growth: A global sample analysis[J]. Energy policy, 2014(69): 374-384.

[64]YU B, FANG D, MENG J. Analysis of the generation efficiency of disaggregated renewable energy and its spatial heterogeneity influencing factors: A case study of China[J]. Energy, 2021(234): 121295.

[65]GAN J, SMITH C T. Drivers for renewable energy: A comparison among OECD countries[J]. Biomass and bioenergy, 2011, 35(11): 4497-4503.

[66]RADPOUR S, GEMECHU E, AHIDUZZAMAN M, et al. Developing a framework to assess the long-term adoption of renewable energy technologies in the electric power sector: The effects of carbon price and economic incentives[J]. Renewable and sustainable energy reviews, 2021(152): 111663.

[67]WANG B, MI Z, NISTOR I, et al. How does hydrogen-based renewable energy change with economic development? Empirical evidence from 32 countries

[J]. International journal of hydrogen energy, 2018, 43(25): 11629-11638.

[68]MOHSENI S, BRENT A C, KELLY S, et al. Demand response-integrated investment and operational planning of renewable and sustainable energy systems considering forecast uncertainties: A systematic review[J]. Renewable and sustainable energy reviews, 2022(158): 112095.

[69]ZWARTEVEEN J W, FIGUEIRA C, ZAWWAR I, et al. Barriers and drivers of the global imbalance of wind energy diffusion: A meta-analysis from a wind power Original Equipment Manufacturer perspective[J]. Journal of cleaner production, 2021(290): 125636.

[70] LIU J, LI Y, LU Y, et al. Research on the influence factors of ubiquitous power Internet of things for promoting consumption of wind power based on fuzzy G1-ISM in China[J]. International journal of electrical power & energy systems, 2020(121): 106124.

[71]HAN M, SUN R, FENG P, et al. Unveiling characteristics and determinants of China's wind power geographies towards low-carbon transition[J]. Journal of environmental management, 2023(331): 117215.

[72]SUN L, YIN J, BILAL A R. Green financing and wind power energy generation: Empirical insights from China[J]. Renewable energy, 2023(206): 820-827.

[73]LIN B, LUAN R. Are government subsidies effective in improving innovation efficiency? Based on the research of China's wind power industry[J]. Science of the total environment, 2020(710): 136339.

[74]XU X, NIU D, XIAO B, et al. Policy analysis for grid parity of wind power generation in China[J]. Energy policy, 2020(138): 111225.

[75] WANG Y, WANG D, SHI X. Sustainable development pathways of China's wind power industry under uncertainties: Perspective from economic benefits and technical potential[J]. Energy policy, 2023(182): 113737.

[76]TIAN J, ZHOU S, WANG Y. Assessing the technical and economic potential of wind and solar energy in China: A provincial-scale analysis[J]. Environmental impact assessment review, 2023(102): 107161.

[77]TU Q, BETZ R, MO J, et al. Achieving grid parity of wind power in Chi-

na-Present levelized cost of electricity and future evolution[J]. Applied energy, 2019(250): 1053-1064.

[78]TU Q, LIU Z, LI B, et al. Achieving grid parity of offshore wind power in China-A comparative analysis among different provinces[J]. Computers & industrial engineering, 2021(162): 107715.

[79]XU Y, DU R, PEI J. The investment risk evaluation for onshore and offshore wind power based on system dynamics method[J]. Sustainable energy technologies and assessments, 2023(58): 103328.

[80]XIA F, SONG F. The uneven development of wind power in China: Determinants and the role of supporting policies[J]. Energy economics, 2017(67): 278-286.

[81]FRANKE K, SENSFUß F, DEAC G, et al. Factors affecting the calculation of wind power potentials: A case study of China[J]. Renewable and sustainable energy reviews, 2021(149): 111351.

[82]MCELROY M B, LU X, NIELSEN C P, et al. Potential for wind-generated electricity in China[J]. science, 2009, 325(5946): 1378-1380.

[83]HE G, KAMMEN D M. Where, when and how much wind is available? A provincial-scale wind resource assessment for China[J]. Energy policy, 2014(74): 116-122.

[84]HUENTELER J, TANG T, CHAN G, et al. Why is China's wind power generation not living up to its potential? [J]. Environmental research letters, 2018, 13(4): 044001.

[85]FENG J, FENG L, WANG J, et al. Evaluation of the onshore wind energy potential in mainland China: Based on GIS modeling and EROI analysis[J]. Resources, conservation and recycling, 2020(152): 104484.

[86]WANG Y, CHAO Q, ZHAO L, et al. Assessment of wind and photovoltaic power potential in China[J]. Carbon neutrality, 2022, 1(1): 15.

[87]LIU L, WANG Y, WANG Z, et al. Potential contributions of wind and solar power to China's carbon neutrality[J]. Resources, conservation and recycling, 2022(180): 106155.

[88]LIU C, WANG Y, ZHU R. Assessment of the economic potential of

China's onshore wind electricity [J]. Resources, conservation and recycling, 2017(121): 33-39.

[89]WANG Y, QIN Y, WANG K, et al. Where is the most feasible, economical, and green wind energy? Evidence from high-resolution potential mapping in China[J]. Journal of cleaner production, 2022(376): 134287.

[90]ESMAP. Going Global: Expanding Offshore Wind to Emerging Markets [R]. Washington, DC: World Bank, 2019.

[91]DAVIDSON M R, ZHANG D, XIONG W, et al. Modelling the potential for wind energy integration on China's coal-heavy electricity grid [J]. Nature energy, 2016, 1(7): 1-7.

[92]LU Z, LI W, XIE B, et al. Study on China's wind power development path: Based on the target for 2030[J]. Renewable and sustainable energy reviews, 2015(51): 197-208.

[93]LI Q, DUAN H, LIU G, et al. Optimizing China's onshore wind farm layout crucial for carbon neutrality[J]. Environmental impact assessment review, 2023(101): 107159.

[94] MCKENNA R, PFENNINGER S, HEINRICHS H, et al. High-resolution large-scale onshore wind energy assessments: A review of potential definitions, methodologies and future research needs [J]. Renewable energy, 2022 (182): 659-684.

[95]时智勇，王彩霞，李琼慧."十四五"中国海上风电发展关键问题[J]. 中国电力，2020，53(7)：8-17.

[96]EICHHORN M, MASUROWSKI F, BECKER R, et al. Wind energy expansion scenarios-A spatial sustainability assessment[J]. Energy, 2019(180): 367-375.

[97]WEINAND J M, MCKENNA R, HEINRICHS H, et al. Exploring the trilemma of cost-efficiency, landscape impact and regional equality in onshore wind expansion planning[J]. Advances in applied energy, 2022(7): 100102.

[98]SPIELHOFER R, SCHWAAB J, GRÊT-REGAMEY A. How spatial policies can leverage energy transitions-Finding Pareto-optimal solutions for wind turbine locations with evolutionary multi-objective optimization[J]. Environmental

science & policy，2023(142)：220-232.

[99]DRECHSLER M，EGERER J，LANGE M，et al. Efficient and equitable spatial allocation of renewable power plants at the country scale[J]. Nature energy，2017，2(9)：1-9.

[100]ZHANG C，LU X，REN G，et al. Optimal allocation of onshore wind power in China based on cluster analysis[J]. Applied energy，2021(285)：116482.

[101]CONG R. An optimization model for renewable energy generation and its application in China：A perspective of maximum utilization[J]. Renewable and sustainable energy reviews，2013(17)：94-103.

[102]YU S，ZHOU S，ZHENG S，et al. Developing an optimal renewable electricity generation mix for China using a fuzzy multi-objective approach[J]. Renewable energy，2019(139)：1086-1098.

[103]吴金明，邵昶．产业链形成机制研究："4+ 4+ 4"模型[J]. 中国工业经济，2006 (4)：36-43.

[104]谢贞发．产业集群理论研究述评[J]. 经济评论，2005(5)：118-124.

[105]李国平，吴爱芝，孙铁山．中国区域空间结构研究的回顾及展望[J]. 经济地理，2012，32(4)：6-11.

[106]郭腾云，徐勇，马国霞，等．区域经济空间结构理论与方法的回顾[J]. 地理科学进展，2009，28(1)：111-118.

[107]GEELS F W. From sectoral systems of innovation to socio-technical systems：Insights about dynamics and change from sociology and institutional theory [J]. Research policy，2004，33(6-7)：897-920.

[108]BARTON J，DAVIES L，DOOLEY B，et al. Transition pathways for a UK low-carbon electricity system：Comparing scenarios and technology implications [J]. Renewable and sustainable energy reviews，2018(82)：2779-2790.

[109]舒印彪，薛禹胜，蔡斌，等．关于能源转型分析的评述(二)不确定性及其应对[J]. 电力系统自动化，2018，42(10)：1-12.

[110]HUGHES N，STRACHAN N，GROSS R. The structure of uncertainty in future low carbon pathways[J]. Energy policy，2013(52)：45-54.

[111]MORADI A，VAGNONI E. A multi-level perspective analysis of urban

mobility system dynamics: What are the future transition pathways? [J]. Technological forecasting and social change, 2018(126): 231-243.

[112] LEVIDOW L, PIMBERT M, VANLOQUEREN G. Agroecological research: Conforming or transforming the dominant agro-food regime? [J]. Agroecology and sustainable food systems, 2014, 38(10): 1127-1155.

[113] DZEBO A, NYKVIST B. A new regime and then what? Cracks and tensions in the socio-technical regime of the Swedish heat energy system[J]. Energy research & social science, 2017(29): 113-122.

[114] HÖLSGENS R, LÜBKE S, HASSELKUßM. Social innovations in the German energy transition: An attempt to use the heuristics of the multi-level perspective of transitions to analyze the diffusion process of social innovations[J]. Energy, sustainability and society, 2018, 8(1): 1-13.

[115] WU Z, SHAO Q, SU Y, et al. A socio-technical transition path for new energy vehicles in China: A multi-level perspective[J]. Technological forecasting and social change, 2021(172): 121007.

[116] RAO Y. New energy vehicles and sustainability of energy development: Construction and application of the Multi-Level Perspective framework in China[J]. Sustainable computing: informatics and systems, 2020(27): 100396.

[117] GEELS F W, KERN F, FUCHS G, et al. The enactment of socio-technical transition pathways: A reformulated typology and a comparative multi-level analysis of the German and UK low-carbon electricity transitions (1990-2014)[J]. Research policy, 2016, 45(4): 896-913.

[118] YANG J, ZHANG W, ZHAO D, et al. What can China learn from the UK's transition to a low-carbon power sector? A multi-level perspective[J]. Resources, conservation and recycling, 2022(179): 106127.

[119] GEELS F W. Socio-technical transitions to sustainability: A review of criticisms and elaborations of the Multi-Level Perspective[J]. Current opinion in environmental sustainability, 2019(39): 187-201.

[120] JANO-ITO M A, CRAWFORD-BROWN D. Socio-technical analysis of the electricity sector of Mexico: Its historical evolution and implications for a transition towards low-carbon development [J]. Renewable and sustainable energy

reviews，2016(55)：567-590.

[121]WILKINSON S，DAVIDSON M，MORRISON G M. Historical transitions of Western Australia's electricity system，1880-2016[J]. Environmental innovation and societal transitions，2020(34)：151-164.

[122]FOXON T J. Transition pathways for a UK low carbon electricity future [J]. Energy policy，2013(52)：10-24.

[123]FOXON T J，Hammond G P，Pearson P J G. Developing transition pathways for a low carbon electricity system in the UK[J]. Technological forecasting and social change，2010，77(8)：1203-1213.

[124]YUAN J，XU Y，HU Z，et al. Managing electric power system transition in China[J]. Renewable and sustainable energy reviews，2012，16(8)：5660-5677.

[125]克鲁格曼，朱文晖，王玉清．萧条经济学的回归[M]．北京：中国人民大学出版社，1999.

[126]严佳佳，赵志燕．三元悖论理论研究评述[J]．经济经纬，2010(5)：133-137.

[127]傅伯杰，陈利顶，马克明．景观生态学原理及应用[M]．北京：科学出版社，2011.

[128]丁悦，蔡建明，任周鹏，等．基于地理探测器的国家级经济技术开发区经济增长率空间分异及影响因素[J]．地理科学进展，2014，33(5)：657-666.

[129]KRUGMAN P. Increasing returns and economic geography[J]. Journal of political economy，1991，99(3)：483-499.

[130]LEFEVER D W. Measuring geographic concentration by means of the standard deviational ellipse[J]. American journal of sociology，1926，32(1)：88-94.

[131]MORAN P A P. Notes on continuous stochastic phenomena[J]. Biometrika，1950，37(1/2)：17-23.

[132]ANSELIN L. Local indicators of spatial association—LISA[J]. Geographical analysis，1995，27(2)：93-115.

[133]CHE X J，ZHOU P，WANG M. The policy effect on photovoltaic tech-

nology innovation with regional heterogeneity in China[J]. Energy economics, 2022(115): 106385.

[134]ZHU M, QI Y, BELIS D, ET AL. The China wind paradox: The role of state-owned enterprises in wind power investment versus wind curtailment[J]. Energy policy, 2019(127): 200-212.

[135]BEITER P, COOPERMAN A, LANTZ E, et al. Wind power costs driven by innovation and experience with further reductions on the horizon[J]. Wiley interdisciplinary reviews: energy and environment, 2021, 10(5): 398.

[136]WANG Y, ZHANG D, JI Q, et al. Regional renewable energy development in China: A multidimensional assessment[J]. Renewable and sustainable energy reviews, 2020, 124: 109797.

[137]ZHENG S, YANG J, YU S. How renewable energy technological innovation promotes renewable power generation: evidence from China's provincial panel data[J]. Renewable energy, 2021, 177: 1394-1407.

[138]LI J, LUO Y, WEI S. Long-term electricity consumption forecasting method based on system dynamics under the carbon-neutral target[J]. Energy, 2022, 244: 122572.

[139]谢聪，王强．中国新能源产业技术创新能力时空格局演变及影响因素分析[J]．地理研究，2022，41(1)：130-148.

[140]BORENSTEIN M, HEDGES L V, HIGGINS J P T, et al. Introduction to meta-analysis[M]. Hoboken: John Wiley & Sons, 2021.

[141]ZHU J, LIU W. A tale of two databases: The use of Web of Science and Scopus in academic papers[J]. Scientometrics, 2020, 123(1): 321-335.

[142]SHEA B J, REEVES B C, WELLS G, et al. AMSTAR 2: a critical appraisal tool for systematic reviews that include randomised or non-randomised studies of healthcare interventions, or both[J]. BMJ, 2017, 358: 4008.

[143]崔小雨，陈春花，苏涛．高管团队异质性与组织绩效的关系研究：一项 Meta 分析的检验[J]．管理评论，2018，30(9)：152-163.

[144]马鸿佳，肖彬，王春蕾．大数据能力影响因素及效用：基于元分析的研究[J]．南开管理评论，2023，26(2)：143-153+165.

[145]张璇，马志军，田东红，等．企业绿色供应链管理实践的影响因素

研究：基于元分析方法的探索[J]. 中国人口·资源与环境，2017，27(12)：183-195.

[146]CHEN L，CHAN A P C，OWUSU E K，et al. Critical success factors for green building promotion：A systematic review and meta-analysis[J]. Building and environment，2022，207：108452.

[147]HUSSEIN M，ZAYED T. Critical factors for successful implementation of just-in-time concept in modular integrated construction：A systematic review and meta-analysis[J]. Journal of cleaner production，2021(284)：124716.

[148]HIGGINS JPT，THOMAS J，et al. Cochrane Handbook for Systematic Reviews of Interventions version 6.4[EB/OL]. (2023-08-15) [2023-09-10]. http：//www.training.cochrane.org/handbook.

[149]HUNTER J E，SCHMIDT F L. Cumulative research knowledge and social policy formulation：The critical role of meta-analysis [J]. Psychology，public policy，and law，1996，2(2)：324-347.

[150]ROTHSTEIN H R，SUTTON A J，BORENSTEIN M. Publication bias in meta-analysis[J]. Publication Bias in Meta-analysis：Prevention，Assessment and Adjustments，2005，7(1)：1-7.

[151]张骁，胡丽娜. 创业导向对企业绩效影响关系的边界条件研究：基于元分析技术的探索[J]. 管理世界，2013(6)：99-110+188.

[152]赖弘毅，晁钢令. 渠道权力的使用效果研究：基于元分析技术[J]. 南开管理评论，2014，17(1)：95-104.

[153]PAGE M J，MCKENZIE J E，BOSSUYT P M，et al. The PRISMA 2020 statement：An updated guideline for reporting systematic reviews[J]. International journal of surgery，2021(88)：105906.

[154]IEA. Medium Term Renewable Energy Market Report[R]. International Energy Agency，2015.

[155]HAKIMI A，HAMDI H. Environmental effects of trade openness：What role do institutions have? [J]. Journal of environmental economics and policy，2020，9(1)：36-56.

[156]HOANG A T，NIETI S，OLCER A I，et al. Impacts of COVID-19 pandemic on the global energy system and the shift progress to renewable energy：

Opportunities, challenges, and policy implications[J]. Energy policy, 2021(154): 114322.

[157]LIU T, SUN Y, BAI W. The role of epigenetics in the chronic sinusitis with nasal polyp[J]. Current allergy and asthma Reports, 2021(21): 1-13.

[158]CADORET I, PADOVANO F. The political drivers of renewable energies policies[J]. Energy economics, 2016(56): 261-269.

[159] WANG J, ZHANG T, FU B. A measure of spatial stratified heterogeneity[J]. Ecological indicators, 2016(67): 250-256.

[160]王劲峰，徐成东．地理探测器：原理与展望[J]．地理学报，2017，72(1)：116-134.

[161]WANG J, LI X, CHRISTAKOS G, et al. Geographical detectors-based health risk assessment and its application in the neural tube defects study of the Heshun Region, China[J]. International journal of geographical information science, 2010, 24(1): 107-127.

[162] FORRESTER J W. World dynamics[M]. Cambridge: Wright-Allen Press, 1971.

[163]SUN L, NIU D, WANG K, et al. Sustainable development pathways of hydropower in China: Interdisciplinary qualitative analysis and scenario-based system dynamics quantitative modeling[J]. Journal of cleaner production, 2021(287): 125528.

[164]LIU J, SONG D, LI Q, et al. Life cycle cost modelling and economic analysis of wind power: A state of art review[J]. Energy conversion and management, 2023(277): 116628.

[165]王恰，刘强，李平．国产风电机组装机规模对于机组成本的影响：基于学习曲线模型的实证研究[J]．中国能源，2019，41(6)：37-42.

[166]SHEN Y, SHI X, ZHAO Z, et al. Measuring the low-carbon energy transition in Chinese cities[J]. Iscience, 2023, 26(1): 105803.

[167]BEITER P, RAND J T, SEEL J, et al. Expert perspectives on the wind plant of the future[J]. Wind energy, 2022, 25(8): 1363-1378.

[168]彭光博，向月，陈文淑乐，等．"双碳"目标下电力系统风电装机与投资发展动力学推演及分析[J]．电力自动化设备，2022，42(11)：70-77.

[169]北极星电力网．风电项目投资分析[EB/OL]．(2019-02-15)[2023-09-10]．http：//www. escn. com. cn/news/show-711277. html.

[170]GUO J X，TAN X，GU B，et al. The impacts of uncertainties on the carbon mitigation design：Perspective from abatement cost and emission rate[J]. Journal of cleaner production，2019，232：213-223.

[171]ERI，NDRC，P R C. 中国风电发展路线图 2050[R]．国家发展和改革委员会能源研究所，北京，2014.

[172]王恰．2020—2060 年中国风电装机规模及其 CO2 减排预测[J]．生态经济，2021，37(7)：13-21.

[173]张希良，黄晓丹，张达，等．碳中和目标下的能源经济转型路径与政策研究[J]．管理世界，2022，38(1)：35-66.

[174]ZHUO Z，DU E，ZHANG N，et al. Cost increase in the electricity supply to achieve carbon neutrality in China[J]. Nature communications，2022，13(1)：3172.

[175]CHEN H，GAO X Y，LIU J Y，et al. The grid parity analysis of onshore wind power in China：A system cost perspective[J]. Renewable energy，2020(148)：22-30.

[176]WANG R，HASANEFENDIC S，VON HAUFF E，et al. The cost of photovoltaics：Re-evaluating grid parity for PV systems in China[J]. Renewable energy，2022(194)：469-481.

[177]UECKERDT F，HIRTH L，LUDERER G，et al. System LCOE：What are the costs of variable renewables？[J]. Energy，2013(63)：61-75.

[178]国家发展和改革委员会．关于做好 2021 年电力中长期合同签订工作的通知[EB/OL]．(2020-11-25)[2023-09-10]．https：//www. ndrc. gov. cn/xxgk/zcfb/tz/202012/t20201202_1252094. html.

[179]KEANE A，MILLIGAN M，DENT C J，et al. Capacity value of wind power[J]. IEEE transactions on power systems，2010，26(2)：564-572.

[180]LU X，MCELROY M B. Global potential for wind-generated electricity[M]. Wind Energy Engineering. Academic Press，2017：51-73.

[181]生态环境部．2019 年度减排项目中国区域电网基准线排放因子[EB/OL]．(2020-12-29)[2023-09-10]．https：//www. mee. gov. cn/ywgz/

ydqhbh/wsqtkz/202012/t20201229_815386. shtml.

[182]ZHAN Z H, ZHANG J, LI Y, et al. Adaptive particle swarm optimization [J]. IEEE transactions on systems, man, and cybernetics, Part B (Cybernetics), 2009, 39(6): 1362-1381.

[183]三一重能. 适用于我国风电场平准化度电成本的计算方法[EB/OL]. (2019-01-10) [2023-09-10]、http://www. chinawindnews. com/4914. html.

[184]SLATER H, SHU W, LI R. 2022 China Carbon Pricing Survey[C]. ICF, Beijing, China, 2023.

[185]ERI, NDRC, CNREC. China Renewable Energy Outlook 2017[R]. Energy Research Institute of the Academy of Macroeconomic Research, National Development and Reform Commission & China National Renewable Energy Centre, Beijing, 2017.

[186]CHENG R, XU Z, LIU P, et al. A multi-region optimization planning model for China's power sector[J]. Applied energy, 2015(137): 413-426.

[187]DENG X, LV T, HOU X, et al. Regional disparity of flexibility options for integrating variable renewable energy[J]. Renewable energy, 2022(192): 641-654.

[188]ZHANG Q, CHEN J C H, CHONG P P. Decision consolidation: criteria weight determination using multiple preference formats[J]. Decision support systems, 2004, 38(2): 247-258.

[189]李政，陈思源，董文娟，等. 碳约束条件下电力行业低碳转型路径研究[J]. 中国电机工程学报，2021，41(12)：3987-4001.